從空間解讀的世界史

馬、航海、資本、電子資訊的空間革命

●

宮崎正勝

Miyazaki Masakatsu

●

蔡蕙光、吳心尹 譯

目次

第三章 由騎馬游牧民族打造的歐亞地區

第九章　全球化世界 271

導讀

這個時代我們需要什麼樣的全球史觀？

蔣竹山（中央大學歷史所副教授）

二〇一六的八月份的「聯合新聞網」製作了大學書單系列，其中共有八大主題，分別是：幫助大學生規劃未來、人際相處、跨出舒適圈、掌握世界新趨勢、面對生活挑戰、瞭解自然科學、瞭解世界文化、瞭解社會脈動。每一個主題都列出十本書，由網站蒐集超過百份問卷中精選而來，不同於專家學者的推薦，改由大學生及應屆畢業生、研究生提出，為新鮮人升大學的準備提供年輕世代的觀點。

其中之一「瞭解世界文化」這份書單的標題，打著就是「西方憑什麼？更瞭解世界文化十書」。這標題明顯是借用十本書的其中一本這兩年在臺灣書市相當暢銷的歷史書《西方憑什麼》。近來我讀過較類似這類型全球史書寫風格的，可能要算是宮崎正勝的新書《從空間解讀的世界史：馬、航海、資本、電子資訊的空間革命》。

宮崎正勝是誰？這位日本知名的大眾史家，臺灣的讀者應當不陌生。他這幾年被引進到臺灣的著作相當多，從《中東與伊斯蘭世界史圖解》、《酒的世界史》，寫到《餐桌上的世界史》，深入淺出的說歷史方式，相當受到讀者的喜愛。若以翻譯數量來論，他絕對是數一數二的大眾史家。

宮崎正勝這本新書《從空間解讀的世界史》，最吸引我的就是「空間革命」的概念。作者的這概念來自於德國的政治思想家卡爾．史密特（Carl Schmitt）的啟發。史密特認為地理大發現是世界史的重要分水嶺。所不同的是，宮崎正勝強調這空間革命不該只有一個，而是多個。這樣伴隨著空間革命所形成的複數個歷史空間，是我們理解世界史的捷徑。

除了東非大地塹是最初的歷史空間外，相對應六個空間革命的有六個歷史空間。一是大河流域中「大農業空間」的形成；二是使用馬匹的游牧民族促成了大河、草原、沙漠與荒地的整合，形成了帝國的「區域空間」；三是伊斯蘭帝國的騎馬游牧民族所形成的「歐亞空間」；四是地理大發現之後形成的「大西洋空間」與近代體系的形成；五是工業革命後的鐵道、輪船所形成的「全球性空間」；六是資訊革命帶來的全球規模的「數位空間」。其中，促成這些變革的關鍵趨動力就是本書的副標題裡的「馬、航海、資本、電子資訊」。

在這六個空間革命中，第二、第三是「馬」、第四是「航海」、第五是「資本」、第六是「電子」，作者認為這些都與空間的形成有密切的關聯。儘管宮崎正勝強調空間的擴大可視為是空間革命，並以這些當作各章的主題，但並非新創的概念，還是會與傳統的世界史架構有所呼應，像是農業革命、都市革命、地理大發現、工業革命及資訊革命等。

然而，畢竟這是一本從空間理解世界史的概論，不可能什麼都說，作者談的都是一些主導世界史發展的大事，且屬於比較結構性的歷史發展，突發性的事件談的少，人物在裡頭也非要角。這些可能是閱讀此書要有的基本認識。

宮崎正勝有多愛卡爾・史密特這位德國法學家及政治思想家，看看每章的內容一再的提到他就可知。第五章他說：「史密特指出，俄羅斯的獵人與西、北歐的捕鯨者打開了陸地與海洋無限的空間，廣大的世界因此誕生。」第六章「史密特認為：『基本上，世界史是一連串陸海相爭的過程。』地理大發現是由陸地空間轉到海洋空間的巨大革命。」他還提到史密特將英國成為海上舉足輕重的存在的轉型過程，定位成一次全球性的空間革命。到了第八章，也提到史密特認為：「對世界大洋完成英國式的佔領，將空間革命的第一階段收為己有，變身為海洋國家的英國，成為地理大發現空間革命的唯一繼承人，引領主導著『大世界』。」

然而，臺灣讀者對史密特一定相當陌生，歷來甚少有歷史學者會提到他，除了研究法學或政治學的專家。在宮崎正勝大為推崇的史密特著作《陸地與海洋》中，史密特強調人類歷史過程中不變的法則就是土地空間、海洋空間與天空空間的爭奪與演進。本書還指出，人類的律法規範了國土疆界與司法管轄的範圍，一旦跨越這範圍之外，涉及地表共同空間問題，其核心即在於空間的獲取、分配及擴張。在此概念基礎的延伸，作者重新寫了一本能呼應當今全球化浪潮的世界史概論。

我之所以說本書類帶有全球史的概念，還可從他提到的日本近來高中世界史教科書的變革來看。宮崎正勝強調日本近來的趨勢已經打破了過往的東洋史及西洋史的二分法，轉而強調對歐亞各區域以至於全球化世界的空間擴大的關注，特別是有關各區域世界的形成、交流與重整、結合與變遷。因此，在當今世界各地民族主義抬頭及歷史解釋日趨狹隘化的情況下，作者強調帶有全球化的視野是有必要的。

透過上述這些特點，即可看出作者的觀念如何與現今的全球史趨勢相呼應。

當前的史學走向，全球史有愈來愈受到重視的趨勢。近來《全球史學史》（*A Global History of Modern Historiography*）就揭露「全球化史學」已到來的訊息，此書作者認為冷戰結束後，史學界出現了顯著變化，開始對世界史與全球史有更多的關注。此外，有關全球史的理論與方法的回顧，也反映了當前史學的「全球轉向」（global turn）。

所謂的「全球轉向」，其特色之一是史學書寫的「空間轉向」（spatial turn），或者說是史學跨越民族國家的疆界，朝著區域、大陸及半球等空間發展。目前歷史學的幾個次學科如社會史、性別史、經濟史、環境史、醫療史、科技史、物質文化史、外交史、以及歷史教學，多少都受到這波「全球轉向」風潮的影響。

全球史的研究特色有以下幾點：第一，全球史家不只採取宏觀的視角，還試圖將具體的歷史議題放到更廣大的全球脈絡中；第二，全球史會拿不同的空間觀念來實驗，而不以政治或文化單位作為出發點；第三，全球史強調相關性，主張一個歷史性的單位如文明、民族、家庭並非孤立地發展，必須透過該單位與其他單位的互動來理解；第四，全球史強調「空間轉向」，常以領域性、地緣政治、循環及網路等空間性隱喻，取代「發展」、「時間差」及「落後」等詞彙；第五，注重歷史事件的同步性，提倡將更多重要性放在同一時間點發生的事件；最後一點則是以異於過去世界史書寫的方式反省歐洲中心論的不足。其中上述第四點「空間轉向」的概念，能幫助我們理解宮崎正勝的空間革命與歷史空間觀。

近來臺灣的公眾歷史書寫市場有三種特色，分別是臺灣熱、中國想像與全球史視野，其中又以全球史的著作既反映當代歷史學的研究趨勢；又能兼具有傳達給民眾世界觀與歷史意識的公眾史學功用。宮崎正勝的《從空間解讀的世界史》與以往這方面的全球史著作的不同，在於本書通俗易讀，沒有太多艱深的用語與繁瑣的註腳，很有公眾史學的特色。

日本教科書的改革特色，也可以在德國身上找到。近來德國歷史教育的例子能說明，如何透過世界歷史觀的培養作為全球化挑戰的一種回應。Barbel Kuhn提到，在近來德國的課程標準中提及世界史的方法。人們強調了在歷史教育中對世界史的訴求，不能僅僅作為歷史教育的一個主題，而是必須被當作是一種視角的深化和轉移。在歷史教育的過程中，學生應當認識到歷史是一個過程，生活在不同區域的人們的觀念和知識不斷累積。不同區域之間的接觸不僅僅以衝突的形式發生，也可以通過和平的方式進行。

Kuhn還認為，透過增添不同的視角，在跨國、跨文化與跨洲際規模上對比歷史觀點，能對多元文化尊重與對差異的認同。通過認識不同時代與不同歷史情境，大眾將有機會以全新的方式看待自己生活的世界，並把其他文化視為一種合理合法的類型而加以尊重。

國際歷史教育協會（ISHD）也曾辦會探討全球化的影響下，歷史教學在總體上，尤其是世界史教學如何面臨新的挑戰。其目標在使本國史與全球性歷史視角達成新的平衡，並促使年輕一代理解本國歷史與民族文化，同時推動他們把自身融入到世界史與人類史的總體之中。

此外，哈佛大學的全球思想史學者大衛．阿米蒂奇「長時段的回歸」的論點，也揭露了一個新的史學時代的到來，暗示大歷史與全球史更符合當前世界公民的需求。

作為一位世界公民，我們必須跳脫傳統的民族國家史觀，將自身的歷史放在世界史的脈絡下來看待。雖然這樣的趨勢在臺灣的學院裡尚未形成風潮，但卻已在民間的史學出版看出這類歷史書寫的時代特性。

從《槍砲、病菌與鋼鐵》到《西方憑什麼》及《人類大歷史》的長銷，在在都說明了全球史書寫與公眾歷史的密切關連。可惜的是，這些書對一般讀者都太難了。現在，我們又多了一個選擇，一本可讀性高的全球史普及書：《從空間解讀的世界史》。

譯者序

蔡蕙光

初翻閱本書，就被標題中「空間」這兩字所吸引，作者在序言就開宗明義提出空間軸的概念。以「空間」來解讀，意即捨棄依照時間序列，不採傳統東亞史及西洋史二分的世界史敘述手法，用「空間」的擴大來解釋世界史的發展。雖然在譯者的既有觀念中，對歷史的認識是以時間軸為基礎，在時間的長河中找出歷史事件的前後因果。然而在此，照著作者的指示，譯者放下了只要看到「史」就浮現依時間鋪陳的觀念，隨著作者的文字一窺壯闊的人類五千年史。

作者以馬、航海、資本與電子資訊等造成空間革命的推手為主題，將世界史分期為六大空間，敘述從東非大地塹人類文明的誕生到現代社會的漫長歷史發展。藉由作者的巧思，動態地呈現上述空間革命的推手如何擴大人類感知的空間，並在廣大空間中，人類與環境的互動所激盪出的秩序如何推動歷史往前，甚至引發下一個空間革命。

以「空間」觀點所呈現的世界史中，作者成功地跨越了東亞史與西洋史的框架，而不在主流位置上，包含西亞、伊斯蘭等文化在作者的詮釋下，展現了除政治面向之外的多樣面貌，給予讀者更多的文化理解。在此，可以「馬」所打造的空間革命為例。作者在文中提及，中國史書將蒙古帝國以元朝置入了中國史的框架，巧妙地忽略了歐亞第三空間革命。也因此，作者認為這樣的歷史手法無法完整呈現世界史的所有路徑，有必要以一貫及連續的角度來觀察歐亞空間秩序的推移。在這觀察下，「馬」所到之處的歐亞大草原上演了活潑的東西交流，伊斯蘭商人的足跡令人印象深刻。

作者著作等身，從各種角度觀看世界史，與本書內容相關的著作也相當豐富。本書可說是作者博觀約取、厚積薄發的成果。世界史之複雜難以一言以蔽之，然作者以「空間」的手法帶我們跨過傳統史學的藩籬，依其脈絡及深入淺出的文字，歷史上的人物及地圖上的地名躍然紙上，歷史圖像立體而清晰。本書也為想從世界史的角度探究現今國際局勢為何如此的讀者，提供一個思考面向。

在空間和時間方面，本書的範圍涵蓋了全球與長達五千年，進行翻譯之時，許多人名、地名及專有名詞俱是陌生。然而，每一次的查閱，都是開了一扇驚奇之門，令人佇足良久，思想歷史上的繁華與凋零。

前言

以空間思考的世界史

要概括性地掌握世界史是相當困難的。舉例來說，當孩子問到：「若將世界史大致分為兩個時期，該以何時作區分？」該如何回答這個問題呢？若照著時間軸追尋社會變化的話，是怎麼樣也回答不出來的，因為世界是如此地廣大且充滿多樣性。那麼換個想法，依空間軸來思考會是如何呢？

如此思考，答案竟意外地簡單；在世界史上，宛如翻轉世界樣貌般的大變動就屬地理大發現了。地表百分之七十是海洋，以地理大發現為里程碑，一直以來在歐亞大陸上發展的世界史，一轉而為全球規模的世界史，這包括了三大洋與周邊各陸地。換句話說，以歐亞乾燥地帶為中心所形成的陸地全球文明，以地理大發現為契機，翻轉成以歐洲為中心的海洋全球文明。更簡言之，以歐亞大陸為舞臺之「陸地歷史」（小世界史）與「佔了地表近七成的大西

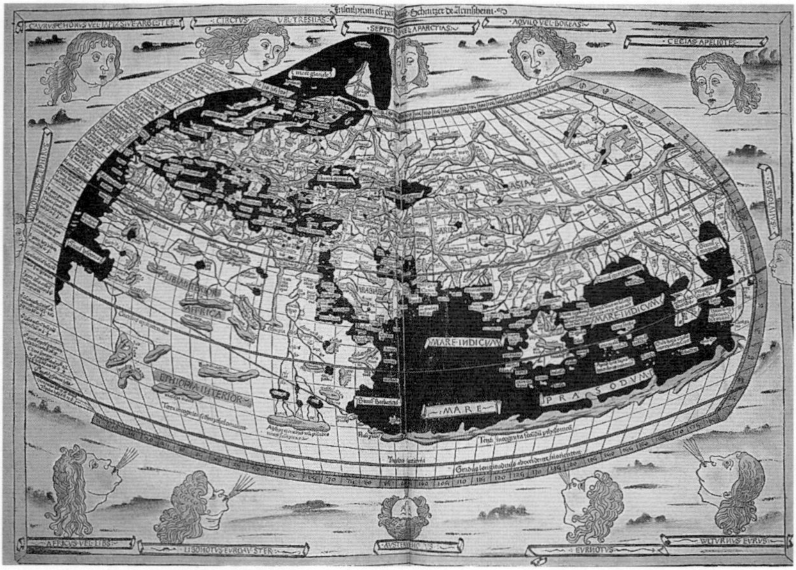

羅馬帝國全盛時期，托勒密的《世界圖》之復原圖。

洋、印度洋、太平洋結合多邊陸地的歷史」（大世界史）兩者相接合而造就了世界史。說來或許稍嫌牽強，但世界史瞬時變得淺顯易懂多了。

基於上述的歷史觀，本書用平易化鳥瞰的手法勾勒出從文明的誕生到現今的人類發展。在個別空間中有個別世界的假設基礎上，再一次嘗試描繪新的世界史。

兩幅「世界圖」說出的世界形像

在此有兩幅「世界圖」，先比較這兩幅圖。一幅是羅馬帝國全盛時期，天文地理學者托勒密（Claudius Ptolemaeus, 83-168）在埃及亞歷山卓製作的《世界圖》。另一幅則是收入地圖集《世界的

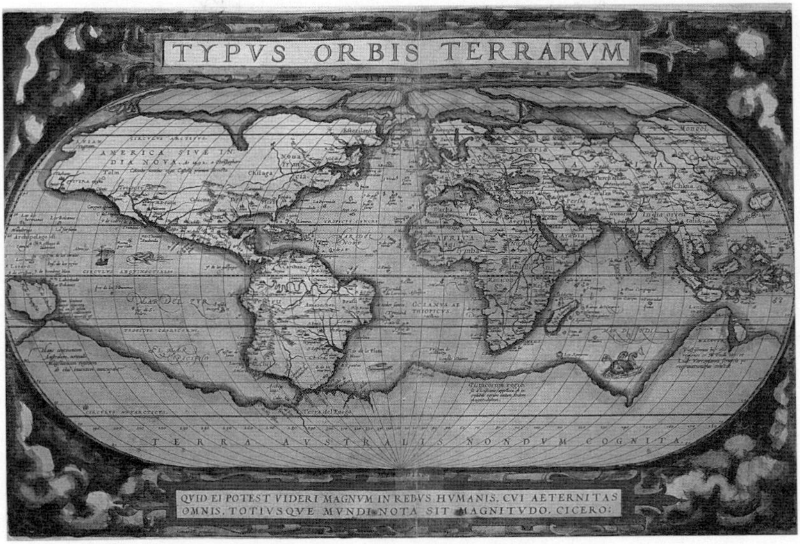

《世界圖》，收錄於歐提留斯地圖集《世界的舞臺》，1570 年。

舞臺》的《世界圖》，此地圖集於一五七〇年在安特衛普由地圖出版業者歐提留斯（Abraham Ortelius, 1527-1598）所出版。相隔一千數百年的兩幅世界圖，有助於了解地理大發現後的世界空間變化。

那麼，我們來看這些地圖的實際內容吧！首先是描繪人口最多地區的托勒密《世界圖》，本初子午線通過非洲沿岸的加那利群島，陸地圈住了地中海、厄文特里亞古海（紅海、印度洋、南海之一部分）等兩個內海，東西一八〇度、以赤道為中心之南北八十度的空間依此地圖化。這是陸地的世界圖。在厄文特里亞古海的南段，赤道以南的非洲往東延伸，遠遠地與亞洲相接。在其所描繪的陸地中，三分之二為歐亞大陸，三分之一是赤道以北的非洲，而赤道以南的非洲僅標明與厄文特里亞古海的分界，此外便無細部描述。托勒密的《世界圖》可說是「歐亞大陸世界圖」。

相對於此，歐提留斯的地圖集《世界的舞臺》所收錄的《世界圖》，將托勒密《世界圖》中的殘餘部分描繪出來，即是地圖下方佔了三分之一篇幅大的「未知南方大陸」。不僅如此，該圖也畫出北邊的大西洋、太平洋、印度洋等三大洋及歐亞、非洲、南北美等各大陸。此外，在這世界圖中，世界的中心是大西洋。

從這兩幅世界圖可以看出，因為地理大發現而造成世界樣貌的轉換，呈現了「陸地世界」（小世界）與「海洋世界」（大世界）。

人口曲線呈現不同世界史的接合

至於空間的歷史形成力量，立於該視點而思考陸地、海洋兩種空間所形成的世界史之先驅人物，即為德國法學與政治學家卡爾．史密特（Carl Schmitt, 1888-1985）。

在他對女兒阿尼瑪以說話的形式所寫的隨筆《陸地與海洋：一個世界史的考察》（陸と海と：世界史的一考察）中，以地理大發現為最大的分界點，用陸地與海洋的觀點，而對世界史加以考察。貫穿全文的觀點——「世界史是海洋國家與陸地國家對戰的歷史」，至今仍有

世界人口的增長（相異性質世界史的接合）

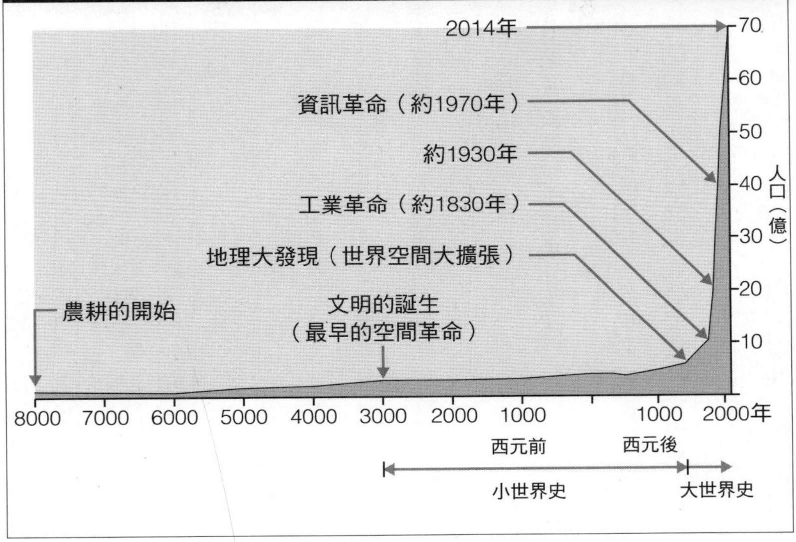

一定的意義。史密特的世界史認識，來自憂心忡忡的思考過程，始於第二次世界大戰中，陸地德國是否真的會與海洋英國開戰的一個自問，最後導出了海洋英國就是立於優勢的結論。卡爾．史密特也敘述了過去偏向陸地史觀的世界認識。

一直以來，純粹以海洋的角度觀察大陸的看法，對採用領土觀點的人來說並不容易理解，我們有許多日常用語是創造自陸地。（中略）我們輕易地將自己所做出的地球樣貌稱為大陸（陸地）樣貌，而忘記了這也可以是海洋樣貌。對於海洋，我們稱之為海路，但即使僅有交通的路線，並沒有像陸上那樣的道路。我們視大洋上的

船隻如同行走在海上的一片陸地。而這片陸地行駛在海上。（生松敬三、前野光弘日譯）

如同史密特所指出陸地德國的狹隘視野，阻礙了對於英國強大之事實的理解。過去，以陸地為基準來思考海洋的陸地史觀，未能充分地理解海洋空間的異質性與獨特性。因此，並非將陸地理論擴大沿用至海洋，而是須整合相異性質的陸與海空間觀點，才是符合全球化時代的歷史觀點。

接下來要看的是「世界人口的增長曲線」。在曲線中，從「陸地世界史」（小世界史）轉為「海洋世界史」（大世界史），可見世界的劇烈變化表現在人口增加上。在歐亞大陸的空間中，人口雖然漸增，但經過地理大發現、工業革命之後，曲線不尋常地向上提升，人口大幅增加。陸地時代和海洋時代的相異性其接點明顯地呈現在曲線上。世界史由相異的兩個世界史結合而構成。

組成世界史路徑的各種歷史空間

本書概觀世界史的路徑，建構於史密特的歷史觀念上而更往前進。然而，雖然我十分同意史密特的觀點——以地理大發現為世界史的分水嶺，但對於他將地理大發現視為唯一空間革命的說法，稍持保留的態度。我們之後會談到空間革命，在此設定數個歷史空間，結合伴隨空間擴張所形成的新空間秩序，以此來解讀世界史的構成，應該更為容易。

然而，此層級雖不若地理大發現，但「陸地世界史」（小歷史）與「海洋歷史」（大歷史）有著各自的空間擴張與變化分期，合在一起就可看見世界史的路徑。若試著說明這個想法，不只是史密特所指的地理大發現，世界史中出現了許多「空間」，其中與地理大發現一樣，有相異性質世界結合的一瞬間。那麼，對於具體的世界史，我們該如何設定歷史空間呢？

首先，東非大地塹是最初的歷史空間。這個空間佔據了世界史百分之九十九以上的時間，其進化直至人類文化的開始，關於這部分幾乎沒有異議。

說到次於東非大地塹以後的世界史空間區分，以地理大發現為分水嶺，分為歐亞大陸空間（小世界），以及由三大洋結合諸陸地，所形成具地球規模的空間（大世界）。然而，僅用這三個空間來談論世界史，實在過於粗糙，因此我們必須考慮分別對陸地世界史（小世界史）、海洋世界史（大世界史）等設定更細小空間的可能性。

陸地世界史可設定如下：（一）形成四大文明的乾燥大河流域（世界史的核心區域）；（二）形成帝國的各區域空間（地中海沿岸、西亞、中亞、南亞、東亞等）；（三）騎馬游牧民族統一的歐亞空間。

此外，海洋世界史可設定為以下三個空間：（一）地理大發現時代形成的大西洋空間；（二）工業革命後，因資本活動和機械制工廠、鐵路、蒸汽船網路的成長而重整的全球空間；（三）二十世紀後半以來，資訊革命帶來全球規模的電子空間。

也許另有其他歷史空間設定的可能性，但上述七個設定，是思考世界史構成時不可或缺的基礎。

如此堆疊歷史空間的變化而組成世界史的構想，實際上已納入了高中「世界史」的框架。日本的世界史教育追求寬廣的視野且持續地轉變，冷戰結束後不久，在二〇〇〇年的學習指導要領和高中「世界史B」，一改過去的世界史（結合西洋史和東洋史所形成）與強烈受到馬克思主義階級發展論影響的內容，轉而在從歐亞各區域以至全球世界（全球化世界）的空間擴大，以及隨之而來的變化。

若要具體地敘述納入新學習指導要領的世界史，簡言之，即是：（一）歐亞各區域世界的形成；（二）各區域世界的交流與重整（歐亞空間一體化）；（三）各區域世界的結合與變遷（地理大發現後海洋世界的形成與歐亞的變遷、十九世紀以歐洲為中心之世界的形成）；（四）二十世紀以來全球世界的到來。然而，馭繁於簡是相當困難的，新的學習指導要領可說累積了相當多的思考而完成。況且，西洋史、東洋史的傳統架構相當牢固，新的世界史樣貌難以展現，長年來的思考方式也難以改變。

現在，世界各地民族主義抬頭，歷史解釋更為狹隘和政治化。也正因為處於這樣的時代，全球化的視野是必要的。對活躍於全球舞臺的新世代來說，不只是專注日本的世界史，而是要放眼於全球的世界史。

何謂空間革命

在此，再一次總括本書描繪的歷史觀。

本書的關鍵詞「空間革命」，是前述德國政治家卡爾．史密特《陸地與海洋——一個世界史的考察》一書中率先使用的詞彙。他將歷史上的大變動結合了空間樣貌的變化，大範圍地結合了政治、經濟、文化變遷的核心。卡爾．史密特說明空間革命：「所謂真實的、當有的基本秩序，其核心存在於固定的空間邊界及劃分邊界、以及地球的規定尺度和分割中。因此任何大時代的起始，均有廣大土地的取得。」

首先發生了空間規模的大變化，接下來形成相應的空間秩序。空間革命可重新詮釋歷史構成概念，而這個概念在於大規模歷史空間的擴大，產生新的空間秩序。強而有力支持這空間革命的是：馬、船（航海）、資本與電子。

本書在世界史的構成概念上，採用了卡爾．史密特的空間革命。據此說明世界史的邏輯，且可形成更為動態的世界史樣貌。在具體的考量下，以六個空間革命的設定結合七個世界史空間。以下分述之：

第一、乾燥大河流域中，大農業空間的形成（約五千年前）。

第二、使用馬匹的游牧民族，促成了大河流域與草原、荒地、沙漠之空間整合，形成了

「諸區域世界」（約二千六百年）。

第三、開啟伊斯蘭帝國的騎馬游牧民族，與商人所形塑出具歐亞規模的空間整合（約一千四百年前）。

第四、大西洋世界的開發——地理大發現以來，大洋結合了各大陸地的大空間成長與資本主義等近代體系的形成（約五百年前）。

第五、工業革命以後，以歐洲為中心之鐵道、蒸汽船所形成的全球空間整合（約二百年前）。

第六、以美國為中心形成全球規模的電子空間（約二十年前）。

附帶一提，在這六個空間革命中，第二和第三是「馬」、第四是「航海」、第五是「資本」、第六是「電子」，這些都大大地促成了空間的形成。

關於世界史的分期，目前已有農業革命、都市革命、地理大發現、工業革命、資訊革命等，教科書也依此鋪陳。這些分期與筆者所提出的六個空間革命相符合：最初的空間革命為都市革命，第四空間革命為地理大發現、第五空間革命為工業革命，因此，這六個空間革命絕非是突發奇想的。

至於第二與第三空間革命，也許會有人認為僅是空間的擴大，是否可達到稱為空間革命的程度？然而，此二者顯然是歐亞大陸的歷史里程碑。簡言之，因為第二空間革命而有各區域世界的形成，而第三空間革命促成歐亞大陸一體化、歐亞規模性商業圈形成、東西文明交流、各文明融合等。在今天，「世界史始自蒙古帝國」的思考受到高度評價，這即是從第三空間革命所推動的歐亞一體化之觀點而來的（本書之後會提到，但不突顯蒙古帝國，而是將其置於騎馬游牧民族開啟伊斯蘭帝國形成所帶來的一連串空間革命之中）。

往歐亞大陸以外區域擴張的世界史空間，主要在「大世界史」的階段中發展。第四空間革命擴大到南北美洲、西非及大西洋、大部分的印度洋與太平洋，而第五空間革命則擴大到非洲和澳洲。在第四空間革命期間，俄羅斯開發歐亞大森林地帶西伯利亞，英、法延伸至加拿大等北美森林地帶，開擴了世界史的空間。

在這些空間革命的過程，強者理論貫穿其中，然而，本書不探究堆疊在此的突發事件。本書的目的在於突顯與現今關係密切的世界史邏輯構成，為此，這些突發事件便不予以討論。如此一來，以空間革命所討論的世界史，迴異於將焦點鎖定在地中海、西歐以及中國的東、西洋史，而在歷史過程中，浮現出中心區域依序在地球上移動之歷史樣貌。

在全球化的企業、金融及文化活動中，全球性的世界觀與世界史認識是不可或缺的。而在此所追求的，不就是從全球化的觀點所得來平易的世界史樣貌嗎？本書針對社會經驗豐富的社會人描繪出平易的世界史樣貌，透過NHK文化中心、朝日文化中心、東急講義BE等講座，歷經不斷地試驗與嘗試錯誤，得到改進而終於開花結果。

第一章
從人類誕生到首次空間革命

一切始自東非大地塹

大地塹到大河流域各空間

歐亞大陸的世界史（小世界史）是人類往四處擴散的起點。始於大地塹（Great Rift Valley）的人類進化，而後則是所謂「偉大遷徙」的擴散，直至歐亞大陸、美洲大陸及大洋洲。

接下來，世界空間開始轉換，範圍更加擴大，農耕、畜牧出現、大河流域形成了大農業空間（第一空間革命），西亞、地中海、南亞、東亞等地出現了帝國（第二空間革命），由騎馬游牧民族帶來了橫跨歐亞規模的帝國（第三空間革命）。第一章到第四章敘述以乾燥地帶為主所展開的三個空間革命，南方的大河流域「經濟中心」與北方的大草原「軍事中心」為兩大中心。

本章簡單地敘述從東非大地塹（又稱東非大裂谷）的人類誕生，到大河流域人口密集空間形成最初的空間革命。換言之，這段歷史雖是世界史的前史，卻佔了世界史百分之九十九以上的時間；不僅大地塹為人類進化之處，北方約旦河河谷亦是小麥栽種的起點，在世界史上所佔的重要地位遠超過想像。

粒線體夏娃和地猿

在過去，對於人類起源較有力的說法是多種來源，世界史的起點並非固定於一處。然而，現在利用細胞器粒線體內的DNA找出人類始祖的研究不斷地進步，研究指出，世界上人類的母系祖先是一位非洲的女性——「粒線體夏娃」。而稱為「大地塹」的東非大地裂縫，被認為是人類進化的主要舞臺，從非洲東岸的尚比西河河口往北，通過衣索比亞與紅海，到達敘利亞及約旦，寬數十公里、長七千公里的大地塹約為鄂霍次克海到南海的兩倍距離。

大地塹最低處是海平面以下一百五十三公尺吉布地的阿薩爾湖。從湖所在的阿法爾盆地挖掘出直立人類的祖先地猿化石（約四四〇萬年前）；阿法爾盆地在夏天乾季氣溫為四十八度，冬天雨季二十五度，是相當炎熱的地方。在大地塹西邊的查德沙漠發現了七百萬年前的人類頭骨，人類的歷史更加往上追溯。

約四百萬年前到二百萬年前，自連接「非洲之角」的阿法爾盆地為起始，南猿（南方猿人之意）的棲息地擴及整個東非大地塹。他們因步行走路而得以自由的使用雙手，用粗石製作簡單的工具。

約在二十萬年前的大地塹地帶，出現了可追溯的現代人祖先（現代人）——智人（意為「有智慧的人」），面對持續寒冷的天候，為找尋合適的狩獵和採集地，一部分智人從大地塹北部的敘利亞開始了所謂「偉大遷徙」的移居之旅。人類越過環境的阻隔，居住空間擴及至歐亞、美洲大陸、大洋洲。

人類在不斷的地殼變動和氣候變遷中，一面過著狩獵和採集的生活，一面延續著幾個世代不停地移動；假設人的一生可移動約十公里，從大地塹移到中國約需兩萬數千年的歲月。而在冰河時期的海平面比現在低約一百三十公尺，亞洲與美洲有白令陸橋，亞洲與澳洲亦有陸橋相連，因此大陸間的移動是有可能的。

源自約旦河谷的小麥之旅

位於大地塹出口的敘利亞周圍，想當然爾是人口密集處。其中，在大地塹北邊的約旦河河谷、東地中海沿岸的黎凡特走廊發現了耐旱野生麥。環境考古學家安田喜憲推測，在地球趨向暖化的過程中，曾一度回復到寒冷氣候的一萬二千年前新仙女木時期（Younger Dryas），在

大地塹與人類的偉大遷徙

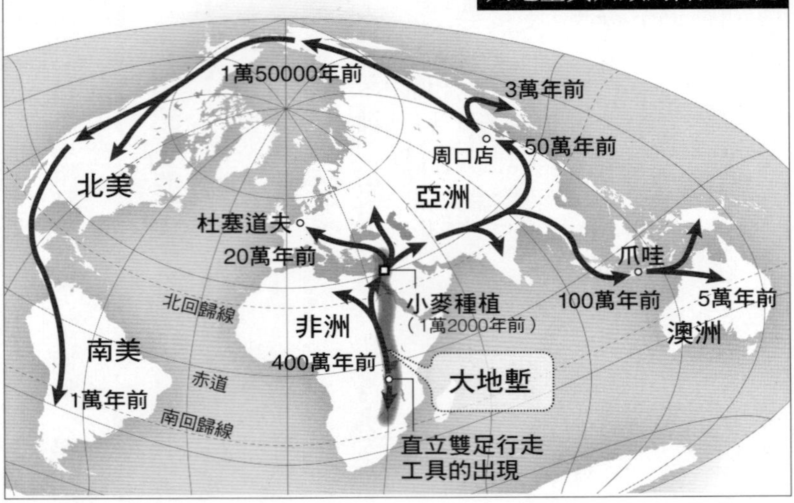

肥沃月灣（敘利亞到美索不達米亞間農耕文明的發源地帶）西部的約旦河谷及黎凡特走廊開始種植小麥（《文明的環境史觀》）。之後隨著氣候變得極度乾燥，小麥的栽種便移往美索不達米亞與埃及，範圍更加地擴大。

為確保糧食而開墾農地，使得定居生活更普遍，而由人類所管理的人類空間（生活圈）亦見成長。對生活在滋潤環境（年平均降雨量一千七百毫米以上）的我們來說，恐怕很難理解乾燥的可怕。然而，歐亞大陸有超過二分之一是年降雨量五百毫米以下的乾燥地。其中，沙漠的年降雨量在二百五十毫米以下，草原則在二百五十至五百毫米之間。早期文明昌盛之地埃及和美索不達米亞亦是年

降雨量低於一百毫米的沙漠。面積相當於歐洲的撒哈拉草原，約在四千年前變成了沙漠，從長期的推移來看，可見氣候愈來愈乾燥。

定居帶來簡易小屋的搭建，以及重工具、設備、竈、陶器、磨製石器等製作。在移民階段人群的規模大約二十到三十人，而到了定居之後，社會單位成為擁有共同祖先的數十人、乃至數百人的部族。從狩獵和採集社會的人口密度一平方公里約〇・一到一人，轉為農耕社會的四十到六十人。

無法與乾燥分割的小米、稻、玉蜀黍

在四大文明中，埃及、美索不達米亞和印度是小麥文明。然而，在世界史中，依賴小麥之外穀物的農耕社會，以中國為首呈現複數的出現。穀類具有長期保存的特色，小麥以外的穀類也或多或少和氣候乾燥所造成的糧食危機有關聯。

黃河中游位於北緯三十四度附近，年降雨量介於五百到七百五十毫米，因此環境較佳，栽種的穀物是小米及黍，但未像西亞那樣進行大規模的灌溉。在中國，小麥於漢代時從西方傳入，所以中華文明較晚加入小麥社會。

濕潤的長江流域自古以來即栽種稻米，但是稻米到了唐代以後才成為中華世界主要的穀物。不同於小麥、小米，稻米種植在濕潤的土地上，其起源雖有多種說法，但均與乾燥的季節有關。有說法源自乾季和雨季循環的季風地帶中南半島，為了預防乾季糧食不足而開始種植稻米。此外，另有起源於北緯三十度長江中游的說法，指出長江中游曾一度因季風較弱而導致氣候乾燥，成為稻米種植的起因。美洲大陸的主要穀物——玉蜀黍，種植始自雨季和乾季交替的中美洲，乃是為了乾季的到來而作預備。

最初的空間革命

成為新歷史空間的大河流域

約在八千年前，氣候轉為溫暖，溫度上升了七度，之後的三千年間依然維持比現在高二到三度。在暖化的過程中，海平面大幅上升，白令陸橋以及結合亞洲與澳洲的數個陸橋被海水淹沒，人類因此被迫從沿海移居到內陸。

受到海平面上升與乾燥化影響，綠洲面積減少，田地嚴重的不足，大河流域（大綠洲）成為被饑饉所迫的人們「希望之地」。在那裡，部族相互合作蓋建堤防、水路等灌溉基礎工程，開墾大規模的農地。這是第一空間革命，因應乾燥所造成的危機而產生了灌溉農業。

大河流域出現大農業空間，無法生產穀物的畜牧民在大農業空間的周圍發展出商業網路，沙漠中的駱駝與草原的馬匹被用來作為交通運輸工具，產生結合大河流域的大農地、草原與沙漠的大空間。在第一空間革命中出現城市和國家，反映區域特色的文明（以城市為中心的高度文化）。最初空間革命的推動力量乃是部族通力合作下的「引水作成農地」的土木工程。誕生於大河流域的人口密集區是世界史的核心區域。

在此轉換一下話題，事實上，地球充滿著水，但是農業所需要的淡水卻意外地難以保存。存在於地球上約十四億立方公里的水，其中約百分之九十七是海水，淡水不過僅佔百分之二點五；淡水之中極地、高山等冰河、雪約佔百分之六十九，地下水約百分之三十，湖泊、沼澤地的水約百分之零點三，而河水不過百分之〇・〇一。此外，百分之〇・〇四是大氣中的水，總之是佔地球淡水不到百分之〇・〇一的河水支撐了四大文明。

城市與國家的出現

城市能夠動員灌溉需要的知識、技術、工匠和編組人員，因而成為控管中心。城市的普及與擴大小麥栽種息息相關，最古老的城市遺跡耶利哥，建在推測是小麥種植發源地的約旦河河谷，有濠溝以及高達三點六公尺的城牆所圍繞著。

約在西元前三二〇〇年，城市的建設擴及受小麥種植影響的美索不達米亞南部。在城市中建造展現國王及神官權威的王宮與神殿，並供神官、官僚以及軍隊居住；在灌溉方面，需以權威及權力來跨越部落藉此動員人力。

灌溉基礎工程的主要統轄城市，與農耕部落在最初雖是交換的互酬關係，但最後兩者演變成支配與隸屬的關係。隨著城市出現所產生的劇烈社會變動，英國考古學家戈登柴爾德（Vere Gordon Childe, 1892-1957）將此稱之為「城市革命」（Urban Revolution）。

最終，糧食無法自給自足的城市，必須倚賴整備官僚、軍隊、法律、裁判等強制體系，建立穩固城市與農耕聚落連結的系統及規則。上述為早期的城市國家，國家被視為王家的財產（家產），統治部族獨佔了要職。

對城市國家來說，統治的根本是資訊的管理與傳達。在城市裡，記錄資訊的文字相當發達，像是各地語言相異的中華世界，語言不通的官僚可以憑著「漢字文書」而被組織起來，清楚地說明文字扮演相當重要的角色。文字從大河流域往四周傳播，如今世界各地所使用的文字大部份都起源於四大文明。

馬匹促生的游牧空間

在田園裡尋找食物的草食動物，是農民重要的蛋白質來源。對農民而言，破壞田園的動物雖是個麻煩，但若加以豢養的話就能成為可獲得肉類的家畜。約在九千年前西亞開始豢養豬隻、綿羊、山羊、牛等家畜。雌性包圍雄性群居的綿羊、山羊、牛、駱駝等偶蹄類，藉由去勢控制雄性的數量，使「群」的管理更為簡便，畜牧即是奠基於上述偶蹄類的特性。此外，不會反芻的豬則成為農民畜養的家畜。

游牧民族無法種植穀物，因此使用馬、駱駝、驢在乾燥地帶進行商業交易，經年累月後，北非、西亞的單峰駱駝、中亞的雙峰駱駝以及草原的馬匹形成了商業網路。不久，在大草原上出現了帶著家畜移動、尋找水源和草原的游牧民族。黑海北岸的烏克蘭、中亞草原地帶成為主要游牧區域。在游牧民族的生活中，一個家族需要二百頭的綿羊，因此一地只能容納約十個家族生活；也因為如此，他們散居在相隔十公里以上的草原，一個家族的生活需要半徑三十公里的空間，因而間隔了相當的距離。馬是草原生活所不可或缺的動物，而沒有城市的草原是用馬匹作為聯絡的部族社會。

此外，原產地在北美的馬，其分佈區域相當地廣大，但卻因為是狩獵的絕佳對象而消失在包括北美的許多地區，僅僅在烏克蘭、中亞呈現零星的棲息分佈。因有這樣的背景，在中亞草原發展出馬匹的飼養與騎馬技術，得以成長為游牧社會。

馬有超強的空間形成能力，隨著騎馬技術的進步，馬不僅作為移動和搬運的工具，更成為擴大空間的強力武器，使用馬匹進行團體戰的游牧民族成為第二、第三「空間革命」的領導者。如同《圖解 馬與人類的文化史》的作者克拉頓—布洛克（Juliet Clutton-Brock）所指：「十九世紀是蒸汽機全盛時期，不久，機器取代了馬力，在此之前，人類社會中馬和驢的重要性不斷地提昇且極致地發展。如果馬不存在的話，人類的歷史可能會大大地改寫。古代的世界大戰，也只是侷限於內部的紛爭，而亞歷山大大帝亦不可能征服亞細亞。」正如同小麥作為經濟的指標，馬匹是軍事的指標。若不站在「南」大河流域農業空間與「北」大草原游牧空間的合作與爭鬥（歐亞大陸的南北對立）角度來看，是無法見到歐亞陸地世界史所展現出的活力。

埃及文明與美索不達米亞文明的比較

季風帶來定期氾濫所產生的太陽曆

尼羅河中、下游因為衣索匹亞高原定期的降雨，帶來了長期且緩和的洪水供應土壤，在古代是最肥沃的農業地帶。富饒的自然環境促成埃及的空間革命，擁有三座金字塔的吉薩位於開羅的郊外。開羅的年降雨量約二十五到二十六毫米，正如希臘歷史學家希羅多德（約西元前四八五—四二〇）所言：「埃及是尼羅河的贈禮。」若沒有尼羅河，埃及根本是片沙漠。

源自熱帶雨林維多利亞湖（琵琶湖面積的一百倍）的白尼羅河，與源自衣索匹亞高原的藍尼羅河，在蘇丹的喀土穆附近匯集而成尼羅河，流入地中海。然而，白尼羅河在半途就蒸發乾涸，因此提供埃及農業用水的五分之四來自於藍尼羅河，季風在衣索匹亞高原定期降雨，匯集成藍尼羅河。

夏季的西南季風每年遇上標高二千三百公尺、被稱為「非洲屋脊」的衣索匹亞高原，定期且長時間的降雨，沖刷出一億四千萬噸富含礦物質的「黑土」，經一個月的時間注入地中海，在途中供應了農業灌溉。同樣的，日本的梅雨亦是西南季風的產物。尼羅河的氾濫與梅雨密不可分。

尼羅河於六月開始氾濫，到了十月時，水位比枯水期高出十一至十二公尺，從河川溢出長達數公里。洪水將累積在旱田中的鹽份洗出，堆積出富含養分的腐植土，使田園再生。因此，埃及若在氾濫期的水位未達六公尺，就會發生饑荒。

用來表示古埃及國土「kemet」一詞的語源，即是指洪水帶來肥沃土壤的顏色「kem」（黑），而「黑」在埃及代表著值得慶賀的顏色。相對的，「紅」表示沙漠（deshret），是不吉利的顏色。

洪水與埃及人民的生活密不可分，洪水開始的時間成為居民的生活基準。埃及人經長年累月的觀察，一旦開始氾濫，拂曉之際的明亮天狼星（Sirius）出現在與太陽相同的位置上，以這天為起點製作一年三百六十五日的太陽曆，根據由地球自轉引發的規律季風而製作成周期性的曆法。

法老的大空間統治與現貨經濟

美尼斯王在西元前三一〇〇年左右統一了尼羅河三角洲，以及中游流域的四十二個農耕聚落群（nomos）。之後，法老（王）以位於三角洲的孟斐斯為中心，統治尼羅河的灌溉區域。

法老自稱為尼羅河氾濫的守護神，透過尼羅河徵收實物稅。被沙漠、海、瀑布所包圍的埃及，在西元前五二五年被波斯帝國征服之前，約二千六百年間，分期為古王朝（西元前二十七—前二十二世紀）、中王朝（西元前二十一—前十八世紀）、新王朝（西元前一五六七—前一〇八五）共二十六個王朝。埃及古代史延續的時間比日本自彌生時代到現今更長。

法老一詞來自「per-aa」（大屋）的訛音，原意是象徵權力的宮殿。在之後，法老以荷魯斯（horus，天空之神）、拉（ra，太陽神）之名，添加具有神性的權威。法老對收穫物徵收約百分之二十的稅，包含饑饉時的儲備，此外將河川的商業活動置於統治之下。埃及未發展出貨幣的現貨經濟，官僚組織也相當的複雜，古王朝末時期需要一千六百個職役，而在其中佔據多數的書記支持著法老。埃及的周圍皆是沙漠，因此各地區的主要幹道（水路）由尼羅河來作用。

融雪灌溉與小空間的整合

美索不達米亞文明的中心位在波斯灣底部的低濕地蘇美地區（意為「蘆葦所生之處」），並未蒙受季風之惠。然而，美索不達米亞南部的巴格達年降雨量高於一百二十毫米，更甚於開羅，其依賴著源自土耳其東部高山的底格里斯河及幼發拉底河所帶來的雪水。

在蘇美地區，蘇美人（自稱「黑髮人」）建造出複雜的水道與水塘，種植小麥、大麥及椰棗；雖然他們的灌溉技術相當進步，卻無法像尼羅河那樣可供應整個流域地區。以地區的灌溉網為基礎產生了烏魯克、烏爾等諸多城市，在西元前三〇〇〇年左右，最大的城市烏魯克

（擁有十公里長城牆）人口有五萬人。在讚揚烏魯克「壯闊城牆」的人類最早史詩《吉爾伽美什史詩》中，主角即是烏魯克第一王朝的第五代君王——吉爾伽美什（約西元前二六〇〇年在位）。

底格里斯河及幼發拉底河不僅每年的河水流量及增水期相異，夏天的水位更是極低，因此，在美索不達米亞，水是相當難以掌握的資源。蘇美人亦為旱地與突發性洪水的困擾，而汲汲營營於防洪、水塘、蓄水池、堤防和水壩等建設。在《舊約聖經》創世記「挪亞的方舟」中，連續四十日的降雨與一百五十日的淹水，除了信心堅定的挪亞一家之外，人類都死絕了，這個洪水傳說的原型即是描寫烏魯克王吉爾伽美什的楔形文字史詩。根據《舊約聖經》的解釋，神為了消滅舊時代的人類以及作出新的秩序，因而興起大洪水，而大洪水在美索不達米亞卻被視為家常便飯，《吉爾伽美什史詩》解釋洪水的發生是因「風和暴風之神」——恩尼爾要懲罰驕奢生活的人類。

為了將部族納入國家的法律

由於未經季風吹拂，美索不達米亞的灌溉是小規模的，呈現點狀分布在各水系上。相距三十公里遠的城市，為了有限的「水源」而糾紛不斷，再加上來自周圍沙漠、草原、荒地的游牧民族入侵，紛爭更為擴大。

城市是統治的單位，由侍奉城市守護神的祭司長（lugal，王）進行神權統治，人民則被視為城市守護神的奴隸。建設在平地的市中心有人造山丘、金字形神塔（指「天上的山」或「神山」之意），是使用天然瀝青和灰泥凝固的泥磚所築成，上頭有神殿作為城市守護神的居所。舉例來說，在烏魯克有高約十二公尺的金字形神塔，最高處蓋有白色神殿。

美索不達米亞為了防範外來異民族的入侵，以較強盛的城市為中心，結合其他城市而形成城市國家聯盟。蘇美人相信，眾神在每年的年初聚集，決定當年的吉凶，洪水也是依據神的意志所發生。最強盛城市的守護神主宰眾神的會議，而侍奉該守護神的國王被視為城市國家聯盟的統治者，負責整合城市眾神會議的即是「風和暴風之神」恩尼爾。

蘇美人與自北方入侵的阿卡德人在美索不達米亞長年征戰，而在西元前十九世紀新入侵的塞母系游牧民族——亞摩利人，在中游以巴比倫為都建立巴比倫第一王朝（約西元前一八九四—前一五九五），統合各個城市國家。第六代國王漢摩拉比（約西元前十八世紀在位），綜合蘇美法以來的各法律，基於「以眼還眼」的同態復仇法，制定了廣為人知的二百八十二條漢摩拉比法典。例如工匠用泥磚建造房屋，若不牢固導致房屋倒塌而壓死屋主，那麼這個工匠就會被處死，這項規定即是應用同態復仇原理。然而貴族、平民、奴隸間的身分差異牢不可破，像美索不達米亞地區的農耕民和游牧民混居，有著不同價值觀與生活習慣的部族集聚，要確立秩序就得依賴法律的公平規則與處罰。

到了西元前十六世紀，移居至小亞細亞（現在的土耳其）的西臺人以馬、戰車和鐵器消滅了巴比倫第一王朝，美索不達米亞進入戰亂時代。另外，西臺帝國因獨佔鐵器而強盛，因此感到自豪。

商業的印度與政治包含宗教的中華世界

與美索不達米亞結合的古印度文明

由喜馬拉雅山及興都庫什山的融雪，與印度河流域（以西南季風作為水源）所發展出的古印度文明中，發現的滑石製印章（推測用來作為貨簽）上所刻的印度文字，至今仍未被成功解讀，留下許多不明之處。而有說法指出，古印度文明的主角——達羅毗茶人精於棉布生產，因為他們書寫在容易腐壞的棉布，未留下文字記錄。

摩亨佐達羅是古印度文明的中心，以有秩序的都市計畫而聞名，在最強盛時期有三萬人口，哈拉帕擁有要塞與許多穀倉；這兩座城市的商業發展程度高，並且使用統一規格的泥磚來建設。即使供、排水系統完備，卻不存在為了強權者所建的巨大宮殿和神殿，而主要的宗教建築是如同泳池般的大浴池，使用天然的焦油防水，這些商業文明未令人有強權之感。

古印度文明經過阿拉伯海，與波斯灣的聯繫相當地頻繁。位於印度河下游，擁有卸貨碼頭與運河的城市洛塔（Lothal），經過波斯灣的巴林島與美索不達米亞各城市交易特產如棉布、木材、紅玉髓等。在烏爾（美索不達米亞南部的城市）設有印度商人的居留地，利用季風得以輕易地在阿拉伯海航行，印度河河口與波斯灣的往來更為容易；數個刻有印度文的滑石印章，在貿易對象如波斯灣的巴林等美索不達米亞南部地區出土。

如同埃及，古印度文明利用印度河的氾濫進行天然灌溉，但因上游地帶的地震使印度河改道，抑或因氣候變遷而無法受到季風吹拂，文明在西元前一八〇〇年左右急速的衰退，大約在埃及的中王朝時期結束，也就是西亞漢摩拉比法典制定之際。

之後的古印度文明，在西元前一五〇〇年左右，被來自阿富汗的游牧民族亞利安人以武力征服，他們越過了一〇七〇公尺高的開伯爾山口（Khyber Pass），進入了印度河中游的旁遮普（五河）地區。

黃河的小米文明和城邑網路

與大乾燥地帶相距甚遠的黃河中游，以及濕潤的長江中下游亦產生了文明。雖分為兩大流域，但主要仍在黃河中游流域。

黃河在中游處形成一大轉彎，通過黃土堆積的高原，其土壤既軟又肥沃，由於大量的黃土溶入河中，被形容為泥多於水的特殊大河。正因如此，在流速緩慢的下游地區，一年十六億噸的細土（黃土）抬高了河床，以兩、三年一次的頻率引起大氾濫，使得河川改道，是黃河文明成為典型內陸文明的原因。附帶一提，黃土是在初春時由戈壁沙漠吹來的黃沙所堆積而成，最遠可至日本列島。

經常性的大洪水將黃河文明侷限在內陸，因此文明的舞臺在中游而非下游。在流域範圍、較不易受洪水侵害的支流附近，利用黃土高原的地下水，於丘陵地上種植小米和黍，並未出現如美索不達米亞那樣的組織性灌溉。小米約三到五個月即可收成，種子非常細小，可煮成粥食用。

小米因為不用灌溉就可種植，所以在中華社會中，國家的形成較晚，而以祖先崇拜的部族是社會的主體，散居在在廣大的地區。在年降雨量缺乏之時，農民蓋建用夯土作圍牆的邑（統治者的邑稱之為大邑），大邑之下組織邑的聯合（邑制國家），具有抵抗外來侵略的軍事聯盟之意涵，這種邑的聯盟演變成殷及周的國家形式。

長江流域的稻米空間

長江源自西藏高原，長約六千四百公里，最後注入東海，是亞洲最長的河川，長江的中、下游以栽種產值最高的穀物——稻米為中心，產生了農耕社會。稻米不僅收穫量高，營養價值也高，抗蟲性又強，是相當理想的穀物。

稻米是為了在乾季糧食不足時而作為預備的作物，一般認為其種植始自中南半島。季風地區在雨季雖然降雨過剩，但在乾季，幾乎等同於沙漠的氣候。由於受到季風的影響而有雨季和乾季之分，因此稻米可說是在這種特殊環境中被發現的作物。

稻作從長江上游傳到了中下游，在高溫濕潤的長江下游，引水進入水田，以特殊的灌溉方式種植。水田的優點在於每次引水時，養分就會同時漫過，亦洗去鹽分。而在埃及，個人能透過尼羅河的氾濫進行小規模的除鹽。此外，水田因為農地滿水得以抑制雜草的生長，因此水田正適合高溫濕潤、利於雜草生長的江南地區，只是，稻作需要一株一株的插秧，是相當費工的集約型農業。最古老的稻作是在浙江省杭州灣南岸挖掘出的河姆渡遺址（西元前五〇〇〇—三〇〇〇年）。因稻米的高產量使得春秋時代江南的楚成為大國，到了唐末，完全由長江流域領導著中國的經濟。江南的稻作擴及東海與黃海周圍，水田的空間擴大，而日本列島亦從西部開始併入了這個空間之中。

完成中華意識形態架構的商周革命

在西元前十一世紀，由於氣候變動導致數十年的歉收與饑荒，在這期間殷（約西元前十六世紀—前十一世紀）衰亡，西方的邊境部族——周（西元前十一世紀—前二五六年）在首都近郊的牧野之戰中滅了殷。游牧民族周利用饑荒奪取政權，在政治方面再度組織了黃河中游的「空間」。彼時，殷王既已稱神，周王則不效法，而是產生利用天神（天帝）的特有政治理念。

在殷的觀念中，有十個（其名稱為甲、乙、丙、丁……癸）太陽每日輪替照射大地。殷王自稱是這些太陽神的子孫，而太陽輪流一巡需要十日，成為計算生活的單位，稱之為「旬」。現在的「上旬」、「下旬」就是由此典故而來，是相當古老的用詞。

十個太陽稱為「十干」，與從西亞傳來的十二支合為表示時間與方位的「干支」。根據十干和十二支的最小公倍數六十為基準來製作曆法，而六十年稱為「還曆」，是人生進程的一個階段。殷王焚燒烏龜腹側的龜殼、牛的肩胛骨等，放置十日後來占卜未來的吉凶，將占卜的結果刻在骨頭上，其文字就是漢字的祖先——甲骨文。始自圖畫文字的漢字統一了多樣的語言，使廣大的各地區成為一個大空間，然而中國至今仍存在著北京話、上海話、福建話、廣東話等多種語言。

殷王以稱神來整合各城邑，周與自稱太陽神子孫的殷王相異，新興的強權周王是個「普通人」。因此周王巧妙地運用天命思想說明統治的正當性，這種「主權在天」的思想至今仍被沿用，作為各時代政權正統性的解釋；即使是現今，中國及韓國的政府仍被要求解釋如何是正統的政權。中國的歷史具有相當強烈的政治性格。

在周的「空間」統治觀念中，所有的星星都圍繞著北極星，而在北極星的側邊是天帝（管理自然和人類世界）所住的宮殿「紫微垣」，其意為發出微微紫色光芒的宮殿。天帝選擇有崇高道德的人（天命）為天子（王、皇帝），天子與他周圍的人作為天帝的代理人而統治天下（世界），代行天帝意志者即是統治天下和人民的王（之後的皇帝）。

以這樣的論述為基礎，在中華世界的王朝，王（皇帝）只需向天帝負責而統治著人民。在天帝是主權者的上下階層社會中，與王之間的距離是重要因素，重視統治階層的關係因而發展成人治社會，憑其意志執法和裁判。貨幣亦不以貴金屬為主，由王（皇帝）來賦予價值。例如具有象徵意義的銅錢，在表示天的「圓」之中，打上表示大地的「四角」洞。

在中國用政教合一解釋歷史，王和他的寵臣與人民完全不同，是特殊的存在，而位於天下（世界）中心的中國（中華）即是世界。同樣地，社會變化可用王朝的交替來解釋，一旦王的統治違反了天帝，而天帝的意志（天命）改變（革命），統治者天子一族就會交替（易姓）。周為了合理化自身的統治，解釋了殷就是因為最後的紂王（西元前十一世紀在位）過著「酒池肉林」（在池裡盛滿酒，在林中掛肉設宴）的奢華生活，而且行殘忍的刑罰，所以被天帝捨棄。此外，周王賜予象徵權威的青銅器「鼎」給自己親族（諸候），並派遣他們到各大城邑。而宗法依據祖先崇拜的血緣關係，封建制度建立在宗法之上，依此統治許多的城邑。由此來看，殷和周在統治結構上是完全相異的。

人類的軸心時代

歐亞大空間中宗教及學問的登場

德國哲學家雅斯培（Karl Jaspers, 1883-1969）在著作《歷史的起源與目標》（*The Origin and Goal of Hisiroy*）中指出，在西元前七到前四世紀的這段期間，歐亞大陸出現了現今基督教、伊斯蘭教起源的猶太教，以及佛教、儒教與希臘哲學等宗教和哲學思想，並將這個時代命名為世界史的「軸心時代」（Achsenzeit）。

在西元前七到前四世紀時，歐亞大空間同時並起的文化現象亦被稱為「精神革命」。約莫在同個時期，與現今主要宗教與哲學有深厚關係的思想均已出現，相當地耐人尋味，其原因被認為是城市的成熟與空間結構的變化；城市的形成經過了二千五百年，其思想被系統化，透過城市的網絡交流，這些思想作為宗教學問向周邊傳播。

在西元前七到前四世紀，隨著各地城市空間的成熟、農耕民和游牧民交易的擴大，文明交流更為頻繁，此時正處於帝國形成的前夕。

成為西亞核心宗教的祆教

西元前七世紀中葉，出生於阿富汗北部的瑣羅亞斯德（Zoroaster，約西元前六二八－前五五一，有多種說法）在三十歲時得到最高神——阿胡拉馬茲達的啟示，創立崇拜火的祆教（拜火教）。他在晝夜交替中得到啟發，展開二神論，說明歷史是善神、光明神的阿胡拉馬茲達，與惡神、黑暗神阿利曼的鬥爭過程。每隔三千年，善神與惡神就會輪流掌權，在第九千年或是一萬二千年的最後決戰中，善神將獲得勝利。發明燈泡的愛迪生將新商品命名為「馬茲達」即是取自光明神，也就是善神的絕對明亮之意。日本東芝的馬茲達燈之名亦是繼承愛迪生的意象。根據瑣羅亞斯德的解釋，在最終決戰後有「最後的審判」，跟隨光明神阿胡拉馬茲達則可到天國。

盛行於波斯中的祆教，在西元前六世紀波斯帝國（阿契美尼德王朝）建立時成為國教，從阿契美尼德王朝到薩珊王朝的波斯帝國中，王自稱為阿胡拉馬茲達的代理人以樹立權威。在伊斯蘭教普及前一千年，祆教是代表西亞的宗教，信仰空間相當地廣大。

在耶路撒冷孕育的「沙漠宗教」猶太教

敘利亞、巴勒斯坦等城市是西亞使用駱駝進行交易的中心，也是沙漠地帶文明的中心。耶路撒冷是此區域的聖城，為傳說中從天而降的方形城市。

在西元前六世紀，美索不達米亞的新巴比倫國力強大，將眾多的希伯來人（包含貴族與庶民）帶到首都巴比倫，命令他們蓋建高九十公尺、七層樓高的大金字形神塔（巴別塔），史稱為巴比倫之囚（西元前五九七—前五三八）。

在這民族的苦難中，希伯來人裡陸續出現了各位先知（charisma，卡理斯瑪），也成立了以綜合他們的言說，創造天地獨一神耶和華（我是自有永有的）和希伯來人的契約為基礎的民族宗教，即是將耶路撒冷做為傳教中心的猶太教。耶和華指的是沙漠地帶的神，而「卡理斯瑪」則是說出神的話語，是具有特殊能力的人，即是薩滿。

在希伯來人的思想中，「彌賽亞」（救世主）將在世界末日時到來，只有忠實信守與神契約者，為神所選而獲得救贖（選民思想）。在西元前十世紀到前一世紀期間所整理的猶太教經典是《舊約聖經》。像猶太教這種視耶和華為唯一神的絕對一神教，從與生活緊密結合的土著眾神信仰中解放，成為可適應於全世界的普世信仰。以耶和華為神的基督教、以阿拉為神的伊斯蘭教均是從猶太教衍生而出的宗教，耶穌與穆罕默德都以自己為彌賽亞（救世主），而彌賽亞的希臘文即是基督。

敘利亞有位處聯繫埃及和美索不達米亞的特色，猶太教受到各地文明的影響，美索不達米亞的同態復仇法、洪水傳說、中亞祆教的最後審判等西亞與中亞的多元思想均融入其中。

從輪迴中尋求解脫的印度

印度成長於恆河流域的城市國家群體中，重視祭祀的婆羅門教受到改革，產生追求宇宙根本原理的奧義書（奧義書是二百種以上書籍的總稱）哲學，這是掌握宇宙真理以至於思索領悟。

其中的基本課題是「輪迴」與「業」。在印度，季風帶來雨季與乾季的循環，令人感到痛苦是連續不斷的，而個人的「業」是導致嚴酷循環的原因。於是找尋克服「業」，從輪迴中得到解脫的方法，是印度的宗教課題。西元前六至前五世紀時，恆河流域的城市國家已遂漸成長，出現了釋迦牟尼（西元前五六三－前四八三，有多種說法）的佛教和筏駄摩那（約西元前五四九－前四七七，有多種說法）的耆那教等宗教。這些宗教均為尋求解脫的修練方式，佛教在釋迦牟尼創立初始時為無神，是從各種土著信仰中脫離的城市型宗教。佛教超越了地區眾神的限制，成為普世宗教。

為政治服務的諸子百家

在中國，從春秋時代（西元前七七〇－前四〇三）末期到戰國時代（西元前四〇三－前二二一）期間城市的競爭激烈，空間領域的整合走向更進一步的發展，各地的統治者尋求富國強兵的新統治方法。針對這樣的需求，周遊於各國宮廷、提倡治國興盛之術的學者（諸子百家）輩出。集中在城市的學者們作為一股新興勢力而分流派，鼓吹有利於統治國家的思想，中國的學問與國家管理緊密結合，具有強烈的政治與功利性格。

儒家成為學問的中心，孔子（西元前五五一－前四七九）是儒家的創始者，提倡以家族愛為基礎來實現「仁」，如同「齊家、治國、平天下」所言，在家族的延伸上，國及天下（世界）各得其所。

此外，墨子（約西元前四八〇－前三九〇）提倡兼愛，認為愛無差別；孟子（約西元前三七二－前二八九）的性善說；荀子（約西元前二九八－前二三五）重「禮」提倡性惡說；老子（生卒年不詳）強調自然無為；莊子（約西元前四世紀）提倡萬物皆同的齊同說。諸子百家成為日後中國各種思想的源流，特別是儒教長期作為撐起中華帝國意識形態的支柱。

試圖解釋世界與社會的希臘哲學

自西元前八世紀以來，位於地中海東側的希臘形成了城邦，希臘城邦藉由海上貿易，使國際性文化得以成長為以小亞細亞的米利都（與黑海貿易的中心）為主，開啟在物質上尋找萬物根源，並思考此根源為何的自然哲學。

泰勒斯（約西元前六二四－前五四六）注意到水可成為液體、氣體、固體三種形態，認為地球上所有的存在是由水變化形態而成，提倡「萬物根源是水」，人因喪失水分而衰老。另外，他在西元前五八五年預言了日全食而震驚世人。

在西元前五世紀的波希戰爭之後，蘇格拉底（約西元前四六九—前三九九）對成為海洋貿易國家的雅典提出批評，指出利己主義充斥在滿是物質的城市文明中，呼籲青年人要了解「無知之知」，在道德上要覺醒。然而，蘇格拉底因其思想而受到大眾審判，被判處死刑。他的學生柏拉圖（西元前四二七—前三四七）對於老師的處境感到失望，主張在混沌的現實世界之外，有一個完全真實的世界（理型界），即是所謂的理型論。柏拉圖認為混沌的現實背後隱藏著真實，這樣的論點否定了其師的說法。之後，柏拉圖的弟子亞里斯多德（西元前三八四—前三二二）等哲學家成為後起之秀。

如上所述，距今二千五百年前的伊朗高原、敘利亞及巴勒斯坦、愛琴海周圍，以及恆河流域、黃河流域等諸空間中，均可見到宗教與學問的顯著成長。

第二章
馬與戰車所創造的區域空間

始自西亞的第二空間革命

史上最初帝國的誕生背景

第二空間革命在西亞、地中海、印度半島及中華世界等區域，持續進行地方性的空間革命，各地出現了帝國。此時期空間革命的推手分別為西亞、地中海的大流士一世與亞歷山大三世、地中海的奧古斯都、印度半島的旃陀羅笈多（Chandragupta）、中華世界的秦始皇。其結果在各空間中出現的秩序，並受到地理和歷史條件的影響，具有各自的特色。

史上最早的帝國出現在西亞。西亞農民與游牧民混住，他們日常的交易在歐亞大陸中成為一個特異的空間。或許也因為如此，當游牧民族帶來由馬匹拖曳，稱為「戰車」的工具，具攻擊性的戰爭觀念便隨之普及。在此處所指的「戰車」，是由駕駛和弓箭手乘坐的兩輪輕戰車。在三千五百年前，這種由馬匹拖曳的輕戰車，因受到印度及歐洲游牧民族的攻擊而普及。

大約在二千五百年前，使用戰車和輕騎兵的波斯人，成功地統合了美索不達米亞、尼羅河以及印度河上游區域。波斯征服大河流域的穀倉地帶，將草原、沙漠、荒地等多樣空間統合為「帝國」（軍事征服的第二空間革命）。

這裡的「帝國」是相當曖昧的概念，國家的意象包括了沙漠、山岳、草原、荒地、海等大空間，甚至存在著無法跨越的地理障礙，並且統治居住其中的多數民族。而帝國有統一的文字、宗教、法律等，所統治的空間是現今地中海、歐洲、西亞、南亞、東亞等各區域的基礎。

在歐亞大陸各地所展開的第二空間革命，基本上是貧窮的游牧民族，使用馬匹和發動戰爭來征服農耕社會；因此，在多數的情況下形成軍事強大的社會體系。簡而言之，帝國是軍事強大的部族向農業地帶徵收穀物作為賦稅，再由統治部族及週邊部族進行分配的體系。但對農民來說，草原、沙漠、荒地等環境的「重擔」依舊沉重，因此帝國所帶來的好處其實相當地有限。

統一三個文明空間的大流士

西元前七世紀，亞述人（西元前七世紀前半—前六一二）征服美索不達米亞、敘利亞、埃及，統治了最初的農業與商業要地。

亞述人原是商業民族，後來引進斯基泰人（Scythians）的騎馬技術，而擁有了騎兵、戰車兵、步兵、工兵、補給部隊等具機動力的常備軍，成長為近一萬人騎馬軍團的強大軍事勢力。亞述人巧妙地利用軍事，征服了美索不達米亞、敘利亞、埃及等經濟要地，由於急於確立集權統治，在各地實行嚴苛的徵稅、武力統治以及強制移民，招致各部族的反彈，使他們在短期內就滅亡了。

接下來是波斯（伊朗）人的崛起，波斯人來自伊朗高原西南部的波斯，此處有將近八成是沙漠地帶。波斯人擁有強大的騎兵團及戰車部隊，憑藉著軍事征服建立長達二百年之久的波斯帝國〔阿契美尼德（Achaemenid）王朝，西元前五五〇—前三三〇〕。波斯的輕騎兵自五歲起至二十歲，須接受完整的騎馬及射箭訓練，他們因騎馬能力而成為帝國形成的要角。大流士一世（西元前五二二—前四八六年在位）接續前王，以「諸王之王」的身分統治美索不達米亞、埃及、印度等三大文明空間，在此，邊境的畜牧民征服了中央的農耕地帶。

王自稱為祆教光明神——阿胡拉馬茲達的代理人，在波斯波利斯的大宮殿裡，進行華麗的新年儀式，展現出王的威嚴。藉由道路網及官僚統治大空間的帝國，在全境鋪設「王之道」，施行以首都和地方城市為中心的統治。「王之道」連結行政中心蘇沙以及土耳其半島的西部城市薩迪斯，縱貫帝國的中央，全長約二千四百公里，並且實行驛傳制，每二十五公里即設有提供商人住宿的驛站，總共有一百一十一站。據聞若使用驛站的馬匹，徒步需耗費一一一日的行程，只需七日即可完成。馬匹擁有速度，具備了蒐集情報及維持行政、治安等功用。

在大空間中必須施行完善的網絡統治，隨著統治體制的確立，作為據點的城市擴大了規模。舉例來說，希臘歷史學家希羅多德大約在西元前四五〇年造訪巴比倫時，記錄下代表美索不達米亞的巴比倫被全長八十九公里的城牆圍繞，城牆上可供四匹馬的馬車行走，且擁有一百個青銅城門。

帝國任命波斯人和米提人的貴族為「省長」（希臘語意「帝國的守護者」），派遣到各省統治各部族。省長徵收稅銀（依不同地區或徵收沙金、金，以金為銀的十三倍換算）送往首都。將蒐集自全國約三十六萬七千公斤的銀鑄成銀幣，其象徵著王的權威，亦是帝國統治大空間的證明。

在敘利亞使用駱駝從事沙漠貿易的亞蘭人，擔負了帝國的經濟，公文書也使用亞蘭文，亞蘭語成為波斯打造大空間下的共通語。

確立馬匹空間形成能力的斯基泰人

居住在黑海北岸烏克蘭的斯基泰人，將結合馬與弓的軍事技術系統化。在西元前十世紀左右，許多游牧民族移居烏克蘭，大約在西元前八世紀，斯基泰人統一各民族，至前四世紀建立包含多部族的國家。

西元前六世紀時，斯基泰人開發出馬轡、繮繩、鞍、馬鐙等馬具使騎馬技術系統化，並發明在馬上使用的短弓及三翼鏃，弓的射程可達二百公尺。對騎馬技術甚為重要的繮繩，是利用馬的前齒和臼齒間的間隙而發展出來的。在齒的間隙置入骨片（後用金屬片）馬轡，再綁上繮繩藉以自由地駕馭馬匹。這是斯基泰人所打造的騎馬、騎射革命。他們使馬匹成為空間革命的推手，樹立屹立不搖的地位。

斯基泰人所開發的征戰，是沿著東西橫跨八千公里的中亞草原，擴展西起匈牙利平原（Pannonia，潘諾尼亞），東至蒙古高原的領域。靠著騎馬、騎射技術，烏克蘭的斯基泰人與蒙古高原的匈奴分別發展成威脅波斯與中華帝國的軍事勢力。雖然斯基泰人在西元前五一四年遭遇來自黑海的阿契美尼德王朝軍（由七十萬士兵、六百艘船艦所組成）攻擊，但靈活運用了游牧特性的焦土作戰，因此得以擊退敵人。

造成三大帝國分立遠因的亞歷山大東征

波斯帝國在建國二百多年後，因為民族對立及省長的獨立，內部已面臨分崩離析的狀態。就在這時候，馬其頓的亞歷山大三世（亞歷山大大帝，西元前三三六—前三二三年在位）率領五千裝甲騎兵及三萬步兵遠征東方（西元前三三四—前三二四），成功征服了乾燥地帶的波斯帝國。

希臘北部的馬其頓，靠近騎馬游牧民族斯基泰的居住地，早期的君王均熱衷於從斯基泰引進馬匹，建立騎兵軍團，據稱亞歷山大本身亦長於馬術。亞歷山大因父王被暗殺，他在弱冠之齡即位，率領馬其頓和希臘混合軍，在西元前三三〇年消滅阿契美尼德王朝，建立始自希臘、埃及，而到印度西北部的帝國。亞歷山大進行大空間的改組，在要地設置十個據點城市亞歷山卓，將希臘軍隊和商人移居至此。

其中，位於尼羅河三角洲的亞歷山卓，發展成超過一百萬人口的希臘商人據點城市，其繁榮程度被稱譽為「世界的紐結」、「唯一只剩缺少雪而已」。

後文將討論，經過十餘年的亞歷山大東征，成為小麥世界空間三分化的契機。由於亞歷山大不注重健康而驟逝，導致統治沙漠商業中心的敘利亞以及穀倉地帶埃及的帝國，短時間內就此分裂，在希臘人統治下僅剩敘利亞與埃及。而此處成為西元前一世紀，史上第一個海洋

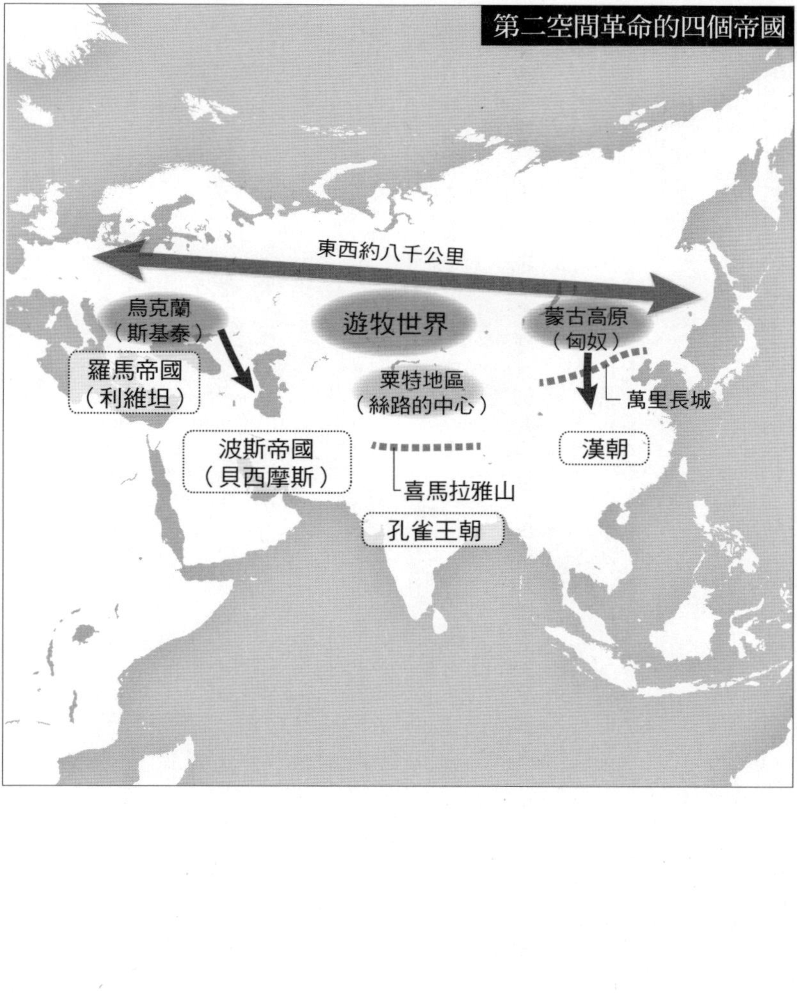
第二空間革命的四個帝國
東西約八千公里
烏克蘭
（斯基泰）
遊牧世界
蒙古高原
（匈奴）
羅馬帝國
（利維坦）
粟特地區
（絲路的中心）
萬里長城
波斯帝國
（貝西摩斯）
漢朝
喜馬拉雅山
孔雀王朝

帝國——羅馬帝國（西元前二七—三九五）誕生的基盤。而在西亞，波斯人的帝國再度地興起。

在波斯帝國滅亡後，亞歷山大遠征印度，終歸失敗。然而，位於恆河中游的政治與經濟中心——摩揭陀王國，為防禦外來入侵而強化軍隊，成為促生孔雀王朝（大約西元前三一七—前一八〇）的動力，孔雀王朝以恆河流域為中心，是史上第一個濕潤地帶的帝國。至此，亞歷山大引發並帶動了稻作地帶的空間革命。

對峙的利維坦與貝西摩斯

游牧民族帕提亞和農業民族薩珊王朝

依靠地中海航海的羅馬帝國，以及仰仗馬匹而再度興起的波斯帝國，彼此間的爭霸被比喻為利維坦（Leviathan）與貝西摩斯（behemoth）之爭。利維坦指的是《舊約聖經》〈約伯記〉中，神在創造天地的第五日，所造出的海中兇暴、冷酷的巨大鯨魚利維坦；而另一個則是貪食的陸上巨獸貝西摩斯。

兩者的長期爭鬥始於西元前一世紀，直至七世紀，二大帝國爭鬥起於亞歷山大帝國的衰退與分裂，而終於七世紀中期伊斯蘭帝國的崛起。

在西元前三世紀中葉，游牧波斯人進入由亞歷山大的繼承者（Diadochi）所統治的西亞，再度建立了帝國——帕提亞。帝國的正式名稱是安息國，但由於在西亞被當作「侵略勢力」，因此採其出身地稱作「帕提亞」。帕提亞乃典型的游牧帝國，是發明馬蹄鐵的國家，更以稱為帕提亞回馬箭的巧妙騎射技術而聞名。

帕提亞擁有精銳的輕裝騎兵，與強盛時期的羅馬重裝步兵勢均力敵，兩者展開了長期的競爭，在二二四年時被農業民族薩珊王朝（第二帝國，二二六—六五一）所滅，該王朝崛起於阿契美尼德王朝的故地，也就是伊朗高原的南部。

薩珊王朝再度恢復過去阿契美尼德王朝的祆教，王朝由農業民族所建立，以復興波斯人的帝國為目標。薩珊王朝的存在威脅到帝國時代（後述）的羅馬帝國，兩者展開長期的爭鬥，對羅馬帝國的文化產生重大的影響。薩珊王朝第二代君王沙普爾一世（二四一—二七二年在位）在埃德薩戰役中，俘虜了羅馬皇帝瓦勒良（二五三—二六〇年在位）以及七萬羅馬兵，他因此自稱為「伊朗及非伊朗人的諸王之王」。

薩珊王朝亦相信帕提亞信仰中的司法神、光明神、軍神密斯拉。密斯拉信仰在一世紀以後仍被羅馬帝國所接受，成為與基督教並列的大宗教（密特拉教）。密特拉教最大的祭典是在冬至後，祈求太陽復活的十二月二十五日祭典，之後被基督教所吸收而成為「聖誕節」。另外，由中亞傳到東亞的大乘佛教亦是如此，認為密斯拉是末世時為了普渡眾生而降生的未來佛彌勒。彌勒是社會改革的信仰，屢屢被中華世界的農民叛亂所引用，可見密特拉教對東西世界所造成的影響深遠。

薩珊王朝在五世紀後，受到來自中亞的游牧民族嚈噠侵略而陷入混亂。然而最強盛時期的國王庫思老一世（五三一—五七九年在位），與土耳其系的突厥同盟消滅嚈噠，六世紀後半之後，與查士丁尼大帝（五二七—五六五年在位）時期重新整合地中海世界的拜占庭帝國，展開激烈的爭鬥。在戰爭白熱化的七世紀前半，薩珊王朝受到伊斯蘭教徒的入侵，於六五一年滅亡（後述）。

居樞紐位置的東地中海

海洋帝國羅馬結合了伊比利半島拉丁人的軍事，以及希臘人的海運與商業。海洋羅馬帝國的背景，是於東地中海成長的希臘人商業圈，而此商業圈的形成是其來有自的，在此先討論前史。

連接尼羅河流域的大穀倉地帶埃及、沙漠的商業中心敘利亞以及美索不達米亞的東地中海，現在看來仍是較小規模世界史的要地。夏季不降雨的地中海型氣候有穀物不足的問題，海洋商業因此成長。

西元前二〇〇〇年左右，供應銅給埃及、位於愛琴海最南端克里特島（約日本四國面積的一半）上的克諾索斯，以此中心由克里特人發展出海洋文明（克里特文明，Crete，大約西元前二〇〇〇—前一四〇〇左右）。根據克諾索斯的宮殿遺跡發掘者、英國考古學者埃文斯（Sir Arthur John Evans, 1851-1941）的推測，此處已具備了行政廳、工廠、糧倉、神殿等，蓋建擁有一千五百個房間的華麗皇宮，人口約達八萬人。

但是，在西元前一六二八年時，愛琴海南部錫拉島（依島的守護聖者「聖托里尼」由來，亦稱為聖托里尼島）附近巨大的海底火山爆發，噴發出約六十一立方公里的熔岩，島嶼大部分都化為烏有。因為大地震和高達一百五十公尺的海嘯，克里特島的主要城市克諾索斯受到毀滅性的破壞，文明也因而急速地衰退。

雖然克里特文明走向衰退，但東地中海的邁錫尼文明（大約西元前一六〇〇—前一二〇〇左右）與小亞細亞的西臺王國（西元前一六五〇年—前一一九〇）正處於興盛時代。然而，因為乾旱而逐漸衰微，其後被各民族組合的「海上民族」集團所滅。

西元前十一世紀以來，在黎巴嫩地區的腓尼基人，以及較晚在愛琴海周圍的希臘人，其商業活動相當地興盛。腓尼基人以黎巴嫩的泰爾、西頓等港都為中心，以黎巴嫩杉（喜馬拉雅杉的一種）來造船，有馬面的裝飾在船首上。他們以東西向連接地中海諸島，開拓了到伊比利半島的地中海橫貫航路。腓尼基人在地中海的要地建立殖民城市，其商業活動可說是史上最早的綜合商社，將東方先進的文明廣傳到地中海。腓尼基主要的商品有黎巴嫩杉、賽普勒斯島的銅、以貝類內臟的色素所染成的紅紫布，以及奴隸等。附帶一提，腓尼基的希臘語為「賣紅紫布的商人」。

腓尼基為了讓商業更加活絡，在埃及的象形文字及美索不達米亞的楔形文字基礎上，設計了由二十二個子音所構成的表音字母。由於字母簡單又容易記憶，可以對應各種語言，因此被希臘人和拉丁人所繼承，成為東西歐文字的基礎。

雅典和城邦世界的興衰

與腓尼基人相抗衡的是在愛琴海（多島海）周圍構築網路、後起的希臘人。西元前八世紀以後，希臘人建立了眾多城邦（polis），其部族的上層群體集住（synoikismos），四周城牆圍繞，擁有衛城（山丘、軍事據點）及廣場（公共廣場）。城邦一般人口在數百到數千人，算是小規模，一旦人口增加就建立更多的殖民城市。雅典哲學家柏拉圖，將環海出現的眾多城邦比喻為「聚集在水池周圍的青蛙」。

波斯到了強盛後，便將比鄰的腓尼基納入傘下，對後來興起的希臘則伺機而動。

西元前六世紀末，趁著波斯君王大流士經由愛琴海、黑海攻擊黑海北岸的斯基泰人，小亞細亞的希臘諸城市便群起反叛（西元前五〇〇年）。遠征斯基泰敗北的大流士，為了奪回統治權，開始著手報復希臘世界（波希戰爭，西元前五〇〇—前四四九）。

希臘諸城邦陷入危機，此時雅典率先擊退波斯軍隊，並領導了由二百個城邦所組成的軍事同盟（提洛同盟，大約於西元前四七八年成立），迎來黃金時期。此時期的文化表現是全盛期的領導者——培里克里斯（西元前四九五左右—前四二九）所重建祭祀雅典娜女神的帕德嫩神廟。至此，希臘商業圈從義大利半島南部，擴及至黑海海域。

然而，因對勢力強大的雅典產生不滿，使希臘世界內部的對立更加嚴重，西元前五世紀後半，發生了將希臘世界二分為雅典和斯巴達的伯羅奔尼撒戰爭（西元前四三一—前四〇四），希臘世界走向衰退。西元前四世紀後半，除了斯巴達之外，希臘各城邦敗給北方的馬其頓（喀羅尼亞戰爭，西元前三三八年），並受其統治。

痛擊腓尼基人的亞歷山大

西元前三三四年，馬其頓王亞歷山大三世揭櫫「民族融合」（Homonoia），率領馬其頓與希臘聯軍遠征波斯帝國。剛開始的東征約有步兵三萬、騎兵五千人，所攜帶的食物僅約三十日份。其中有商人、貧民、奴隸附隨著軍隊，這種特異的遠征被稱作「行進的城市」。

亞歷山大首要的目標是征服宿敵腓尼基人。他在遠征的路上，用建築堰堤的方式攻擊腓尼基人的離島要塞泰爾，將其徹底破壞，使東地中海變成希臘人的海。

亞歷山大在三十二歲時驟逝，帝國依東地中海為中心分為馬其頓、敘利亞和埃及三個王國。從波斯帝國的滅亡（西元前三三〇年），到三個王國中最後被羅馬所滅的埃及托勒密王朝（西元前三〇四—前三〇），此三百年間稱為希臘化時代。

地中海的空間革命與羅馬帝國

位於東地中海之外、義大利半島上的羅馬，以軍事力量建立起海洋帝國，他們與航海民族希臘人展開合作。在第六代君王塞爾維烏斯（大約西元前五七八—前五三五年在位）時期，組織了百人隊（Centuria），單純農業社會的羅馬轉變成為軍事共同體。羅馬軍隊的主力是由自備武器的農民組成重裝步兵，貴族騎兵則從軍隊外圍負責守護。羅馬的軍事力與希臘商人攜手，引發地中海的空間革命。

羅馬在西元前三世紀，以戰爭及巧妙的同盟政策統一了義大利半島上的各城，在南義大利征服希臘人建立的諸殖民城市（大希臘）。之後，希臘人為了穀倉西西里島的統治權，與腓尼基人（西地中海的商業霸主）的商業城市——迦太基發生糾紛，對此，羅馬援助了希臘人。西元前二六四年到前一四六年期間，在三次的布匿戰爭中，迦太基遭到攻破，羅馬也因此確立在西地中海的統治權。

此後，羅馬對處於分裂狀態下的東地中海希臘世界發動戰爭，西元前三〇年屋大維（西元前六三—一四）擊敗克麗奧佩脫拉（西元前六九—前三〇）的軍隊，消滅了托勒密王朝，將東地中海納入勢力範圍。羅馬搖身一變成為宛如全身披上鎧甲、有堅硬鱗甲包覆的利維坦（大鯨魚），實行大空間的統治。羅馬帝國將地中海自西亞乾燥地帶截斷，成為環抱地中海的海洋帝國。

「羅馬和平」與社會矛盾的加深

伴隨統治空間的膨脹與希臘化文明的影響，此時代稱為「內亂的一世紀」，經過這時代與凱撒的獨裁統治，西元前二七年，凱撒的繼承者屋大維（西元前二七—一四年在位）鞏固了獨裁體制。他自稱為奧古斯都（尊貴者），開始以皇帝之姿來統治羅馬（羅馬帝國的成立）。

奧古斯都維持羅馬的部族制，確立以軍事力量將地中海周圍收為屬地（行省、殖民地）的統治體系。拉丁語稱帝國為「Imperium」，其語源是imperator（最高軍司令官），指受軍事力量統治的大空間。羅馬帝國分為十二個行政區，由首都羅馬派遣軍隊和管區長來維持秩序。

羅馬是多神教，皇帝是最高祭司，掌管祭祀位於共同活動的中心，賦予皇權權威。

羅馬帝國最興盛的時代為五賢帝時期（九六—一八〇），在皇帝圖拉真（九八—一一七年在位）時疆域最大，人口約達五千五百萬人。對於帝國二百年間的強盛時期，歷史上稱為「羅馬和平」（PaxRomana）。

在那個時代，為供應羅馬的需求，每年有超過五十萬頓的小麥從屬地船運而來；在屬地，由於包稅人過多的徵稅，破壞人民的生活。《日耳曼尼亞志》的作者塔西佗（大約五五－一二〇）就記錄著：「羅馬人製造廢墟，並稱其為和平。」此外，貴族及上層平民將征服而來的公有地私有化，透過土地兼併進而掌管大莊園（仰賴奴隸勞力的大土地經營）。自備武器、長期從軍的中小農民，因田園荒廢、廉價穀物、橄欖流入而沒落潦倒，造成貧富差距的擴大，此種種因素與羅馬的衰微息息相關。

為了解決失業問題，羅馬在義大利半島內陸及阿爾卑斯以北，建造一條總長達約八萬五千公里、地底下二公尺深的軍用道路，在要地建立如同棋盤狀整齊劃一的軍營城市。巴黎、倫敦、維也納等城市均與軍營有淵源。在顛峰時期，羅馬人於地中海四周建設的城市、殖民市多達五千六百多個。

衰退的帝國與基督教

在課稅嚴苛的屬地猶大，宗教領導者耶穌（大約西元前七或前四－三〇）因反對羅馬而被處刑；死後，以耶穌作為彌賽亞（救世主，希臘語為Khristos）的基督教成立。由於耶穌十二門徒中多數是貧窮的漁夫，因此向平民傳教，信徒以耶穌言行錄〈福音書〉為中心編纂《新約聖經》，並拒絕向羅馬皇帝參拜。基督教被帝國以危險宗教之名鎮壓，在另一方面，以東地中海為中心，信徒的人數愈見增加。

羅馬人從義大利半島向地中海周圍持續地移動，西元二一二年，卡拉卡拉皇帝（Caracalla）（二〇九—二一七年在位）授予公民權給屬地的住民，屬地自立的行動更加蓬勃。結果造成藉由各區域網絡連結維持的海洋帝國特性更為減弱，首都羅馬的地位下降。屬地軍團相爭的「陸地帝國」時代到來，五十年間共有二十六位皇帝紛立，是為軍人皇帝時代（二三五—二八四）。

時至三世紀末，軍人皇帝中的戴克里先（二八四—三〇五年在位）四分帝國。他融入鄰近陸地帝國薩珊王朝的朝儀，將皇帝神格化，以官僚機構和職業軍隊開始實行專制統治（Domin-atus），海洋帝國的特性更加地衰退。

接下來的君士坦丁大帝（三〇六—三三七年在位），放棄羅馬而將首都遷往位於黑海入口的君士坦丁堡，在三一三年頒佈米蘭詔令，承認已深入下層民眾的基督教，不久，基督教轉而成為統治階層的宗教。

三九二年，狄奧多西大帝（三七九—三九五年在位）以基督教為國教，禁止其他信仰，基督教成為鞏固帝國權威的唯一宗教。三九五年，狄奧多西大帝在臨死前，將帝國分為東和西授予兩位兒子，決定了羅馬帝國分裂成東方希臘空間與西方拉丁空間。

二分後的帝國空間

匈奴人侵略黑海北岸，造成日耳曼民族遷移，促使羅馬帝國的西半部陷入混亂。受到匈奴逼迫的西哥德人，在三七五年後開始遷移，成為日耳曼民族陸續往羅馬帝國西部移動的契機，史稱日耳曼民族大遷移。至四七六年，日耳曼傭兵隊長奧多亞塞（大約四三四－四九三）消滅了西羅馬帝國。由於維持羅馬城的供水網及穀物的供給路線破敗，六世紀時過去堪稱一百萬人口的羅馬銳減至三萬人。

羅馬帝國分裂後，東地中海的海洋貿易仍不受影響，以君士坦丁堡為首都的拜占庭帝國（三九五－一四五三）維持了一千年之久。

到了六世紀，拜占庭帝國加強攻擊衰弱的薩珊王朝，六世紀末，海洋拜占庭帝國與陸地薩珊王朝長期不斷地上演激烈的戰爭。七世紀中葉，阿拉伯游牧民族在伊斯蘭教團的指揮下興起軍事行動（大征服運動），拜占庭帝國的要地敘利亞、埃及以及薩珊王朝全境進入阿拉伯人的統治範圍。利維坦和貝西摩斯的對立時代終告結束，在騎馬游牧民族的主導下，「小世界史」過渡到新的階段。

重心從乾燥地帶轉移到濕潤地帶的印度世界

被征服的原住民與種姓制度

喜馬拉雅、蘇里曼等四大山脈，在北方屏蔽了約四百五十萬平方公里的印度次大陸，是從歐亞大陸中分隔出的「大空間」。在距今三千多年前的印度世界，中亞游牧民族（雅利安人）開始使用馬匹與戰車征戰，在三千年前將重心從印度河流域移往濕潤的恆河流域稻作區，增加了與歐亞世界的阻隔。

印度的自然環境可分為受季風影響的雨季、乾季循環的北部，以及南部乾燥的德干高原。白人雅利安人沿著連結阿富汗與印度世界的開伯爾山口，順理成章地入侵印度旁遮普地區，並且居留在北印度，形成複雜的社會。

受到征服者雅利安人奴役的古印度文明主角——原住民達羅毗荼人，作出由婆羅門（祭司）、剎帝利（戰士、貴族）、吠舍（庶民）、首陀羅（奴僕）組成的「種姓」（在印度意即「出生」的jati）身分階級。種姓意謂著「血統」，源自葡萄牙語，成為後人的稱呼方式。

雅利安人創造以向神獻讚歌（《吠陀》），與祭禮為中心的婆羅門教，承認自然現象的神性，而神官婆羅門則可以控制眾神。與法律由皇帝所定的中華帝國不同，印度世界視婆羅門是神聖之法的守護者，藉由婆羅門的儀式，王的統治始具正當性，王與婆羅門的分工讓王權的獨裁受到限制。在印度，因有喜馬拉雅山脈等屏障得以防止游牧民族經常性地入侵，因而少有戰爭，如此之下，小國分立成為常態。幾乎沒有發生像中華世界那般為了爭奪單一霸主地位的長期大戰爭。

在稻米地帶競爭的城市國家

在印度次大陸中，最肥沃的地區是濕潤的恆河流域。古印度文明衰落，到了西元前一〇〇〇年左右，雅利安人開始從旁遮普地區移往恆河流域，使用鐵製的斧頭進行多雨地帶的開發。因重心由西部乾燥地區，轉往東部的濕潤地帶，成長為可多收穫的稻米社會，印度世界於是告別了歐亞世界史中心的大乾燥地帶。

由於稻作不需大規模的灌溉，因而無法發展出如同西亞般的強權。西元前六世紀左右，恆河中游有許多稱為「mahanagar」的城市分立。有防衛牆圍繞的聚落稱為「nagar」，一旦「nagar」的規模擴大，即成為「mahanagar」（大nagar）。不久，以「mahanagar」為中心的城市國家形成。在早期的佛教經典中，大約於前六世紀出現了摩揭陀、拘薩羅等十六國，大部分都位於恆河流域。

西元前六世紀到前五世紀期間，在城市成長的背景下出現了佛教與耆那教。佛教闡揚修行以得到解脫，其創始者釋迦牟尼說到：「與其將經濟的剩餘消費在禮儀上，更當花費在投資，應當將收入的四分之一用在生活上、四分之一於儲蓄、二分之一精明地用在投資。」反映出商業的發達。

試圖藉由佛法統一空間的阿育王

位於恆河中游，有肥沃農地與豐富鐵資源的摩揭陀王國（位於現在的比哈爾邦），國勢強大。在敘事詩《摩訶婆羅多》中，以人口眾多、家畜興旺、雨雲豐沛，以及商店滿是商品來記錄摩揭陀國的經濟繁榮。

在印度半島興起了空間革命，成立最初帝國的是摩揭陀王國軍人——旃陀羅笈多（大約西元前三一七—前二九六在位）。如前所述，他在亞歷山大遠征印度落空後，運用為防止亞歷山大入侵而組織的六十萬步兵、三萬騎兵、九千頭軍象與數千戰車，統一了以恆河流域為中心的北印度，建立孔雀王朝，是史上最早位於稻作地帶的帝國。

孔雀王朝是城市國家與各地區的鬆散結合體。在恆河流域，因為不需要大規模的灌溉、少有與游牧民族的戰爭、非單一信仰而是崇拜八百萬神，如此諸多的情形缺少了帝國存在的理由。國王的直轄地僅有摩揭陀王國，對其他地區並未強制進行統一，在語言與度量衡方面亦未統合。再加上有喜馬拉雅山脈作屏障限制游牧民族入侵，因此與西亞及東亞等乾燥地帶相比，印度並未有走向一統成為強大帝國的雄心壯志。

但仍然出現了一個例外，他是第三代的阿育王（大約西元前二六八—前二三二年在位），他征服面孟加拉灣的強國迦陵伽，統一了南端之外的印度半島，孔雀王朝搖身一變成為統治印度半島的帝國。

因為受到悲慘戰爭的衝擊，阿育王皈依佛教，改以「全民皆我子」的佛法（達摩）來統治大領域，不用強制的軍事力，而是以理念來統治帝國。

阿育王將帝國的大空間分為四個行政區，派遣貴族出身的總督進行統治，然而統治僅是名義和形式上的，實際上完全委任當地出身的長官，每四、五年由中央派遣監察官到各地。但是，如此鬆散的統治是多災多難的，孔雀王朝在阿育王死後約半個世紀就滅亡了。

集印度教於大成的笈多王朝

恆河流域的孔雀王朝在滅亡後混亂不斷，從中亞到北印度間，出現了土耳其游牧民族的貴霜王朝（一—三世紀），而南印度德干高原則是達羅毗荼系的百乘王朝（西元前一世紀—三世紀）。

至四世紀初，恆河流域成立了笈多王朝（大約三二〇—五五〇）。在笈多王朝，以婆羅門教為中心的庶民信仰，與佛教等城市宗教相互混合，被提倡宇宙萬物輪迴的印度教所系統化。由八百萬神組成的印度教，統合了這些具複雜歷史的多樣區域。

印度教的信仰人口有九億，佔現今印度人口的百分之八十，其融合雅利安人的婆羅門教與原住民的信仰，是由村神、家神、英雄神、獸神等多種神祇組成的多神教，並不存在教祖及體系化的經典。據說，在眾神中最高位者是創造天地、維持、破壞與再生的三神，創造神梵天造萬物、太陽神毘瑟笯帶來安定、破壞神濕婆是破壞與再生。然而，一旦宇宙創造完成，創造神的地位就隨之下降，梵天信仰因而衰微，發展出以毘瑟笯和濕婆為中心的眾神體系。

在八世紀左右，絕對皈依最高神的巴克提信仰興起，並滲透進入民間。笈多王朝時期，整理出印度教徒的生活規範《摩奴法典》，亦完成了解說濕婆神、毘瑟笯神故事的民族史詩《羅摩衍那》及《摩訶婆羅多》。

強調從輪迴中解脫的佛教，因其思想性質而與民眾的連結較薄弱，佛教的創始者佛陀在不久後被印度教吸收，化身為毘瑟笯。

此外，笈多王朝的學問相當地發達，從「空」的思想發展出零的概念。梵文稱零為Sunya，傳到伊斯蘭世界成為SIFR，即是英語的cipher。零在不久後作為數詞被編入數字定位中，世界上廣泛使用的阿拉伯數字其實是起源於印度。

從中亞入侵的游牧民族嚈噠，奪取了笈多王朝的西部區域，王朝於大約五五〇年滅亡。在此之後，統一北印度的伐彈那王朝僅一代就結束了，各地築起軍事要塞城市，進入諸勢力相爭、戰亂不停的分裂時代。

邊境德干高原與東南亞

統治印度中央的百乘王朝（案達羅王朝）以德干高原為中心，積極地向南印度移植印度河文明。該王朝融入先進文明，取得統治權威。

相隔孟加拉灣且位於季風地帶的東南亞，亦有印度商人的船隻進出且日益增加，逐漸成長為與地中海並駕齊驅的古代海洋世界。印度商人為了找尋丁香和肉桂等香辛料，以及沉香香木、金屬奢侈品等物品而渡過孟加拉灣，在各地設立商業據點。他們從孟加拉灣出發，經過馬來半島中部狹窄的克拉地峽，進入暹邏灣，在湄公河下游（今柬埔寨）建立了扶南國（一或二世紀—七世紀），在越南南部建立占婆國（二世紀末—十七世紀）。

東南亞最大的湖泊洞里薩湖，扮演乾季蓄水池的角色，扶南成為東南亞最佳的農業地帶。根據一九四四年法國調查隊所挖掘的扶南外港喔呋遺跡，出土羅馬安東尼·庇護時期（一三八—一六一年在位）的銀幣、犍駄邏樣式的印度佛像，西漢的鏡子等，可見其為國際港。

當通過麻六甲海峽的航線開闢之後，在七世紀時，海峽周圍的馬來人各城市以蘇門答臘為中心作聯合，建立室利佛逝（三佛齊），控制了麻六甲海峽的交易。

西元八世紀，與室利佛逝有血緣關係的夏連特拉王朝（八世紀中葉—九世紀前半），入侵爪哇島北部，其貿易圈遠及摩鹿加群島。從位於爪哇中部由夏連特拉王朝興建之大乘佛教石造佛塔——婆羅佛塔遺跡，可看出其繁榮程度。

吉蔑人在湄公河下游的柬埔寨建立農業社會，在十二世紀的吳哥王朝（大約八〇二—一四三二）是最強盛的時期。由吳哥王朝所建造的印度教寺院遺跡吳哥窟，以及都市遺跡吳哥城，是亞洲誇耀的壯麗文化遺產。

周而復始的中華帝國

綿延不絕的大空間爭霸戰

西北部巨大的群山、沙漠與草原，隔離了中華世界通往歐亞大陸的出口，與歐亞大陸隔絕的大空間，超越了前所述的印度。此外，黃河每隔二、三年就有足以變更河道的大氾濫，另一方面，與海的聯絡又受到了阻斷，因此中華帝國是典型的內陸帝國。

天子，是稟承天命的代理人，由天子統治天下（世界）的天命思想，滲透在整個中華世界。長期以來，在這限定空間的統治者們，為爭奪最高霸主的地位而征戰不斷，勝者即建立帝國，這種獨特模式推動著歷史變動。建立在獨特意識形態上的戰爭毫無間斷，在戰鬥中勝出的霸主成為天子，被視作具有與神相等的地位，天下（世界）為天子的財產。王朝的更迭說明了天命的轉移，如此王朝便不斷地複製。政治披上宗教的外衣，中華世界特有的權力鬥爭周而復始、連綿不絕地循環。

戰爭不斷上演的中華世界可大致區分為：①預備帝國的預備期，長期處於內戰的春秋戰國時代（西元前七七〇—前二二一）；②秦朝短暫的統一、漢朝長時間統治的秦漢帝國時代（西元前二二一—二二〇）；③游牧民族入侵，導致中華世界進入長期的分裂，空間往濕潤江南擴展的魏晉南北朝時代（二二〇—五八九）；④受游牧民族的強烈影響，形成擁有廣闊領土帝國的隋唐帝國時代（五八九—九〇七）。

在①、②時期的中華世界中，有百分之九十的人口集中在乾燥的黃河中游流域「中原」，與北方蒙古高原強悍的游牧民族（匈奴），彼此之間的戰爭是此時期歷史的主軸。濕潤的長江以南地區被稱為「越蠻」、「楚蠻」，被視作未開發的蠻荒之地。

到了③時期，因北方游牧民族的入侵，他們與漢人混血成為統治階層，另外有更高比例的漢人漸往「南」濕潤地區遷移。雖說同為中華帝國，②秦漢帝國與④游牧民族色彩濃厚的隋唐帝國，在性質上是完全不同的。

春秋末期，位在江南的吳開發了以一千四百五十度的高溫融鐵，再將以注入模型的鐵器製法，並且廣傳至北方。由於鐵製鋤的普及與牛隻的使用，諸侯的大規模灌溉大舉推行。此外，使用二輪戰車的大規模戰爭，促成強大「霸者」的出現。

到了戰國時代末期，「戰國七雄」群起爭霸。當時的秦、楚、趙三國已有將近五百萬人，齊、燕、韓、魏四國則推論在二百至三百萬人之間。七大國養了數十萬到百萬的步兵，統治擁有龐大人口的首都及許多地方的城市（郡城、縣城）。戰爭以年為單位持續不斷，據說還曾出現投入超過五十萬士兵的戰爭。

由始皇帝所構築的中華帝國基礎

西元前二二一年，秦王政逐一打下六國，建立秦帝國（西元前二二一—前二〇六）。秦王政不僅統一了歷經長期戰爭的大空間，更建立起現今中華帝國統治體系的原型。官僚使用漢字作為書寫文字，統一語言分歧的各個地區，這樣的體系讓大空間的統一成為可能，若非掌握漢字的菁英，則無法在語言不同的廣大區域活動。即使在現代的中國，南方與北方的語言仍完全不通。

一統天下的秦王政設立了「輝煌（煌煌）天神（帝）」的稱號，自稱始皇帝（西元前二二一—前二一〇年在位），他整理了官僚體制，並且將部族制轉換為國家體制，這個制度乃是基於天命論，也就是受天帝委任的皇帝直接統治萬民。秦帝國以「普天之下，莫非王土」來一統部族。官吏由中央派遣的郡縣制，即是將地方與皇帝連結的系統。秦根據陰陽五行之說，以秦為水德王朝，「六」為最尊貴的數字，因此帝國全境共區分為三十六（後為四十八）

郡，其下設立數千百個縣，交由官僚來統治。

帝國統治的基礎單位──縣有「懸繫於首都」之意，官僚在地方有力人士的協助下，進行徵稅與維護治安的工作。在另一方面，郡是集合數縣而成的行政單位，從郡與軍同音可知，係指由中央派遣軍團來管轄的範圍。此外亦有一說，照文字之意，縣是集合之物。

作為帝國的根基，實現道路網建設及車軌（馬車的車軸寬）統一。結合首都與各地大城市、北方軍事據點，完成總長一萬二千公里的道路建設，其中約七千五百公里稱為馳道，是寬七十公尺的幹道，在一定間隔設置驛站，道路用於皇帝行幸、官僚往來及非常時期的軍隊移動。對秦而言，位於蒙古高原的游牧勢力──匈奴是帝國的一大強敵，因而結合戰國時代由北方各國所建造的城牆，形成萬里長城，據此圈住中華帝國的統治空間。

受匈奴所侵擾的漢朝

秦滅亡後，楚國貴族項羽（西元前二三二─前二〇二）與沛縣（現江蘇徐州市）的農民劉邦（西元前二四七─前一九五）展開相互激烈的競爭，最後由劉邦（高祖，西元前二〇二─前一九五年在位）獲得勝利，建立漢朝（西漢西元前二〇二─八，東漢二五─二二〇）。

漢朝實行郡國制，由皇帝直轄地與諸侯統治領地所組成，承認地方有一定程度的自治。雖然在概念上缺乏整合性，卻不失為一種考量到現實的懷柔統治。當時，漢朝因熔礦爐而能大量鑄鐵，是世界最大的鐵器生產國。

在兩漢的四百年間，中華帝國走向穩定。適逢西漢盛世時期的武帝（西元前一四一－前八七）決心投入與匈奴的決戰。如前所述，匈奴可與西亞的斯基泰人相匹敵，是擁有馬匹的強大軍團，建立漢朝的劉邦亦曾被匈奴所包圍，並且簽下了屈辱的和談條約。至漢武帝時期對匈奴展開全面戰爭，計畫與大月氏（當時已被匈奴趕出蒙古高原、移居到阿姆河上游巴克特里亞的游牧民族）聯手夾擊匈奴，於是派遣使節張騫（？－西元前一一四），以及一百名隨從至大月氏國。後來交涉雖告失敗，但根據張騫在當地十餘年的見聞報告，始明瞭在中華世界之外，有中亞諸國及西亞的帕提亞（安息）、絲路（絹之道）的存在，孤立的帝國得以大開眼界，歐亞西部和東部網絡於是產生了連繫。

從西漢奪得帝位的外戚王莽（西元前四五－二三）建立新朝（八－二三）。然而，新朝立基在儒家思想的紙上政治破綻百出，導致發生赤眉之亂（一八－二七）而因此滅亡。之後，劉秀（光武帝，二五－五七在位）建立東漢，放棄在渭水盆地已然荒廢的長安城，以黃河中游的洛陽為首都。另外，因地方豪族勢力抬頭導致東漢的皇權較弱，洛陽的規模遠遠不及前代的首都長安。

自東漢武將班超（三二－一〇二）以西域都護（西域長官）的身分統轄綠洲諸國，絲路交易相當活絡，天竺（印度）、大秦（羅馬帝國）等相關消息均詳細地傳入漢朝。

因游牧民族入侵與漢人大遷移所造成的空間膨脹

東漢末朝，由於豪族勢力抬頭、統治階層的腐敗、階級差距的擴大，因而引起黃巾之亂（一八四年），以此為契機，東漢最終在三世紀時結束。地方豪族加上中央宦官、外戚、官僚（黨人）爭權，統治機能陷入癱瘓狀態。不久便進入三國（華北的魏、長江下游江南的吳、長江上游四川的蜀）爭天下的三國時代（二二〇—二八〇）。《三國志》所描繪的即是魏曹操（一五五—二二〇）、吳孫權（一八二—二五二）、蜀劉備（一六一—二二三）及其軍師諸葛亮（孔明，一八一—二三四）等人物各自活躍的時代。

司馬炎（武帝，二六五—二九〇年在位）以下剋上滅了魏國，建立晉朝（西晉，二六五—三一六），在西元二八〇年統一中國，三國時代終告結束。然而，不久後武帝去世，外戚藉著武帝之子惠帝的昏庸而進行干政，隨後八王起兵開始了史稱八王之亂（二九一—三〇六）的王族間的大混戰。在此混亂中因胡騎（游牧民族傭兵）能嫻熟駕馭馬匹，因此受到利用。

在持續的戰亂中，匈奴王劉聰藉世代與漢室有姻親關係進而佔領洛陽（永嘉之亂，三〇四—三一六），西晉被滅，游牧民族建立了部族政權。其後，稱為「五胡」的游牧民族，陸續在黃河流域建立國家（五胡十六國時代，三〇四—四三九），中華帝國的心臟區域轉而成為游牧民與農耕民混住的空間，漢人則大規模地往江南稻作地帶遷徙。馬匹重新改編了中華世界，成為涵蓋濕潤地帶的大範圍世界。

由於中華帝國史書的獨特之處，乃是置於王朝更迭的框架下，因此這時代的大規模遷移被忽略，靜態地被編寫進王朝交替史之中。若是不仔細重讀中華帝國的循環史觀，將無法描繪出東亞史的活力。

騎馬戰鬥技術的普及，以及強化中華空間與中亞的連結，游牧民族的風俗習慣（胡風文化）廣傳至東亞。大乘佛教在中華世界扎根，為了對抗佛教，統合傳統信仰的道教組織了起來。

北方乾燥地帶被游牧民族所佔據，江南稻作濕潤區的開發則更為推進。中華世界翻轉成一個廣大的歷史空間，而這個空間的組成包括游牧色彩強烈的麥作北朝，以及由門閥貴族把持、依靠稻作的南朝。不久，統一華北的鮮卑人北魏（三八六—五三四）的孝文帝（四七一—四九九年在位）推行漢化政策，朝游牧民族與漢人同化之路邁進，游牧色彩強烈的新漢人成為新的統治階層。

朝鮮半島北部通古斯系的高句麗（西元前一世紀左右—六六八），在西元三一三年消滅漢人的統治據點「樂浪郡」而自立，並將黃河流域的騎馬戰術和佛教帶至朝鮮半島。不久後，成立國家的動向、馬匹及騎馬技術一同傳往朝鮮半島南部與日本列島；於是百濟、新羅，以及大和王朝誕生了。而佛教與儒教、道教一同傳佈到了朝鮮半島與日本列島。

游牧系隋朝的大運河建設

隋（五八一—六一八）滅了南朝的陳，結束維持三百多年的魏晉南北朝。游牧王朝將淮河以南的漢人王朝（陳朝）所統治的稻作地帶納入版圖，一舉擴大了中華世界，這是在中華世界中的地方性「空間革命」。隋朝在短時間內就滅亡，因而與後繼的唐合稱為隋唐帝國，兩者均是游牧色彩強烈的帝國。

隋朝為了統治新的中華空間，建造大運河（世界最長，達一千八百公里），用以結合乾燥黃河中游的政治、軍事中心，與濕潤江南經濟中心。世界絕無僅有的內陸水道，讓海路的必要性更為降低，將中華帝國閉鎖在內陸。

隋朝一方面力圖在擴張的空間中穩固「均田制」，但在另一方面，因三次遠征高句麗的失敗，引起大規模的農民叛亂，隋朝不到四十年的時間即宣告滅亡。

最強的農業帝國——唐

唐朝（六一八—九〇七）皇帝，以天可汗（Tengri Qaghan）的身分降服了土耳其系的騎馬游牧民族突厥，統治空間一度擴大到帕米爾高原以西。唐朝強大的力量來自於抑制豪族，實行均田制，將全國的農地收歸皇帝所有。唐朝讓為數眾多的農民來擔負租庸調，實行府兵制，因此可用低成本來動員六十萬的農民為兵。由於均田制是適合統治者的上算制度，朝鮮半島及大和王朝也都嘗試實行，但均終告失敗。

唐朝在八世紀前半的玄宗（七一二—七五六年在位）時代達到最盛世。因為伊斯蘭勢力入侵而逃難的波斯人定居在長安，他們帶來的異國文化（胡風文化）為唐代更添繁華。然而，玄宗晚年因土地不足的問題嚴重，農民逃避兵役，漸漸地破壞了府兵制，為此，邊境地帶的防衛委予游牧傭兵。由中央派遣節度使，統率異民族的傭兵集團（軍鎮）。

在這種情形下，晚年的玄宗失去長年陪伴的皇后，轉而寵愛楊貴妃（七一九—七五六），集寵愛於一身的楊貴妃家族崛起。其中勢力最大的是粟特人節度使安祿山（七〇五—七五七），由於他的不滿、嫉妒與野心而發起叛亂（安史之亂，七五五—七六三）。叛軍佔領長安，沉浸在和平中的唐朝危在旦夕。

其後，叛亂雖勉強平定，但華北地區被節度使所割據，將土地及農民私有化，帝國瞬間轉而衰退。在華北地區，節度使及大地主加速土地私有化，過去均田制的農民轉為小作人（佃戶）。

唐朝時華北的稅收被節度使所奪，不得不倚靠佔財政收入一半的鹽專賣。九世紀後半，走私鹽商黃巢（？—八八四）領導的農民叛軍在全中國四處流竄（黃巢之亂，八七五—八八四），而節度使獨立的情況更是遍及全國。

西元九〇七年，節度使朱全忠（八五二—九一二）倒唐後建立後梁，進入各地節度使（藩鎮）獨立的五代十國時代（九〇七—九七九）。

然而，在中國因征戰而損傷身體的武人，違背「身體髮膚受之父母」的觀念，以致社會地位相當地低下，無法像日本一樣成為武士階級。節度使以官僚維持門面，與部下僅止於一代的契約關係。只有天子一人統治天下才是常態，以此思想而為人所知的中華世界，並未孕育出分權統治的武裝領主。

宋朝（九六〇—一二七九）為安史之亂後大約二百年的大混亂時代畫上休止符，將軍隊集中於皇帝之下，並架空節度使，統治權則委由科舉（學科試驗）所選拔出來的文人官僚。直至二十世紀初，延續了一千三百年的科舉制度是文人官僚支持君王獨裁的體系。

第三章
由騎馬游牧民族結合的歐亞地區

第三空間革命與東西文明交流

走出惡劣的自然環境與新空間秩序

從七世紀到十四世紀，是阿拉伯人、土耳其人、蒙古人接續建立歐亞規模帝國（歐亞帝國）的時代。在這些大帝國成立的背景中，有著如出埃及記一般大量出走（exodus，大量出走）的第三空間革命。在阿拉伯人所居住的阿拉伯半島，其中沙漠地區佔了絕大部分，是夏季氣溫高達四十五度的炎熱之地。而土耳其人所居住的土庫曼，有超過百分之八十亦是沙漠，夏天氣溫亦達到四十度以上。另外，蒙古人生活的蒙古高原則是冬天氣溫降到零下三十度的乾燥地帶，狂風從西伯利亞呼嘯吹來，極地的游牧部族具有強烈的脫貧欲望，而這種欲望成為一連串空間革命的動力。

在第三空間革命中，阿拉伯人、土耳其人採取軍事征服與移居的形式，部分的蒙古人也遷移到歐亞各地。配合使用馬匹和駱駝的強盛軍團與商人，騎馬游牧民族建立了橫跨歐亞的空間秩序（歐亞帝國）。他們之所以能建設大帝國，最重要的因素在於拜占庭帝國、薩珊王朝及宋朝等農業帝國的衰退。趁此千載難逢的機會建立歐亞帝國，其中蒙古人甚至建立出超強帝國。

直到現在，游牧的型態仍與過去相同，但曾有一段時間，游牧民族以卓越的軍事力量主導著歐亞。獨具慧眼的英國歷史學家湯恩比（Arnold Joseph Toynbee, 1889-1975）注意到這個事實，認為七至十四世紀是「游牧民族爆發的時代」。

在大空間裡流動的東西文明

大部分是乾燥地帶的歐亞大陸整合為一大空間，開啟了歐亞的全球化新時代。在歐亞大空間中，伴隨著商人的活動，東西文明交流前所未有的繁盛，各區域迎來文明飛躍的時代。

每當提到騎馬游牧民族，總是強調他們的侵略性，但在這時代的特徵是歐亞商業圈的成長，以及商人網絡與大空間的結合。在第三空間革命中騎馬游牧民族所形成的大空間裡，商人扮演了整頓新秩序的角色。

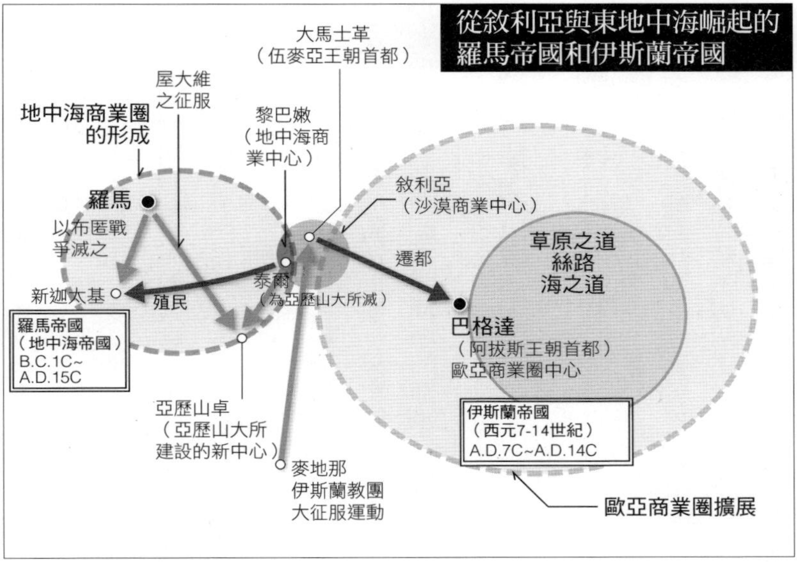

初期阿拉伯、土耳其人所主導的伊斯蘭帝國，印度數字（阿拉伯數字）等印度文明傳入伊斯蘭世界，文明因此融合。稻、砂糖、棉花、檸檬、代數學、複式簿記等傳至地中海世界，在另一方面，北印度也逐漸伊斯蘭化。結合西亞與中國南部的陸、海商業規模一旦擴大，中國用來製造長生不死藥的煉丹術則觸發伊斯蘭世界的鍊金術，蒸餾器等實驗器具與化學知識相當發達。在禁酒的伊斯蘭世界，蒸餾器主要用於製造香水，但傳入歐亞後，成為威士忌、白蘭地、伏特加、清酒等蒸餾酒的工具，人們因歐亞空間的整合而得以飲用香醇美酒。

在蒙古帝國時期，中國文明與資訊傳

到伊斯蘭世界與歐洲。其中，廣為人知的火藥、羅盤（指南針）、活版印刷術對歐洲社會造成了戲劇化的影響。

草原游牧民族的馬匹、沙漠商人的駱駝、季風地區的阿拉伯小商船以及中國帆船，使歐亞規模的連結更為緊密，編入歐亞帝國的各區域則被迫改變。這些區域於歐亞帝國期間所發生的變化雖各自有異，但重要的是，各自為政的空間彼此有了聯絡而被迫轉變；當然，這些轉變有正面意義之外，也有負面意義。

然而，在今日的中國史書將蒙古帝國以「元朝」置於中國史的框架中，以此巧妙地抹去歐亞第三空間革命的說法，使世界史的所有路徑無法完整呈現。所以有必要確實地以鳥瞰觀點來看世界史，對歐亞空間秩序的推移以連貫性的角度來觀察。

單峰駱駝促生的伊斯蘭帝國

預備歐亞轉換的穆罕默德

第三空間革命倏然出現在多數是沙漠的不毛之地——阿拉伯半島，由阿拉伯人所整合的大空間，與伊斯蘭教有著密切關係。

伊斯蘭教的創始者穆罕默德（約五七〇—六三二）是個沙漠商人，他出生於阿拉伯半島西部的商業路線上主要城市——麥加。穆罕默德的父親在他出生半年前病死，在六歲時又因母親過世而成為孤兒，然而這個孤兒翻轉了整個世界。

過去曾有發出紅色光芒的隕石在麥加殞落，而隕石的神祕性質使麥加成為阿拉伯游牧民族的聖地，進而發展為以祭拜直徑三十公分黑聖石的「卡巴天房」為中心的宗教城市。散居阿拉伯半島、約二百人的游牧部族，為祭拜各自部族的神祇而來到卡巴天房，祭拜時常有熱鬧的市集。

六世紀末，長期在薩珊王朝和拜占庭帝國之間的戰爭愈趨激烈，雙方軍隊攻擊彼此的首都；此時，在阿拉伯半島西岸（漢志地區）地方性的宗教城市麥加卻因此崛起。新的商業路線延伸到阿拉伯半島西岸的漢志地區，麥加成為連結敘利亞大馬士革與半島南部葉門地區分路中的主要城市。

穆罕默德在二十五歲時，藉由單峰駱駝與敘利亞進行交易，獲得富孀哈蒂嘉（四十歲）的信任，之後與她結婚而有了極大的改變。他經常到敘利亞洽商，接觸到猶太教等一神教，從而產生新的宗教觀念。穆罕默德對於繁榮而擴大階級差距的麥加感到失望，四十歲時開始到麥加郊外的希拉山洞冥想。他在進入冥想時，感受到大天使加百列（阿拉伯語為 Jibril）所帶來的啟示，告知自己為唯一真神阿拉的先知（卡理斯瑪，charisma）。穆罕默德在多神教信仰中心麥加說到「最後審判」已臨近，要眾人信仰阿拉。他自稱可用阿拉伯語傳達神的意志，是「最後審判」前的最後先知。附帶一提，所謂的伊斯蘭，其阿拉伯語意為「絕對歸服唯一真神阿拉」。

然而，穆罕默德在三年間的傳教卻只有七十名信徒。不久後，信徒遭受更強烈的批評與迫害。六二二年，穆罕默德為了避難，毅然決然地往遠在三百五十公里外的雅士里布（其後依「先知之城」之意而稱為麥地那）遷移（阿拉伯語為Hijra）。這個少數信眾遷移的六二二年成為現今回曆的紀元元年。

穆罕默德在麥地那長期調停游牧部族間的糾紛，實行血債血償，在協議文書（麥地那憲章）的基礎上，讓伊斯蘭教團（ummah）於整合游牧民族方面獲得承認。在阿拉伯游牧民族中，穆罕默德被視為領導者。

六三〇年，穆罕默德率領約一萬名阿拉伯游牧軍隊，和平地佔領麥加，破壞約三百六十個部族在卡巴天房中所祭拜的偶像，將阿拉伯半島統一於唯一真神阿拉的名下。在兩年後的六三二年，穆罕默德驟逝，其一生在阿拉伯半島結束。

教團併吞的兩大帝國

穆罕默德逝世後，伊斯蘭教團為避免混亂與分裂，從幹部中選出哈里發（代理者、穆罕默德的繼承者），由哈里發統領教團，蒐集穆罕默德說過的「神的話語」，共一百一十四章編成《古蘭經》，成為信仰和生活的依據。為了對應穆罕默德自稱是「最後審判」前最後的先知，因此依據《古蘭經》使阿拉伯語成為「伊斯蘭化大空間」（伊斯蘭之家）的共通語言。

在第四代哈里發之前是「正統哈里發時代」，以麥地那為中心，透過授予游牧民族動員權來與外部異教徒開戰的方式，試圖將教團（ummah）團結起來，是對拜占庭帝國與薩珊王朝的大征服運動。遊牧民族利用沙漠並以單峰駱駝和馬匹進行軍事行動，給予因長年戰爭而衰微的拜占庭帝國與薩珊王朝毀滅性的痛擊。

大征服運動是在要地設立阿拉伯游牧民族的軍事據點（軍事城市，misr），其周邊則有阿拉伯人移居的征服活動。他們透過遠征，在核心地設立建有清真寺和市場（bazar）的城市，並使城市網絡化連結，成為伊斯蘭帝國的骨架。

對於遠征的戰利品，五分之一為哈里發所得，其餘的則分配給士兵。

首先被遠征的是沙漠的商業中心大馬士革，第二代哈里發歐麥爾（六三四—六四四年在位）進攻大馬士革，翌年六三六年，在耶爾穆克戰役中打敗拜占庭帝國的五萬大軍，奪取敘利亞。六四二年，伊斯蘭軍更進一步征服拜占庭帝國的糧倉埃及，入侵至利比亞東部，造成地中海分裂成南北二個相異的空間。

在西亞，薩珊王朝因為底格里斯河的大氾濫、傳染病流行以及將近四年的王位爭奪，正處於自我毀滅的狀態。六三七年，伊斯蘭軍在現今的巴格達近郊大勝薩珊王朝軍，攻下了伊拉克南部。薩珊王朝的國王敗走伊朗高原，六四二年薩珊王朝試圖在奈哈萬德戰役中反擊，但仍終歸慘敗而走入滅亡。

阿拉伯的大征服運動不只統一歐亞西部的大空間，更因為阿拉伯人居住的軍事都市網絡而結合了多元區域，促成以沙漠草原為新體系（歐亞帝國）的「空間革命」。在大征服運動中，約一百三十萬的阿拉伯人以統治者的身分從阿拉伯半島移居到農耕地帶。

往阿爾卑斯以北遷移的基督教世界

接著將焦點轉向地中海北部，討論大空間革命發生地區的周邊動態。

因為伊斯蘭勢力入侵地中海，基督徒只好往阿爾卑斯以北的濕潤森林地帶遷移，並以其為中心再度重組基督教世界。在地中海失勢的羅馬教會選擇與日耳曼的法蘭克王國合作，西歐世界由教皇與皇帝共執統治權，與伊斯蘭大征服運動所導致古代地中海世界的解體有著密切關聯。

當時的西歐旱田散佈於大片的原始森林，是寒冷且生產力低下的農業地帶。羅馬人稱原住民塞爾特人為「森林人」，在四世紀後的日耳曼民族大遷移中，日耳曼人驅趕塞爾特人，並在西歐各地建國，其中又以法蘭克王國最為強盛。

七世紀後半葉到八世紀期間，伊斯蘭教徒佔領西西里島、薩丁尼亞島、科西嘉島、巴里亞利群島等地中海的主要島嶼，基督教徒不得不移往阿爾卑斯以北。羅馬教皇李奧三世（七九五—八一六年在位）試圖從強勢的君士坦丁堡教會中自立，法蘭克王國查里曼大帝（七六八—八一四年在位）在八〇〇年加冕為「西羅馬帝國的皇帝」，建立由教皇與皇帝組成的新體制，於是日耳曼人的羅馬帝國誕生了。

比利時歷史學家亨利·皮朗（Henri Pirenne, 1862-1935）用簡潔的語句形容「沒有穆罕默德就沒有查里曼（查里曼大帝）」來論述大征服運動與西歐世界形成的關係。法蘭克王國根據西元八四三年的凡爾登條約及八七〇年的墨爾森條約，分裂成現在的法國、德國與義大利。分裂後，東法蘭克的奧圖一世（九三六—九七三年在位）在九六二年由新任教皇加冕，成為神聖羅馬帝國皇帝，神聖羅馬帝國直到一八〇六年，才被拿破崙所解散。

歐亞規模商業圈的形成

無法克服部族制的教團

由穆罕默德所提倡的主張（在阿拉面前信徒平等）產生了動搖，起因於大征服運動下所帶來的各部族間差距，以及阿拉伯人與被征服民族之間的對立。而遜尼派（佔現在信徒中的九成）和什葉派的對立，將伊斯蘭教團導向了分裂。

在將利益分配給豪族的第三代哈里發遭到暗殺之後，由穆罕默德的堂弟（亦是女婿）、提倡信徒平等的阿里（六五六—六六一年在位），繼位成為第四代哈里發，貴族則藉由穆罕默德之妻阿伊夏興起內亂。鎮壓阿伊夏之亂後，接下來是敘利亞總督伍麥亞家族與阿里之間的戰爭，阿里在戰爭中被暗殺，得勝的遜尼派（以代代哈里發為正統的多數派）強者為敘利亞的總督穆阿維亞，他將哈里發定為同族內世襲，用以確保部族的優勢，教團轉為王朝，是以大馬士革為首都的伍麥亞王朝（六六一—七五〇）。另一方面，阿里的支持者擁護阿里為伊瑪目（Imam，最高指導者），他們以血脈為繼承者並否定哈里發，此派稱為什葉派。

伍麥亞王朝利用集中在城市的非阿拉伯改宗者（mawali）重啟大征服運動。往東征服了印度西北，往西則至非洲北岸、伊比利半島。帝國版圖擴大並在各地任命總督，在各城市裡，清真寺、官廳和市場等皆一應俱全。

伍麥亞王朝對身為征服者的阿拉伯士兵授予年金，在另一方面，對於被征服者即使改信伊斯蘭教，仍課其所得約一半的哈拉吉（kharaj，土地稅）。在各村收取吉茲亞（Jizya，對非伊斯蘭教徒的不信仰稅），徵收工作則交由大地主來執行。

阿拉伯人和以外的伊斯蘭教徒所被課的稅是不平等的，而阿拉伯部族間亦有差別待遇，種種的不滿逐漸蔓延，以致內亂頻繁。

征服與奢侈化之關係

歷史學家伊本·赫勒敦（Ibn Khaldun, 1332-1406）在一三八〇年的著作《歷史緒論》中提到，隨著統治空間的擴大，阿拉伯人走向奢侈化，其過程如以下所述。

根據伊斯蘭學者森本公誠的譯本，大征服運動時代的阿拉伯人統治波斯和拜占庭人，將他們的孩子當作僕役，而此時阿拉伯人仍是粗鄙，尚未具有都會文明。對他們來說「枕頭就像是一包破布」、「也有聽說他們在波斯王的倉庫裡，將找到的樟腦誤以為是鹽巴而放進麵包中。」

即使如此，藉由使前朝人民為奴隸而學到種種技術，使「食物、飲品、衣服、建築物、武器、寢具、家庭用品、樂器、其他一切的日用品及家具類，進入了都會文明階段，且追求奢侈與精緻。此外，祭典、宴會及婚禮等面向亦然，他們極盡奢華之能事。」單純的游牧民族走向了豪奢的生活。

伊本·赫勒敦更進一步描述：「王朝若是強大，大致上都會文明也會發達。都會文明是從奢侈而來，奢侈自富裕與繁榮中生成，富裕與繁榮又出自王權，而這些皆與各王朝所獲得的領土大小有關。」當征服形式的「空間革命」出現後，征服者沿襲前王朝而走向奢侈化，所統治的空間愈廣，奢侈程度愈高；追求奢華的欲望，促成了統治空間的擴展。

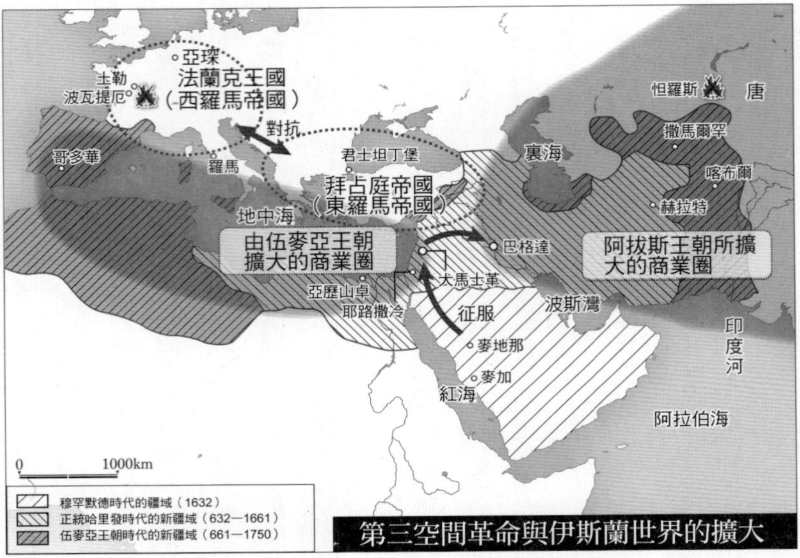

第三空間革命與伊斯蘭世界的擴大

阿拔斯王朝網絡與商人的空間革命

隨著什葉派的動亂擴大，主張由穆罕默德的叔父系——阿拔斯家族繼承伊瑪目（最高指導者）的勢力，在伊朗高原蜂擁而起，伍麥亞家族的哈里發被推翻，此後為阿拔斯王朝（七五〇—一二五八）。

阿拔斯王朝鎮壓什葉派，得到阿拉伯強族的支持，另一方面，將政治中心移到東邊的伊拉克，與被征服的波斯強族達成合作體制。在阿拔斯王朝的統治下，走向平等對待伊斯蘭教徒的伊斯蘭帝國（阿拔斯革命），阿拉伯人與過去的統治民族波斯往合作的道路前進。阿拔斯王朝以伊斯蘭教和《古蘭經》為基礎，成立維持社會網絡的帝國體制。其特徵如下分述：

①伊斯蘭教團指導者哈里發的權威擴大。

②稱為烏理瑪（Ulama）的法學者根據伊斯蘭法來裁判。

③租稅、軍事、文書等諸官廳的整備，統一廣大地區的行政語言為阿拉伯語。租稅方面，在三地區設置稅務廳，地租以貨幣徵收。根據稅收編成預算與執行。

④在廣大區域使用金幣、銀幣、官方票據、私人支票。

⑤結合中央與地方的驛站制（barid）——中央的驛遞廳管理四條幹道，以及每隔數十公里所設置的驛站，蒐集地方的糧食價格、政治和稅務情報。

由伊斯蘭教支持的阿拔斯王朝共三十七代，延續了五百年。但是仍無法解決部族制的問題，政治始終紛亂不斷。阿拔斯家族權力穩固的時期，僅僅只有最初的兩百年，後半段時期是各地軍人政權相爭的混亂時代。

隨著阿拔斯王朝的統治進入「經濟時代」，商人往歐亞各地延伸商業網絡，因此商人們的「空間革命」相當地興旺，首都從大馬士革遷移到位於東方、與歐亞大空間結合的巴格達，另外，可承載一百二十公斤貨物的單峰駱駝，連結起撒哈拉沙漠、敘利亞、伊拉克和伊朗高原綠洲、城市等傳統商業圈，與中亞使用雙峰駱駝和馬匹的商業圈（絲路、草原之道）相連。位在季風帶的北印度洋使用阿拉伯小商船，印度洋商業圈因此急速地發展，將地中海、波斯灣、紅海、阿拉伯海、南海等商業圈相互結合，呈現出具有歐亞規模的海洋空間樣貌。而阿拉伯語、伊斯蘭教、伊斯蘭法、金銀幣也成為商人擴大空間的工具。

歐亞的商業中心——超級城市巴格達

阿拔斯王朝第二代哈里發曼蘇爾（七五四—七七五年在位）注重與波斯人的合作，動員十萬人、花費四年的歲月，在底格里斯河西岸興建新首都——巴格達。巴格達最初是由三層牆壁所圍繞，統治的據點是直徑二．三五公里的圓形堡壘。

堡壘的內部設有清真寺、哈里發的宮殿、重臣的住所、軍隊的駐紮地與騎樓。然而，這不單是軍事堡壘，從堡壘的四個門延伸出①荷拉善大道、②巴斯拉大道、③庫法大道、④敘利亞大道等幹道，分別聯絡了①西、中亞、②印度洋、③阿拉伯半島與④地中海。

不久，堡壘周圍陸續聚集起商人與工匠，在十世紀的文獻中記錄著巴格達的盛況：「有六萬個公共浴場，以每個公共浴場有五個清真寺來計算的話，共有三十萬個清真寺。」巴格達發展成一座具一百五十萬人口的大城市。

此時埃及的亞歷山卓是結合地中海、紅海和阿拉伯海的主要城市，敘利亞的大馬士革是沙漠的主要商業城市，而往東移、位居歐亞陸海要衝的巴格達則發展為宏偉的商業中心。

阿拔斯帝國最強盛的哈里發——哈倫．拉希德（七八六—八〇九年在位）時代，在《一千零一夜》(天方夜譚)裡記錄著:「這時代的哈倫·拉希德之名與他的榮耀馳名遠播,從中亞各山丘到北歐森林深處,又從馬格里布(北非)及安達魯斯(伊比利半島)直到中國、韃靼(Tatar,游牧世界)邊界。」

由阿拉伯小商船形成的海洋空間與瓦格瓦格(倭國)傳說

在阿拔斯王朝的統治下,開發東非至印度的阿拉伯海(北印度洋)航路。利用季風週期性的風向發展航路,自東非沿海斯瓦希里地方,經由馬爾地夫群島連接印度半島,從波斯灣到印度半島、孟加拉灣、南海、東海的航路,與唐朝之間的航線日常化,歐亞南端的海洋串連起東西兩方。

順著季風,帆船時速約可達二十公里,假設一艘帆船運送五十噸的貨物,大概等同於二百頭駱駝、三百匹馬載著貨物渡海。

阿拉伯小商船將印度洋(約日本海的七·四倍)變成「伊斯蘭之海」,地中海、亞洲和東非大海域連動時代正式到來。擁有高桅杆和巨大風帆,船板用椰子纖維縫合,間隙用焦油、纖維等物填充,伊斯蘭世界所特有的阿拉伯小商船,連結波斯灣和東非、孟加拉灣和印度、東南亞、中國沿海等地區,形成了長遠的航線。

相較於地理大發現促成如資本主義般的人工經濟體成長,伊斯蘭大航路結合了既有的區域

由阿拉伯小型商船結合的波斯灣、東非、印度、東南亞和中國等海域

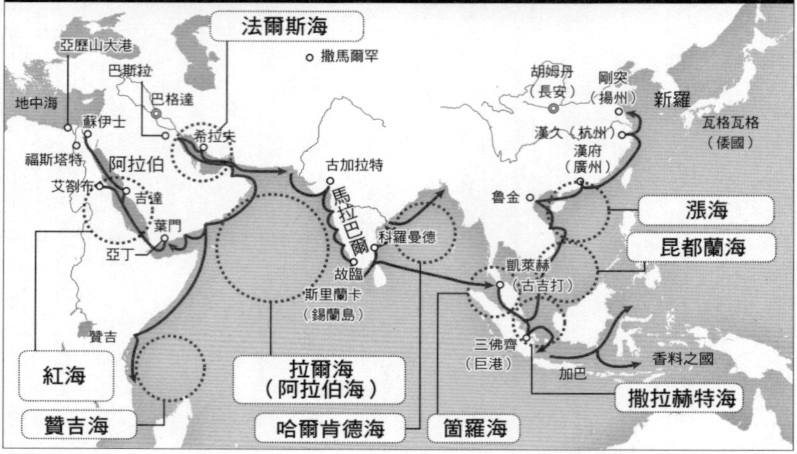

性商業圈，卻未能達到形成新經濟體的程度。雖然如此，他們的航海技術和地理知識，卻對日後葡萄牙開發的印度洋航線產生重大的貢獻。

在阿拉伯小商船的交易中，唐朝的絹絲及瓷器利潤相當地高，而所謂的「中國夢」是利用單程一年、往返二年的航程，從波斯灣的巴斯拉、希拉夫等港口出發，將前往唐朝漢府（廣州）的直航路線定期化。據說，那時波斯灣的希拉夫滿滿都是中國製的瓷器。

此外，在《一千零一夜》中〈阿拉丁神燈〉的舞臺即是中國，故事大意為在中國生活的阿拉丁從北非的修道士手中得到神燈，他藉由魔法的力量成為中國皇帝，是一個荒誕不經的故事。然而，孤立在歐亞之外的中國，藉由海洋與伊斯蘭世界聯繫。

另外，阿拔斯王朝的官吏伊本．胡爾達茲比赫（Ibn Khordadbeh），從渡唐的伊斯蘭商人得知倭國（日本）的存在，他記錄如下：「秦的東邊有一個名叫瓦格瓦格（源自倭國的中文發音）的地方。此地擁有豐富的黃金，當地住民飼養的狗和猴子所用的犬鏈和項圈，都是由黃金製成，甚至拿黃金（絲）編織的衣服販賣。此外，瓦格瓦格還可以採到優質的黑檀木（道里邦國志）。」遣唐使帶著大量陸奧生產的砂金作為旅費一事，在長安廣為流傳，「黃金之國」的傳說也因此為人熟知。瓦格瓦格在日後成為蒙古帝國時期黃金之國傳說的前身；伊斯蘭商人對瓦格瓦格的黃金如此強烈關注，乃是因為伊斯蘭世界在擴張經濟規模的過程中，面臨金、銀的嚴重不足。

利用伊斯蘭網路，稻米、棉花、砂糖、檸檬、萊姆、茄子等印度農作物傳到了西亞、地中海，如果沒有這些農作物，或許今天的炒飯和西班牙燉飯就不會存在了。

游牧土耳其人加入世界

由中亞帶起的大空間形成

聯絡各區域的歐亞背脊，是東西約八千公里的中亞大草原，而促成中亞空間革命重心移動的是游牧土耳其人。

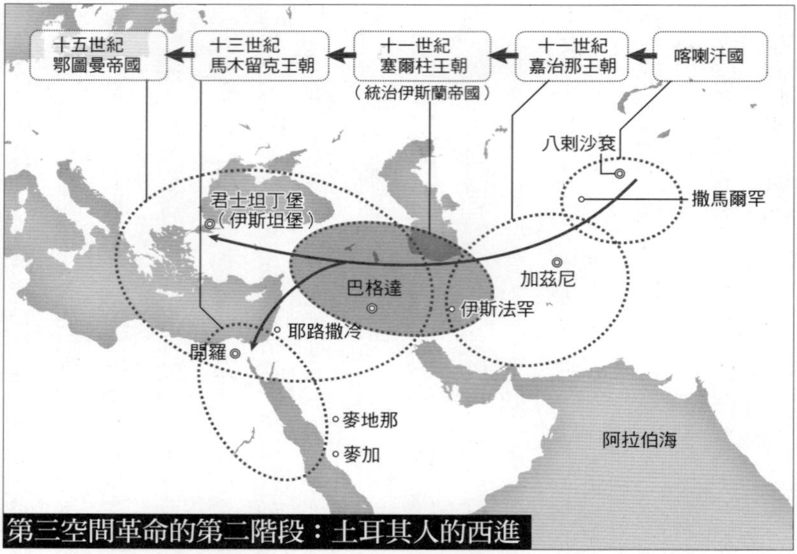

第三空間革命的第二階段：土耳其人的西進

十一世紀，游牧土耳其人掌握伊斯蘭帝國的霸權，使世界史的領導區域移往連結歐亞諸空間的中亞，這是歐亞世界史的再次翻轉。

此翻轉契機來自什葉派的抬頭，以及更為嚴重的部族對立所造成阿拔斯王朝的大混亂。在九世紀，遜尼派和什葉派強烈對立，第八代哈里發穆塔辛（八三三—八四二）向粟特商人購買土耳其人為奴隸，組織七千名土耳其士兵為近衛軍，這是最早的「馬木留克」（Mamluk）。軍團不到十年增加到七萬人，成為馬木留克的土耳其人逐漸掌握伊斯蘭帝國的主導權。此外，馬木留克的阿拉伯語為「奴隸」之意，也就是具有奴隸身份的士兵。

進入十世紀，激進什葉派法提瑪王朝（六〇六－一一七一）佔領利比亞到埃及，自稱為哈里發，在巴格達亦有什葉派伊朗系的德萊木人建立布維西王朝（九三二－一〇六二），以大埃米爾（Amir，將軍）的身份奪取軍隊及徵稅權，使哈里發成為傀儡。在巴格達，因為什葉派和遜尼派的對立，以及阿拉伯人和德萊木人之間的仇視日益激烈，甚至到了連治安都難以維持的地步。

崛起於錫爾河下游氈的（Jend）的土耳其系塞爾柱人向外擴展勢力，他們是遜尼派的擁護者，於一〇五五年進入巴格達成為新的統治者，即為塞爾柱王朝（一〇三八－一一九四）。創立王朝的托格茲（一〇三八－一〇六三年在位）從哈里發得到「蘇丹」（阿拉伯語意為「權力」，王朝的統治者）的稱號，統治者的地位獲得承認，與阿拉伯人哈里發共行統治。蘇丹授予游牧土耳其各地的徵稅權，以此為背景來應對法提瑪王朝侵略敘利亞，以及布維西王朝內部糾紛等種種危機。

勉強保住哈里發權威的阿拔斯王朝雖然得以延續，但伊斯蘭帝國的樣貌已轉變為土耳其人的帝國。此後的新趨勢為中亞的騎馬游牧民族，憑藉著自身的軍事能力統治了伊斯蘭世界。

活躍的馬木留克——土耳其人

十世紀後半葉以來的布維西王朝，因地方政權的分立以致稅收銳減，加上官僚機構衰退、軍事費增加，政府難以支出士兵的俸給。為此，迫不得已實施授予士兵伊克塔（Iqta，阿拉伯語意為「分割」，指徵稅權）的制度，藉此取代俸給。之後，塞爾柱王朝繼承伊克塔制度授予士兵徵稅權，另一方面強化監督，避免士兵領主化。伊克塔制的特點在於僅以徵稅權取代俸給，不承認士兵對土地與農民的統治權，而且不得世襲。

在伊斯蘭世界裡，延續「土耳其人是馬木留克」的形象守護著伊斯蘭教團，他們被視為神從異教的世界所差遣而來、身份為奴隸的秩序維護者。伊斯蘭教徒在限制的框架內接受埃米爾（將軍）、蘇丹等軍人（實際上是騎馬游牧民族的騎兵團）為維護秩序者。土耳其人最初雖甘於接受這樣的地位，但十二世紀以後，強盛的土耳其人將伊克塔制世襲化，成為在地的強權。

拜占庭帝國的危機和十字軍

土耳其人不僅奪取伊斯蘭帝國的統治權，也入侵周圍的東地中海、阿富汗及北印度。他們接二連三地侵略阿富汗到富裕的北印度一帶，在十三世紀初，建立以德里為首都的伊斯蘭王朝（奴隸王朝）。統治北印度的歷史將在之後的蒙兀兒帝國中接續討論。

拜占庭帝國受到土耳其人的攻擊而岌岌可危，向羅馬教皇烏爾班二世（一〇八八－一〇九九年在位）尋求支援。烏爾班二世接受拜占庭皇帝的請求，在一〇九五年的克萊芒大公會議中，號召十字軍前往聖地——耶路撒冷，結果促成了十字軍東征。十字軍東征始於一〇九六年，止於一二九一年的阿卡陷落，是由基督教團主導，陸續前往敘利亞、巴勒斯坦及埃及的軍事遠征。

第一次十字軍東征趁著伊斯蘭世界的分裂、塞爾柱王朝與埃及法提瑪王朝的對立，成功佔領耶路撒冷；然而，待到伊斯蘭方面團結後，以聖戰（Jihad）反擊，第二次東征後十字軍接連失敗。根據和平協定，基督徒前往耶路撒冷的朝聖獲得承認，此後十字軍的目標轉移至埃及。

十字軍東征是對文明先進地區的遠征，透過遠征逐漸將伊斯蘭文明引進歐洲。由於十字軍東征的契機，歐洲文明因東西交流而煥然一新。

西歐空間的再生與大開墾運動

從十一世紀到十三世紀的中世溫暖期，西歐農具——有輪重犁的普及而發展出「中世紀農業革命」。從此，西歐終於可以脫離寒冷氣候所導致的長期饑饉，蛻變成為農業社會。

十一世紀，可以反覆深翻重黏性土壤的鐵製重犁（有輪重犁、日耳曼犁）普及，取代過去使用的木製犁。將馬匹及牛隻運用在農耕上而以拖引重犁，使得耕作面積一舉擴大。位處高緯度寒冷的西歐，由於利用馬匹發展出土地共耕制，脫離了長期的貧窮。

在此簡單地整理十一世紀的西歐農業：（一）鐵製有輪犁（有輪重犁、日耳曼犁）取代過去的木製無輪犁，使深耕黏質土壤成為可能，為深耕的開始；（二）為了拖引鐵製重犁而改良牛、馬繫駕法，並將馬匹運用在農耕上；（三）利用水車和風車來製粉；（四）實施三年休耕一次的三圃農制；（五）土地開放共耕制以及散村轉為集村。以往在西歐小麥的收穫量不過是播種量的二、三倍，現在得以倍增，西歐在十一世紀發展為一般的農耕社會。

因為馬匹的使用讓耕作面積更加擴大，歐洲的人口數大幅攀升。大規模原始林的採伐解決耕地不足的問題，為了取得田地而砍伐森林稱為大開墾運動，歐洲的森林多是平地林，像放養豬隻這樣的林間畜牧在開墾上較為容易。

西元一〇〇〇年左右的歐洲人口雖然在三千六百萬以下，但在十字軍東征後的一三〇〇年前後，據推測已增加至約八千萬人。由於大開墾運動使森林的面積縮減，在教堂城市中，石造的教會經過長年的歲月建造完成。十三世紀時，巨大的石材向著穹蒼堆疊而上，各地城市出現具有高聳天井、巨大的陰暗空間和彩色玻璃所構成的哥德式教堂，而古老的森林信仰場域也融入城市之中。

蒙古人締造的超級帝國

伊斯蘭與蒙古的相互結合

九世紀左右的中亞，伊斯蘭教在西土耳其斯坦拓展，不久後便擴及東土耳其斯坦。伊斯蘭商業圈連接了蒙古高原，伊斯蘭商人便藉機鼓動成吉思汗向花剌子模王朝（一〇七七—一二三一）派遣使節和商人，目的是要聯絡中亞的東與西，以便開啟安定的交易路線。花剌子模是由西亞塞爾柱王朝的馬木留克阿努什的斤（一〇七七—一〇九七年在位）自王朝獨立出來、以阿姆河下游為據點所建立的。

然而，花剌子模東方邊境訛答剌的地方長官以間諜的嫌疑殺害蒙古使節，並奪取交易品。之後，蒙古再度派遣的使節遭到花剌子模切下鬍鬚並驅逐，遭受如此羞辱的成吉思汗對花剌子模展開大規模的遠征。結合多部族的花剌子模於戰爭中潰敗，第七代阿拉丁·摩訶末（一二〇〇—一二二〇年在位）在裏海上的小島過世，西亞的大部分被納入蒙古勢力範圍。在遠征路線上，位於中亞、西亞的伊斯蘭城市均被攻下，工匠之類的有用人才被俘虜，再分配給成吉思汗的族人。由於蒙古人強迫土耳其、波斯、阿拉伯人等伊斯蘭教徒遷移到蒙古高原，與伊斯蘭世界之間形成了一條寬廣的渠道。

成吉思汗的鐵騎軍團與空間革命

冬天氣溫降到零下三十度，一直深受酷寒、乾燥與強風所苦的蒙古高原游牧民族，在深具魅力的領袖成吉思汗完成了軍制改革，與伊斯蘭商人攜手在歐亞整合造成大波動。若以伊斯蘭帝國為「第一次歐亞帝國」的話，合併中華帝國的蒙古為之更甚，是「第二次歐亞帝國」。由十萬騎兵組成的蒙古軍團，將馬匹的空間形成能力提升到最高點，締造了超級帝國。

受到伊斯蘭商人協助得以遂行南下的蒙古人，是由經驗豐富、且兼具宏觀眼光與領袖魅力的成吉思汗所領導。他的考量在於透過軍事征服以補粗放牧畜的不足，因此對於農民的掠奪與殲滅毫不留情。站在領導者的角度，他積極、在時代潮流之上的決斷，與領袖魅力的性格大大地翻轉歷史。

滿洲的女真人──金（一一一五－一二三四）統治蒙古高原時期，為了內耗蒙古人而煽動部族之間的對立；一二〇六年，幼年時因父親被毒殺而生活艱苦的鐵木真，在鼎盛的四十歲後於忽里勒臺（Khuruldai，部族長的「聚會」）中晉升到大汗之位，以成吉思汗之名統一蒙古高原。成吉思汗經歷苦難的人生與諸多戰鬥的淬鍊，是具備豐富實戰經驗的開創者，同時，蒙古人稱神為「永遠的藍天」（中文指蒼天之意），同時也用來稱呼「光之神」的成吉思汗。

成吉思汗將游牧部族解散，重新編為九十五個千戶，用來強化統治。他仿效金的制度，依十進位法將游牧民分為十戶、百戶、千戶、萬戶；千戶長由心腹部下擔任，百戶長、十戶長由千戶長推薦，千戶制是強而有力的集權體制。服從成吉思汗的軍隊由超過十萬名、素有紀律的蒙古人組成，他們擔起「空間革命」的重任。同時，作為蒙古軍團支柱的千戶長，是由與成吉思汗一同狩獵的近衛軍怯薛歹（kesigtei，恩寵之意）成員中選出。全為騎兵的蒙古軍行軍時帶著大量替換的馬匹，只要馬匹出現疲態就換乘，得以在一日內行軍超過二百公里，且馬匹亦有作為活糧倉的功能。

在一一七〇年代到一二六〇年代，蒙古高原深受低溫所苦，故而成吉思汗所率領、由千戶制組成的十萬騎兵軍團，對重建蒙古高原游牧民族的生活有著強烈的使命感。

草原上的六十萬匹馬

蒙古帝國軍事力量來自數量龐大的馬匹。憑恃著強大騎兵軍隊的團體戰，席捲了整個歐亞大陸，但對於阿拉伯與土耳其人捨棄故地的做法卻是缺乏興趣，由於在農耕地帶飼養六十多萬頭的馬匹不易，於是將軍隊的主力與馬匹共同留在蒙古高原，對統治獲得的廣大歐亞大陸就顯得消極。據說成吉思汗曾一度考慮將中國的旱田改為牧草地後再移居，但那是不可能辦到的事情。

蒙古帝國靠著軍事與大量的物流來累積財富，但軍事力量的中樞仍設置在草原，與透過遷徙締造歐亞帝國的阿拉伯人和土耳其人不同，蒙古帝國仍依靠各地既存的勢力，統治也缺乏一貫性，這是蒙古帝國未留下統治痕跡，在短時間內就滅亡的原因。

蒙古帝國的基本特色在成吉思汗時代已然形成。成吉思汗控制草原之道、絲路，向商人收取稅金而獲得財富，對西亞土耳其系的花剌子模給予重大打擊，也推翻了西域的西夏（一〇三八—一二二七），成功的控制大草原（草原之道）與絲路。

將蒙古的統治領域拓展到中華帝國北部以至波斯灣，建立歐亞帝國基礎之時，成吉思汗的人生亦走到了終點。征服伊斯蘭帝國、俄羅斯、中華帝國所形成的超級帝國則委由他的繼承者。

游牧民族逐漸併吞的中華空間

蒙古之所以成為人類史上前所未有的超級帝國，是因為蒙古處於自土耳其人以來統一西亞、中亞的動向中，再加上征服了中華帝國。成為從西亞延伸到中亞的「空間革命」，一舉擴大為歐亞規模的主要原因。

雖因蒙古帝國的成立，形成了歐亞一體化（世界史的成立）的觀點，但應當以連續的過程來觀察，這個過程始於阿拉伯人大征服運動，統一了羅馬帝國和波斯帝國，接著土耳其人將重心移往中亞，最後蒙古帝國一統土耳其化的伊斯蘭世界和中華帝國。

接下來討論中華帝國為何走向衰亡。

北宋（九六〇—一一二七）時代繼承自唐朝中葉以後江南開發的經濟成長期，稻作地帶更為擴大。北宋初期，在江南有自越南南部移植、耐旱且收穫量高的占城米。因此，中華帝國在西元一〇〇〇年左右擁有六千萬人口，到了一一〇〇年時增加至一億、一二〇〇年至一億一千五百萬人。

稻米經濟的成長，使秦到唐朝期間集中於西部內陸的首都移到大運河和黃河的交會處——開封，遠離與游牧民接壤的區域。

運河城市開封與各城市之間的連結依靠河川和運河，在城市和農村的節點及交通要地上出現草市和鎮，發展出網狀的商品經濟網路。而經濟規模的急速成長導致銅錢不足，不久後甚至出現世界上最早的紙幣——交子。

從政治上來看，唐末以來世襲貴族日漸沒落，軍閥（節度使）在各地紛紛自立。節度使出身的趙匡胤（宋太祖，九六〇—九七六年在位）建立北宋，為壓制唐末以來跋扈的節度使而將軍隊重整為禁軍，使主力軍集中在首都。開封屯駐十萬餘名的禁軍，在都市人口每十人就有一名軍人，若再加上軍眷，可說佔了開封近過半的人口。如此以國內治安優先，國境的守備也就相對地被忽略了。

這顯然與騎馬游牧民族的強盛時代相違背，在這樣的狀況下，安內政策導致危機漸露。契丹人建立的遼（九一六－一一二五）在五代十國時期已取得了北京與大同附近，以及萬里長城以南的「燕雲十六州」，一〇〇四年以後，遼以停止入侵作為交換，每年收取二十萬匹絹、十萬兩銀等貢品。

第二代太宗（九七六－九九七年在位）為了解決世襲貴族的沒落問題，每三年舉行一次、共三階段的科舉考試，藉此獲得人才。另外，軍隊的地位下降，統治權委由選拔出來的文官（文治主義）來治理。在科舉的最後一試（殿試）中，皇帝即是考官，因此皇帝與高級官僚間有著師生的關係，而獨佔權力的官僚（士大夫）層使得政治私有化朝向更進一步發展，官員的賄賂是家常便飯，這種官僚統治的弊害超越時代直到現在。

軍事費的膨脹、行政費的增加讓財政陷入危機，為了修復財政，第六代神宗（一〇六七－一〇八五年在位）拔擢王安石（一〇二一－一〇八六）為宰相。王安石採行給予小農低利融資的青苗法、援助中小商人的市易法等措施以止住百姓的貧困，然而受到貪圖特權的保守官僚（舊黨）反對而終告失敗，北宋在軍事和內政上深陷體制危機。

向金俯首稱臣的南宋

北宋在一一二五年與金共同消滅遼國，金是由女真人從遼國統治下獨立的國家，但在不久之後，金軍佔領首都（靖康之變，一一二六—一一二七），將皇帝及皇族以下共三千人帶至北方，北宋宣告滅亡。

金統治了包含開封的淮河以北地區，逃至江南稻作地帶的高宗（一一二七—一一六二年在位），是北宋的末代皇帝欽宗之弟，他再建立了南宋（一一二七—一二七九），在一一四二年的和約中向金稱臣。至此，中華帝國和北方游牧民族的關係產生了翻轉，東亞農作世界完全從屬於游牧世界。在金所佔領的淮河以北廣大土地中，有一百萬以上的難民遷移至江南。

南宋時期向海外貿易發展，建造大型航海帆船，通商範圍擴及東南亞與印度周圍海域。南宋商人遠至南印度，與伊斯蘭商業圈相接。陶瓷器（英語china）取代絹成為代表性商品，與銅錢一同輸出到海外。從東亞到東南亞，銅錢作為貨幣被廣泛地使用，據說對外貿易的收入佔了南宋歲入的二成。

聯繫歐亞的草原和海洋

蒙古帝國的主要幹道是中亞大草原。「草原之道」成為整合中華世界、伊斯蘭世界、俄羅斯的超級帝國幹道。蒙古人沿著歐亞大陸的地理特性作區分，成吉思汗一族為元（中國）、伊兒汗國（伊斯蘭世界）、窩闊台汗國（中亞東部）、察合台汗國（中亞西部）及欽察汗國（俄羅斯），如此成就了歐亞統治的體制。蒙古帝國的形成過程如下所述。

第三空間革命的第三階段：超級帝國的形成

第二代大汗窩闊台（一二二九—一二四一年在位）時代完成帝國的根基，窩闊台在蒙古高原建都——哈拉和林，並完成連結廣大區域的驛站制。他派遣拔都（一二〇七—一二五五）至南俄，拔都在征服基輔公國（九—十三世紀）之後入侵波蘭，在維耳斯達特一戰（一二四一年）中擊敗德國與波蘭諸侯聯軍。

之後，拔都在遠征歐洲的途中收到窩闊台的死訊，在窩瓦河下游折返，以土耳其系欽察族為主體建立欽察汗國（一二四三—一五〇二）。欽察汗國雖然成為蒙古帝國的一部分，但實際上統治階層大部分為土耳其人。

此外，窩闊台在一二三四年征服統治中華世界北半部的金，他將廣大的領土分為華北、中亞和伊朗，並設置總督府，由伊朗系的伊斯蘭商人整理賦稅制度。

第四代大汗蒙哥（一二五一－一二五九年在位）時期，旭烈兀（一二一八－一二六五）率領十萬蒙古騎兵包圍巴格達，將拒絕投降的哈里發及三名孩童裝入皮袋中任由馬匹踐踏而死，徹底的掠奪及破壞巴格達，阿拔斯王朝自此滅亡。阿拉伯歷史學家記錄下當時巴格達陷落的過程，有高達八十萬人被殺害，旭烈兀在寫給法國路易九世（一二一六－一二七〇年在位）的書信中亦提到殺害了二十萬人。旭烈兀建立伊兒汗國（一二五八－一三五三），「伊斯蘭和平」時代轉換到「蒙古和平」時代。

第五代大汗忽必烈（一二六〇－一二九四年在位）建立具有中華風格的元朝（一二七一－一三六八），一二七九年消滅了苟延殘喘的南宋，將整個中華世界納入蒙古帝國。忽必烈花費二十五年，在蒙古高原進入中國的入口處建設計畫城市——大都（土耳其語為汗八里，現在的北京）。藉著「草原之道」及驛站制，大都可與伊兒汗國的首都大布里士連結。

此外，由伊斯蘭的海商所控制，起於波斯灣口的荷莫茲，到福建泉州的「海之道」，也藉由東海、黃海、渤海、白河（經天津出海的河川），再加上閘門式的運河——通惠河直達大都。集合海陸物流的大都是「蒙古和平」時代的商業中心，馬可波羅（Marco Polo, 1254-1324）的《東方見聞錄》中記載著：「外國巨賈的珍奇以及百貨運入了這個城市，沒見過能與之相匹的城市。」

元朝得到色目人（主要為伊斯蘭商人）的相助，對漢人（金統治地的住民）、南人（南宋統治地的住民）的統治方式採取蒙古人優先及重商政策。蒙古人並不熱衷農民統治，擔負著中華社會的儒學官僚徹底地受到歧視，失去過去的特權。

由馬匹構築的蒙古空間與突然瓦解

元朝時，蒙古人和伊斯蘭商人對於農作物的課稅並無太大興趣，他們重視的是自流通過程中所徵得的稅收。

元朝從中華世界中所收的歲入有百分之八十，是以銀所徵收的鹽引（以高價賣出專賣的鹽及兌換票據），約百分之十是價格三十分之一的商稅。大汗將收取的銀分配給在歐亞各地的蒙古貴族，他們進一步將這些銀投資在伊斯蘭商人的斡魯脫克（Ortogh，商人團體，土耳其語意為「伙伴」、「公會」）之上，這些資金在歐亞的大商業圈中流轉。此外，元朝將自農民所收取的年貢作為地方政府的財源，然而統治農民失敗，發生了大規模的農民叛亂——紅巾之亂（一三五一—一三六六），元朝在不久後便滅亡了。

在蒙古帝國內，隨著歐亞商業的成長，部族間的落差更大，並未蒙其經濟之惠，草原三汗國（窩闊台汗國、察合台汗國、欽察汗國）在海都（一二三五—一三〇一）的領導下聯合對抗忽必烈，此即為持續長達三十五年的海都之亂（一二六六－一三〇一）。部族之間的對立與蒙古人的奢侈化，再加上汗位的紛爭，都是帝國從內部開始瓦解的原因。

蒙古帝國靠著軍事征服衝擊著歐亞各地，但在西亞必須仰賴伊斯蘭帝國的統治體系，在東亞則是中華帝國的統治體系，在俄羅斯是土耳其系的欽察族，蒙古人並未形成自有的統治體制。

然而，蒙古人和伊斯蘭商人利用帝國的網絡，連結伊斯蘭商業圈與中華商業圈，結合「草原之道」與「海之道」的空前大商業圈（歐亞環狀網路）使歐亞一體化，這是空間的大統整。波斯商人、阿拉伯商人、猶太商人、印度的古加拉特（Gujarat）商人、中國商人等活躍在這個陸海大空間之中。

不過，蒙古帝國的基礎在於人的結合，並且依據各地各樣傳統形成多樣性的帝國，因此始終未能達到產生新經濟體系的境界。伊斯蘭商人、中國商人未能突破自給自足經濟與帝國統治的架構。

形成大西洋世界的資本主義體系，大概耗費了四個世紀，相較之下蒙古帝國僅延續一百多年。在長期歷史累積的歐亞大空間中，新體系取代以自給自足的農業和游牧為基礎的帝國，而帝國的形成固然需要相當的時間與嘗試錯誤，但蒙古帝國卻仍是太早滅亡了。即使如此，蒙古帝國在包含沙漠、草原的大空間中發展出驛站制度，聯絡幹道與各地區的道路網，為地

蒙古帝國的領域及歐亞環狀網路

理大發現的到來做好準備。

鐵砲和大砲終結馬的時代

諷刺的是，終結長期「馬的時代」是歐亞大空間的東西文明交流。

從中華世界傳播至歐洲的火藥，在軍事上引發了逆轉。在歐洲使用火藥的鐵砲、大砲發展開啟了軍事革命，軍事重心從弓轉移至火器。鐵砲、大砲是利用「火藥」爆發力的武器，而火藥卻是中國在調製長生不死藥的過程中意外發現的產品，最早製作出混合硝石、硫黃、木炭之黑色火藥的是在宋代。西元一〇〇〇年左右，唐福向第三代皇帝真宗（九九七—一〇二二年在位）獻上自行製作的「火毬」和「火槍」。

作為武器，火藥的使用方法是填充進竹筒，安裝在弓箭上發射，起初被視為一種火箭而沒有受到重視。但在一一六一年采石之戰，南宋軍使用「霹靂砲」（在紙製的容器中放入火藥，點火後用投石機投擲）打敗金軍。金如法炮製出於鐵容器中填充火藥的簡單大砲「震天雷」，並在一二三二年擊敗了蒙古軍。無論上述的哪一種武器均是管狀火器，成為日後在歐洲發展出的大砲原型。

如同道教的煉丹術書籍所述：「火藥以硝石為君，硫磺和木炭為臣」，以君臣關係來形容混合硝石、硫磺和木炭的黑色火藥，其主要原料是硝石（硝酸鉀，saltpeter），而在嘗試調製長生不死藥的錯誤過程中，發現了硝石。

所謂的爆炸是指激烈的燃燒，一定比例的硝石一旦與硫磺、木炭混合就會引起爆炸。舉例來說，若硝石佔了四分之三，火藥激烈燃燒將會產生約三百倍體積的氣體，即是爆炸。能造成爆炸決定性效果的硝石，可從沙漠等乾燥地帶的岩石、土壤表面取得。硝石的波斯語為「中國鹽」，阿拉伯語稱為「中國雪」，由此可得知硝石是在中國發現的。

相傳火藥的製作方法在十三世紀中葉傳到歐洲，亦在成吉思汗之孫拔都遠征俄羅斯，經匈牙利進攻波蘭之際帶入，在十字軍東征時傳到伊斯蘭世界。

英國的羅傑·培根（Roger Bacon, 1214-1294）是歐洲首位製造火藥的人。而在十四世紀時，德國還興建起火藥工廠。

大砲在歐洲快速地普及，大大地改變了重裝騎士個人戰的中古歐洲戰鬥法，騎士於是沒落。十四世紀初，有人將薄鐵板製作為圓筒狀，或將鑄鐵捆成桶狀，再用鐵箍固定作成粗糙的大砲，用來發射石頭等砲彈。然而簡陋的大砲並不耐用，發射時砲身常常破裂，剛開始實在發揮不了什麼作用，命中率亦是相當的低，充其量嚇唬敵人罷了。

十五世紀開始大量鑄造以不易破裂的青銅與黃銅製成的大砲，砲彈亦被超出石頭三倍威力的鑄鐵製品所取代。

不久，發明出能使大砲上下動作的「砲耳」，且為了使其移動而附上車輪，大砲得以在野戰中使用。在百年戰爭（一三三九－一四五三）時期大砲已被拿來作為攻城所用，但破壞力還是差了一點。

十五世紀前半有鑄鐵彈，十五世紀後半炸彈會四處飛散的殺傷彈登場，在法王查理八世時代（一四八三－一四九八年在位）出現了用臺車移動大砲的砲兵隊，大砲成為戰爭的主角。

之後，將大砲小型化的鐵砲旋即登場，在十四世紀初，鐵砲不過是照著大砲原型來縮小的手持加農砲（直線發射小型子彈的加農砲），幾乎沒有什麼威力。到了十五世紀，火藥的爆發力讓子彈的射程更遠，使此技術的開發邁出了一大步。

十五世紀中葉，德國發明了火槍（火繩槍），其原理為扣下板機，用繩子或布條浸泡硝酸液，並使乾燥火繩的火落入盛裝火藥的火盆中，以此點燃槍身內的火藥來發射子彈。

火槍傳入被蒙古人征服的俄羅斯，一般認為其結合歐洲洋弓（弩）扳機發射裝置。不久，發明出打火石和轉動齒輪的組合，可單手操作的點火裝置更增加槍的實用性，使火槍在實戰上發揮更大的功效，槍從此成為空間形成的新力量。

第四章

歐亞帝國的瓦解與「小世界」的重整

半途瓦解的歐亞商業圈

切割的中華空間

十四世紀中葉以後，蒙古統治階層日漸奢侈，部族之間也紛爭頻繁，因而加速了蒙古帝國的崩解，於是歐亞大空間重整為中華帝國、分裂的伊斯蘭圈、以及向大西洋擴張的歐洲及森林地帶的俄羅斯帝國。新上場的大帝國中，鄂圖曼帝國、清帝國、俄羅斯帝國延續到二十世紀。

在一三五三年和一三六八年，伊兒汗國和元朝滅亡，「蒙古和平」徹底瓦解。雖有人策動重建蒙古帝國，但傳統中華秩序的復興帶領著歐亞大空間朝解體的方向前進。

從紅巾之亂中崛起的朱元璋（洪武帝，一三六八—一三九八年在位）建立了明朝（一三六八—一六四四），積極地回歸中華帝國，在陸海的世界復興朝貢的體系。明朝實行海禁，嚴禁民間商人從事海外貿易，中華帝國因此脫離了歐亞商業圈，構築出自己的政治圈。明朝的背離使歐亞空間半途瓦解，歐亞因此實行勘合貿易，開始自我空間的組織化。

老舊的歐亞帝國之重整

另一方面，伊斯蘭世界將目標指向了歐亞帝國的重整，復興蒙古帝國的中心人物是土耳其人帖木兒（一三三六—一四〇五）。帖木兒與西土耳其斯坦的伊斯蘭商人合作，將勢力延伸至西亞，他重建成吉思汗所破壞的商業城市撒馬爾罕，並以其為首都，創立帖木兒帝國（一三七〇—一五〇七）。

帖木兒是察合臺的後裔，即汗位自居為大汗女婿（kourekan，古烈干）的大埃米爾（將軍）。他拾起蒙古帝國的權威，統一了中亞和伊朗，並入侵土耳其半島、敘利亞、北印度，一步步地整合部族和區域集團。然而，帖木耳沿襲游牧社會的傳統，憑靠其領袖魅力，重要事項則委由部族長會議，不像成吉思汗那般實行鞏固集權體制。

一四〇二年，帖木兒在安卡拉戰役中打敗新興鄂圖曼帝國（一二九九—一九二二），統一了伊斯蘭世界；一四〇五年，他動員二十萬大軍出兵明朝。但帖木兒因為高齡無法獨力上馬，尚未跨出其領土即病逝於錫爾河中游的都市訛答剌（Otrar）。巧合的是，帖木兒逝世的地方正是過去觸發成吉思汗遠征的城市，但他統一歐亞的夢想終成泡影。帖木兒敗在與衰老的競賽中，重整歐亞帝國的夢想幻滅了。

失去強力領導者的帖木兒汗國走向分裂，不得不與鄂圖曼帝國和明朝維持友好關係，在一五〇七年被南下的土耳其系游牧民族烏茲別克人所滅。烏茲別克之名來自成吉思汗之孫拔都後代的欽察汗國中接受伊斯蘭教的烏茲別克汗（一二八二—一三四〇），是現今烏茲別克共和國的前身。

伊斯蘭空間的多樣化

入侵印度的土耳其帝國

帖木兒的野心未果，之後伊斯蘭世界三分為：統治阿拉伯人的鄂圖曼土耳其帝國、波斯人薩法威王朝以及由土耳其人統治的蒙兀兒帝國。

帖木兒帝國因烏茲別克人的入侵而滅亡，逃到阿富汗的帖木兒一族中，巴布爾（一四八三—一五三〇）進攻防備較弱的北印度，在一五二六年以德里為首都建立蒙兀兒帝國（一五二六—一八五八）。巴布爾擁有精銳的武器得以擊敗人數十倍以上的印度軍，成功地建立橫跨阿富汗到北印度的新王朝。此外，蒙兀兒是「蒙古」的訛稱，帖木兒試圖復興蒙古帝國的壯志，也因此得以在印度實現。然而，印度原本是多神信仰，導致信奉一神的伊斯蘭教徒在統治上遭遇到困難。

將蒙兀兒帝國扎根於印度社會的是在十三歲即位的第三代阿克巴（一五五六－一六〇五年在位），他與印度教女性結婚，廢除印度教徒的吉茲亞（不信仰稅），促進與教徒之間的融合。他在印度與伊斯蘭的統治地區設置郡和縣，以編入帝國體制，並採用曼沙布達爾（Mansabdari，軍人官僚）制來建立征服王朝的架構。阿克巴對征服者土耳其人授予曼沙布（Mansab，官位）與徵稅權，而獲得他們軍事義務的回饋。蒙兀兒帝國是典型的軍事征服王朝，土耳其人位居統治階層，通用語為波斯語，在歐亞走向分裂的過程中，土耳其人將印度納入統治空間。

在阿克巴之後大約維持了一百年的穩定，到了第六代的奧朗則布（一六五八－一七〇七在位），他將目標設為統治全印度，展開對德干高原以南的征戰，並且為了籌措軍事費用，恢復吉茲亞等嚴格的伊斯蘭化政策。嚴苛的賦稅以及對印度教徒的差別待遇，導致不滿情緒爆發，各地印度教徒叛離，進而與欲建立印度教國家的馬拉塔同盟持續內戰，此時印度呈現宛如戰國時代的狀態。

在這段期間，英國東印度公司利用印度人傭兵（sepoy，印度兵）組成的西式軍隊來伸張勢力，十八世紀後半以後，逐步將印度殖民地化。

商賈推動的東南亞伊斯蘭化

蒙古帝國對爪哇島遠征，（元寇）推翻了新柯沙里王朝（一二二二－一二九二），而爪哇島東部的印度教國家滿者伯夷王國（一二九三－一五二〇左右）消滅了長期掌控麻六甲海峽的室利佛逝（七－十四世紀，三佛齊），東南亞海峽世界因此大為翻轉。

在中南半島上，自雲南被蒙古人驅逐的傣人南下，接連建立了速古臺王朝（一二五七－十五世紀）和阿瑜陀王朝（一三五一－一七六七）。傣人消滅吉蔑人所建立的吳哥王朝（八〇二左右－一四三二），將超過十萬名包含各種職業的吉蔑人帶往大城（阿瑜陀耶府），並且繼承柬埔寨文明，而成為貿易國家，從暹邏灣往南海擴大其商業圈。

在十四世紀末，室利佛逝貴族移居至麻六甲海峽的最狹窄處，建立了麻六甲蘇丹王朝（約十四世紀末－一五一一）。麻六甲王國趁著明朝鄭和下西洋而起，以明朝作為後盾，成為東南亞的交易中心。在鄭和下西洋結束的一四四〇年代，國王為了加強與伊斯蘭商人的關係而改信伊斯蘭教。而後麻六甲王國將商業網路擴大到南海、爪哇海，為馬來半島、印度尼西亞群島與菲律賓群島南部，促進了伊斯蘭化，藉由伊斯蘭商人和麻六甲王國之手，進行由商業主導、帶有地方性質的空間革命。

往什葉派靠攏的伊朗人

帖木兒汗國衰微期間，主張藉由冥想與阿拉對話的神祕主義團體——薩法威教團進入了伊朗高原。薩法威教團的伊斯瑪易．薩法威（一五〇一—一五二四年在位）以沙阿（波斯語「王」之意）為名，率領七千名土耳其士兵，占領過去伊兒汗國的首都大布里士。他以十二伊瑪目派為國教，建立了薩法威王朝（一五〇一—一七三六），此源於穆罕默德與阿里嫡系的十一個子孫，為伊斯蘭教團正統指導者（阿拉伯語稱為伊瑪姆）。薩法威王朝以什葉派信仰團結波斯（伊朗）人，並以此對抗遜尼派的鄂圖曼帝國。

自古以來波斯人即為西亞的龐大勢力，因什葉派信仰而建構出與土耳其人相異的世界，在薩法威王朝之下，確定了波斯（伊朗）人和什葉派信仰的結合。

在十七歲即位的第五代阿拔斯一世（一五八七—一六二九），藉由改革軍制而至集權，與荷蘭和英國的聯絡也帶來繁榮。新首都伊斯法罕以壯麗的伊瑪目廣場為中心，擁有七十萬人口與一百六十二座清真寺，足可誇稱「佔了世界的一半」。

阿拔斯一世逝世後，鄂圖曼帝國奪取其領地伊拉克，十八世紀後更因庫德族人入侵、阿富汗人之群起，以及鄂圖曼帝國、俄羅斯的涉入，王朝因此衰退了。

一七三六年，攝政的納迪爾沙篡奪王位，建立阿夫沙爾王朝（一七三六—一七九六）。然而，因納迪爾沙遭暗殺，阿夫沙爾王朝徒具形式，而陷入了群雄割據的局面。之後雖成立土耳其系的卡加王朝（一七九六－一九二五），但因受到俄羅斯與英國的入侵而喪失自主性。

併吞拜占庭帝國的鄂圖曼帝國

在蒙古帝國時代，統治大部分小亞細亞的魯姆蘇丹王朝（魯姆為羅馬之意，指拜占庭帝國境內之安那托利亞）當中，不屈服於蒙古人統治的土耳其人加齊（gazis，戰士）集團推舉鄂圖曼一世（一二九九－一三二六在位），建立鄂圖曼王朝。

鄂圖曼王朝位於伊斯蘭世界與拜占庭帝國的邊境，因其東邊有強盛的帖木兒汗國向外擴張，於是轉而入侵地中海。而此時的地中海由衰退中的拜占庭帝國所控制，鄂圖曼王朝因此往西方發展為大帝國。

鄂圖曼王朝起用從東方伊斯蘭世界招徠的烏理瑪為法官，並以伊斯蘭法為根基推動國家建設。雖然鄂圖曼王朝分解了拜占庭帝國，以在東地中海擴張，但卻從伊斯蘭世界引進人才。

一四五三年四月，鄂圖曼王朝動員十萬人以上的軍隊、三百五十艘軍船和七十門十七噸重的巨砲（歐本砲），而一門大砲長約八公尺，需一百頭牛才能拖動。夜半時分，牛群牽引七十艘艦船越過山丘，將其帶入鐵索封鎖住的金角灣，鄂圖曼王朝對拜占庭帝國首都君士坦丁堡發動大規模戰爭。經過五十多日攻防戰，君士坦丁堡被鄂圖曼軍攻陷。鄂圖曼軍隊靠著進步的槍砲，攻下了有巨大城牆防衛且難以攻破的要塞城市，有千年歷史的拜占庭帝國（東羅馬帝國）隨著帝都的陷落而煙消雲散。

之後，鄂圖曼帝國仍以位於歐亞、黑海和東地中海交叉口上的商業城市君士坦丁堡（更名為伊斯坦堡）為首都，繼承了希臘人的東地中海與黑海商業圈。直至現在，伊斯坦堡人口中有半數仍是基督徒、猶太教徒。

一五一七年，塞利姆一世（一五一二－一五二〇年在位）征服敘利亞與阿拉伯半島的大半，確立了在伊斯蘭世界的霸權。鄂圖曼帝國最強盛時期的蘇萊曼一世（一五二〇－一五六六年在位）征服了匈牙利、北非的突尼西亞和阿爾及利亞，領有伊拉克地方、阿拉伯半島、小亞細亞、巴爾幹半島、非洲北岸。若去除伊朗、西土耳其斯坦，加上巴爾幹半島、小亞細亞，其統治範圍可與過去的阿拔斯王朝相比。

鄂圖曼帝國在地中海與黑海將義大利各城市拒於門外，為此，失去市場的義大利各城市不得不往大西洋尋找新市場，因此與地理大發現產生了關聯。

蘇萊曼一世自稱為「三大陸與二海洋的統治者」，並以此誇耀勢力。事實上，若根據歷史地圖來理解，鄂圖曼帝國與地中海、黑海、裏海、紅海與波斯灣等五海接壤；在政治上試圖成立依據伊斯蘭法的法治國家，對既有的各個體系則採和緩整合的方式。在鄂圖曼帝國中，土耳其人的比例並不高，使用土耳其語的伊斯蘭教徒都被視為鄂圖曼人。

即使是鄂圖曼帝國，亦與土耳其系諸國一樣，藉著外來的馬木留克（即軍事奴隸）來維持秩序。然而，此時已轉為鐵砲和大砲的時代，沒必要利用騎馬游牧民族為馬木留克，因此巴爾幹半島的基督徒子弟便取而代之，被召募者可免徵稅，接受伊斯蘭教育，成為官僚、士兵（Janissary，耶尼切里，「新軍」之意），藉此維持治安。鄂圖曼帝國無法克服部族的問題，靠著蘇丹提拔而成為菁英的耶尼切里，在初期雖為最忠心的軍隊，但之後漸漸變質為讓帝國不安的團體。

進入十九世紀，因為與法國聯手發展西歐化的埃及叛離、俄羅斯南下、希臘獨立後的斯拉夫人自立、西歐化的失敗等因素，致使鄂圖曼快速地走向衰微。

回歸傳統的明朝與最大的中華帝國——清

因朝貢的全面恢復而回春的明帝國

中華世界自明朝開始回歸傳統的農業帝國。出身於紅巾軍（「紅」是漢人的象徵色）的朱元璋建立了明朝，在「排除胡風」（游牧民族風俗的異文化）的口號下恢復傳統。貧農出身的朱元璋企圖回歸農業帝國，其模仿唐朝府兵制的衛所制以農民為士兵，令六部官吏直屬於皇帝，在不斷大規模的整肅下鞏固了皇帝的獨裁體制。明朝在地方以里甲制組織農民，以十戶富農統轄百戶農民，從上而下將元末動盪的混亂農村予以修復。

基於中華思想，明朝將中華和夷狄組成的世界秩序予以制度化，向周遭的首領要求派遣使節團，以表現對明朝皇帝崇高道德的景仰，明朝並對其給予豐富的賞賜。這是對朝貢體制的整備，目的是重組政治性、宗教性的世界秩序，中華社會從經濟時代逆行回到了政治時代。如前所述，海禁的頒布禁止了民間商人對外貿易，致使先前蒙古帝國下作為歐亞經濟支柱的中國商人從中退出，歐亞商業圈便逐漸地縮小。

鄭和艦隊和朝貢空間世界化的企圖

靖難之役（一三九九－一四〇二）政變中，推翻第二代皇帝而即位的永樂帝（一四〇二－一四二四在位），將首都由南京（金陵）遷到蒙古高原的入口北京，以北京、南京兩都為軸心來安定統治。藉由朝貢凌駕蒙古帝國為目標，永樂帝致力於世界化的朝貢體制，以伊斯蘭教徒宦官鄭和（一三七一－一四三四）為指揮，派遣二百艘艦船、約二萬七千名船員組成的大艦隊，六次（永樂帝後一次）航行到東南亞和印度洋。

花費龐大的費用派遣艦隊，其目的不只是購買蒙古商業圈時期流通的香料、香木、藥材等貿易品，而且有加強皇帝權威來招聘朝貢使節的意圖。永樂皇帝藉著從世界各地招攬朝貢使節來彰顯自己的道德，並藉以免除政變篡奪帝位的愧疚。艦隊從東非運回長頸鹿，將其比擬為虛構的聖獸「麒麟」，並宣傳為天子德政實行時才會出現的吉兆，由此可見永樂帝的企圖。

鄭和艦隊在靠近麻六甲海峽的麻六甲及蘇門答臘的海港蘇木都剌之時，除了設置倉庫之外，並未建築基地或城池要塞，而僅僅是平順地航行在過去的航線上。明朝的目的只是將朝貢擴大到海洋世界，並無在海外設置殖民地、進一步發展為海洋帝國的企圖。鄭和艦隊在東非、西亞、東南亞等地積極招攬，讓永樂時期朝貢國曾一度超過六十個。

東亞白銀潮和「倭寇」

到了十六世紀，蒙古人開始重振勢力，明朝卻苦於軍費的負擔。現在的磚（煉瓦）造出堅固的萬里長城，即是在這個時期建設的。一旦北方的軍費大增，沿岸地區的海禁就會更為緩和，而商人走私貿易的活動也愈趨繁盛。

石見銀山的銀產量在巔峰時期佔全世界的三分之一，其白銀大量流入明朝，蠶絲、絹、陶瓷器、藥材等走私貿易瞬間蓬勃發展，是為東亞的白銀浪潮時代。明代走私貿易因為博多、堺和葡萄牙等地商人的加入而擴大規模。但將海禁列為國策的明朝並未看出時代的變化，為了維持王朝的門面而加強對民間貿易的打壓，一五四八年明朝便以軍隊破壞舟山列島雙嶼港上的走私貿易中心。

一五四九年，在彌次郎的引介下，與葡萄牙王室關係密切的耶穌會傳教士沙勿略（一五〇六—一五五二）來到鹿兒島，目的是為了在日本宣教並設置葡萄牙船的貿易據點。因為走私貿易據點雙嶼港遭破壞，受到影響的走私貿易商人王直（？—一五五九）於是將據點移到日本平戶島，開始大規模的武裝貿易。對王直而言，武力才能確保以白銀換取明朝的商品。明朝將這種民間商人的武裝貿易視為「倭寇」（日本人侵略、嘉靖倭寇），依據當時的文獻記載，百分之七十的倭寇是明朝人。王直接受地方官員的建議，只要回歸中國就承認其貿易，但他投降後卻遭毀信而被殺害。

王直被處刑後，明朝因無法抑制白銀貿易的浪潮，而傾向對商人讓步，開港福建漳州，允許民間商人對外貿易。恰巧在這時候，西班牙的雷加斯皮（一五〇二—一五七二）以菲律賓為殖民地，在當地開始了結合墨西哥阿卡普科與馬尼拉的貿易（Manila galleon，馬尼拉大帆船貿易）。新大陸所產的白銀有三分之一運到馬尼拉，福建商人越過臺灣海峽到此進行絹、陶瓷器等貿易，新大陸的白銀價格約是亞洲白銀的三分之一，為西班牙和福建商人帶來龐大的利益。日本的石見白銀加上新大陸的白銀，「東亞的白銀潮時代」於是正式登場。

一六四四年，清滅明而建國，福建商人鄭芝龍（一六〇四—一六六一）打著與明朝皇帝同族的名號發起復明運動，其實是為了守住既得的利益。後來鄭芝龍雖向清朝投降，其子鄭成功（一六二四—一六六二，其母為平戶女性）卻攻破臺灣南部的荷蘭要塞，建立商人國家，鄭經（一六四二—一六八一）更進一步與清朝纏鬥了二十多年。

明朝將白銀納入帝國統治，制訂名為「一條鞭法」的新稅法，以白銀代替農作物納稅，後來清朝也承襲白銀納稅來收取地丁銀。這些事實說明了中華帝國將經濟的變動全然吸納帝國體系，並未發展成在大西洋空間的資本主義。

打造史上最大中華空間的清朝

一六四四年，李自成（一六〇六—一六四五）之亂導致明朝滅亡，女真人在統一東北地方後，降伏了朝鮮和內蒙古，並趁混亂之際征服中華世界，建立了清朝（一六四四—一九一二）。為使中華帝國女真化，清朝強迫漢人只留頭部後半的頭髮，並結辮子成辮髮。在另一方面，在主要官職上設偶數員額，漢人和女真人共用，以懷柔漢人的統治階層，這個教訓是從蒙古的優先主義導致統治漢人上的失敗而學來的。

清朝的漢人統治在第四代康熙（一六六一—一七二二年在位）、第五代雍正（一七二二—一七三五年在位）、第六代乾隆（一七三五—一七九五）三代共一百三十年間穩定下來。這段期間清朝透過軍事征服中亞東部的游牧地區而收歸統治。清朝集合了蒙古人的信仰，將喇嘛教定為國教，以懷柔手段解除蒙古人的威脅，此後，清朝開始著手中華世界周圍的整合，制伏中亞東部的游牧民族，將俄羅斯與游牧空間分離。

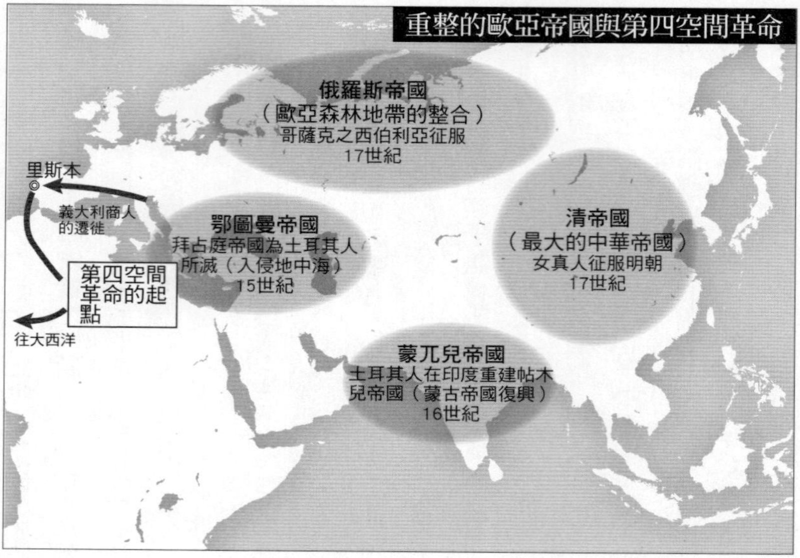

重整的歐亞帝國與第四空間革命

清朝征服了向來不被放在中華帝國範圍內的西藏、內蒙古、青海、東土耳其斯坦（過去的西域、新疆）等地，統治歐亞大陸約百分之十八的面積，成為史上最大的中華帝國。

此外，基於傳統的政治理念，清朝使朝鮮王朝、越南、泰國、緬甸成為從屬國，其統治空間被現在的中華人民共和國所沿襲繼承。

第五章
大西洋和大森林地帶空間革命之萌芽

歐洲大西洋沿岸的活絡

與蒙古歐亞商業圈連動的歐洲

在蒙古帝國時期的帝國邊緣，從地中海到波羅的海，歐洲西岸海域所結合的歐亞環狀網路促進了商業的活絡。大西洋沿岸結合地中海、弗蘭德地區、波羅的海廣大的商業空間而成長發展，歐洲因此享受了蒙古帝國大商業圈所帶來的好處。

此外，在蒙古帝國統治之下，東西文明交流也進一步發展。中國的羅盤、火藥傳入；另一面，修士柏郎嘉賓（一一八二左右—一二五二）、魯布魯克（約一二二〇—一二九三）及威尼斯出身的馬可波羅帶回蒙古及中國的情報，至此地理大發現的前提條件已然齊備。

蒙古帝國瓦解後，廣大商業圈的邊緣各自紛紛尋求經濟上自立之道，並展開行動。下文將談到歐洲西岸各地區強化彼此的連結，而前進大西洋也可從邊緣的自立行動這個角度來觀察。

卡爾．史密特指出，俄羅斯的獵人與西、北歐的捕鯨者打開了陸地與海洋無限的空間，廣大的世界因此誕生。荷蘭人、英國人的捕鯨者從北海到北極海擴大海洋空間。在蒙古帝國滅亡後，位於歐亞北部大森林地帶的俄羅斯越過烏拉爾山脈，進入「毛皮的寶庫」西伯利亞。

漢撒聯盟和弗蘭德地區的興盛

在蒙古帝國時代，北歐的維京商業圈甦醒了。波羅的海最大島哥特蘭島是主要的貿易據點，貿易主角是哥特蘭人和俄羅斯的諾夫哥羅商人，而弗蘭德地區的弗蘭德斯人也帶來了毛織製品。

在十字軍東征時代波羅的海南岸，德國騎士團所主導的東方殖民（十二—十四世紀）日漸發展，德國商人相當活躍，騎士團長與日後牽引德國統一的普魯士關係密切。

在十二世紀中葉，德國商人結合成「來往哥特蘭的羅馬商人聯盟」，與非基督徒維京人進行武裝貿易，而成為十三世紀以呂貝克為中心的漢撒聯盟（漢撒是「集團」之意，歷時十三至十七世紀）結盟之母體。

漢撒聯盟最初交易的商品是毛皮、蜂蜜、蠟、木材等森林地帶特有的產品，不久後加入了庶民商品鯡魚、鱈魚、穀物、鐵、銅等物品。一三五〇年之後，以呂貝克、漢堡為中心的城市同盟色彩更加強化，這兩個城市向歐洲各地輸出庶民食材鹽漬鯡魚。在巔峰期參加漢撒聯盟的城市多達二百多個，自擁陸海軍可與國王、諸侯爭戰，確立在北海、波羅的海的商業霸權。

弗蘭德地區在北海洋面以捕獲鯡魚而成為鹽漬鯡魚的主要產地，十四世紀之後取代了不產鯡魚的波羅的海。日後活躍的荷蘭結合波羅的海和地中海商業圈，而成為海運大國。

里斯本和義大利商人的遷移

七一一年以來，伊斯蘭推翻西哥德王國，開始統治伊比利半島。後來，隨著伊斯蘭勢力的衰退，北方天主教徒推動史稱「收復失地運動」（Reconquista）的戰爭。十二世紀以後，伊比利半島的天主教化仍持續發展。另一方面，大批失去家園的伊斯蘭教難民渡海來到摩洛哥。與伊斯蘭教徒戰爭的主要國家是位於內陸的卡斯提雅王國（十一世紀—一四七九），從其國名的西班牙語 Reino de Castilla（城、城廓）可得知，王國隨著戰線的移動建立了許多要塞，是宗教性的軍事大國。

卡斯提雅王國下的城市結盟成各種民團（hermandad，兄弟會），以維護城市的權利與道路治安。一四七九年，卡斯提雅和亞拉岡兩國聯盟，成立西班牙王國，統合了全國的民團而成為一股強大的勢力，提供國王軍事費用的城市擁有極大的發言權。

一一四三年，葡萄牙王國從卡斯提雅王國分離出來，到了一一四七年，再利用第二次十字軍東征，從伊斯蘭教徒手中奪回塔荷河口的里斯本。

不久後，里斯本因地利之便而成為大西洋的主要貿易港口，連結了波羅的海、弗蘭德地區與地中海等地區。此外，因為鄂圖曼帝國的勢力進入地中海，以致義大利商人喪失了東地中海市場，於是他們開始進行遷移，試圖在大西洋挽回頹勢，而南部海域的商業據點也隨之成長發展。特別是飽受低利潤之苦的熱那亞商人，其活動格外引人矚目。里斯本是催生地理大發現的海港，而商業圈從地中海往大西洋的移動通稱為商業革命。

義大利各城市的經濟成長與文藝復興

回到先前提到的埃及什葉派法蒂瑪王朝之成立，在土耳其人頻繁的入侵中，地中海的伊斯蘭教徒從西西里島、薩丁尼亞島、科西嘉島、巴里亞利群島等地撤退。在其中，伊比利半島的各城市競逐地中海商業的主導權。

最早崛起的是與拜占庭帝國有著極深淵源的小城市——亞馬菲，隨後繼起的是土斯坎地區的比薩，亞馬菲以善用羅盤（指南針）聞名。另外，比薩也一〇九六年的第一次十字軍東征之際提供了最多船隻。

一二〇四年，威尼斯利用第四次十字軍東征攻陷了君士坦丁堡，並建立傀儡政權拉丁帝國（一二〇四－一二六一）。另一方面，熱那亞支持拜占庭帝國的亡命政權，助其復興並延伸勢力，結果造成兩座城市共同控制著東地中海貿易。地中海夏季無風，在帆船發展上較為遲緩，於是從大西洋帶來了大型帆船。

此時正是蒙古帝國統治歐亞的時期，擁有大批槳帆船隊的威尼斯從亞歷山大港輸入香辛料，熱那亞也從黑海北岸建立的殖民城市卡法等地出發，通過「草原之道」，在伊兒汗國及元朝等地進行商業交易。此時德國的白銀運往東方，奧格斯堡因銀礦山而興起，掌控銀礦的歐洲第一大商人──富格（Fugger）家族因此擁有著足以左右神聖羅馬帝國皇帝選舉之財力。

在義大利各城市，金融業與商業一樣的興盛，其表現在今日的英語銀行（bank）一詞，bank是來自義大利文的banco（桌、椅之意）。中世紀時期，基督教社會不允許借款，因此業者便在道路旁的椅子上進行換錢與支付。

佛羅倫斯的麥迪奇（Medici）家族即是上述金融業者的代表。麥迪奇家族出了兩位教宗、兩位法國王妃；為避免落人口實，他們以換錢的手續費名義來收取利息。以麥迪奇家族等大商人所支持的文藝復興，意圖誇示新興勢力的經濟力量。熱那亞在十三世紀末時，貿易額已達法國王室歲入的三倍之多，顯見商人擁有強大的經濟實力。

主導文藝復興的人文學科（人文主義），與經濟成長所帶來的社會世俗化息息相關。佛羅倫斯的但丁（一二六五—一三二一）因為政變而遭到放逐，在此困境下以托斯卡納的方言寫出了《神曲》，以及古典學者薄伽丘（一三一三—一三七五）所著的《十日談》，藉由古典研究積極地面對世俗社會。此外，如同二世紀的希臘人天文、地理學家托勒密基於地圓說製作的《世界圖》，讓我們看見探求新知識的人文學者所形成的網絡更為擴大。

瑞士歷史學家布克哈特（Jacob Christoph Burckhardt, 1818—1897）認為，活躍在這時期、具備所有知識與技能的人物為「全人」。長於機械技術、軍事技術、土木技術，精通解剖學、氣象學，留下《蒙娜麗莎的微笑》、《最後的晚餐》等名畫的李奧納多·達文西（一四五二—一五一九），及以羅馬希斯汀禮拜堂《創世紀》、《最後的審判》等名畫聞名、完成「大衛」雕像的米開朗基羅（一四七五—一五六四），他們正是「全人」的代表。義大利的文藝復興始於一三五〇年左右，大約在一五〇〇年達到了巔峰。

在十三世紀末的義大利中部和北部，威尼斯的人口有十萬人，佛羅倫斯、熱那亞、米蘭等地的人口超過了五萬，人口二萬以上的城市多達二十三個，這些都說明與歐亞商業圈結合的義大利各城市進入了繁華的時代，此時羅馬已沒落為僅一萬七千人的小城市。

一統北方大森林地帶的俄羅斯帝國

蒙古人統治下毛皮交易的擴大

俄羅斯原本是面向中亞、對伊斯蘭與蒙古商業圈供應高價毛皮的毛皮大國，利用注入裏海的窩瓦河進行毛皮交易，與伊斯蘭最盛時期的商業圈相互連結。此時瑞典系維京人（羅斯人，意為「划船之人」）連接起俄羅斯的各河川，為伊斯蘭商業圈帶來大量的毛皮。從俄羅斯的國名來自「羅斯」一詞可知，俄羅斯因為與伊斯蘭商業圈的毛皮交易而出現在世界史的舞臺。在九世紀的後半期，羅斯人首領留里克在毛皮的集散地諾夫哥羅建國，而後在九世紀末成為基輔公國。

在蒙古帝國的強盛時期，蒙古軍隊從中亞草原進入並征服了基輔公國，一二四三年在窩瓦河下游定都於薩萊，建立了欽察汗國。「欽察」是指住在烏克蘭到哈薩克草原一帶，廣大區域裡的土耳其系游牧民族，而欽察汗國實際上是由土耳其人所統治的帝國。

基輔面向注入黑海的聶伯河，在十二世紀中葉時發展為擁有四百個教會與八個市場的城市，但由於受到蒙古及土耳其軍隊的徹底破壞，而沒落為僅存二百戶的聚落。

欽察汗國派遣調查員在俄羅斯各地進行戶口調查，由稱為「八思哈」（basqaq）的官吏來徵收毛皮稅。在蒙古商業圈之下，俄羅斯的毛皮拓展了伊斯蘭世界、歐洲與中華世界的通路，並開發西伯利亞東部區域為毛皮的新產地。中亞史學家松田壽男指出，亞洲毛皮之道「以烏拉爾山脈為中心，而東西如同Y字形結合了歐洲」，在Y字形的兩個頂端是波羅的海和地中海的諸城市。

在欽察汗國的東正教會獲免租稅，並可利用於統治上，對苦於游牧民族統治的俄羅斯人產生了心靈上的慰藉，其影響力相當大。蒙古人的統治可說是以東正教為中心的俄羅斯文明。

莫斯科是靠近窩瓦河源頭瓦爾代丘陵的都市，其作為從屬於欽察汗國的俄羅斯系公國中的一員，開始嶄露頭角，成為控制俄羅斯河道的主要城市。連結波羅的海及中亞裏海、黑海的河道，是俄羅斯的主要幹線，來自融雪的和緩水流與河川，使水陸路銜接起廣大的空間。

莫斯科大公伊凡三世（一四六二—一五〇五年在位）首先開放了受欽察汗國控制達二百五十年的窩瓦河水系。伊凡四世（伊凡雷帝，一五三三—一五八四年在位）在拜占庭帝國滅亡後即位，以俄羅斯位居東正教之下為由，自居拜占庭帝國的後繼者，而成為沙皇（轉音自凱撒，意為皇帝）專制統治的開始。

併吞大西伯利亞的毛皮大國俄羅斯

十七世紀建立的羅曼諾夫王朝（一六一三—一九一七），有一半的歲收來自毛皮。王朝為了因應毛皮需求量的驟增，在十七世紀利用土耳其系哥薩克武裝力量，僅僅花了六十多年即征服了西伯利亞。此後俄羅斯的毛皮獵人為了追逐貂等毛皮獸而踏上東亞的陸路。

俄羅斯征服了西伯利亞，統治佔歐亞面積三分之一的帶狀森林與北方的凍原地帶，而搖身一變成為毛皮帝國。西伯利亞大約是日本國土面積的三十四倍，為俄羅斯的國內殖民地，而獵人也是俄羅斯皇帝（沙皇）的臣民，有繳納毛皮稅的義務。

沙皇唯恐於哥薩克叛亂，不僅在十七世紀征服西伯利亞時利用了哥薩克，也在十八、九世紀用以征服中亞大草原的伊斯蘭勢力。俄羅斯位於高緯度的森林地帶，是一個特異的帝國，在十九世紀後半葉毛皮枯竭後，為尋找農地和資源，而不斷地以武力入侵南方。

彼得的野心與俄羅斯的歐化

在十七世紀後半葉，十歲即位的彼得一世（彼得大帝，一六八二—一七二五年在位）一改俄羅斯入侵亞洲的政策，向荷蘭與英國學習，其目標是西歐化及進入海洋世界。彼得將貴族分為十四個等級，納入官僚統治，從此確立了集權體制。

彼得在北方戰爭（一七〇〇—一七二一）中打敗瑞典後，取得了波羅的海霸權。在這過程中，在涅瓦河河口建立新首都聖彼得堡，並從莫斯科遷都至此，成為西歐世界的一員，同時也創設海軍（波羅的海艦隊）。

然而，從波羅的海繞至好望角，再航行到亞洲甚為困難，彼得將希望寄託在經由北極海、從歐洲到亞洲的東北航線上，當時此航線是荷蘭與英國所開發的。當時人認為海水不會結凍，所以北極海航線是可行的。

根據彼得所留下的遺書，他考慮從位於北極海的亞洲出口西伯利亞進入亞洲，並下令探勘亞洲的海洋。因白令海峽和白令海而聞名的丹麥人外國雇員白令（一六八一—一七四一），其兩次探險都是在這個背景下策劃的。

十八世紀後半，在與近衛軍串通暗殺丈夫的女皇凱薩琳二世（一七六二—一七九六年在位）的統治下，俄羅斯成為大國，進入黑海、地中海，並威脅到鄂圖曼帝國，位於寒冷地帶的俄羅斯只能在擴大的統治空間中找尋生機。

第六章
世界史的分水嶺：地理大發現

推動世界歷史巨輪前進的新動力——大西洋

第四次空間革命與登上世界舞台的大洋空間

在馬匹掀起「空間革命」之後，接著由大小僅一個網球場大小的帆船，與英勇的船員擔負起空間革命的推手。始自十五世紀的地理大發現，將世界史舞臺從歐亞的陸地空間，向外擴展到佔地表七成面積的大洋空間，於是由三大洋串聯五大洲的全新時代宣告來臨（第四次空間革命）。海上物流的形式隨之誕生，便利性遠勝於過去以歐亞乾燥地帶為主的物流形態，大規模地重新編組了整個世界的樣貌。

海洋空間和陸地空間兩者的性質完全迥異，在海洋廣大的空間裡看不到既有的「道路」，各地區藉由記錄於航海圖上的航路而彼此相連。正如比較經濟史學家川勝平太於《文明的海洋史觀》（文明の海洋史観）一書中曾提到，地理大發現後，由眾多島嶼以及海洋所形成的「群島」（archipelago），其座標軸、聯絡網所建構出的空間開始躍居世界史的主舞臺。由多元網絡所構成的海洋空間與沙漠地帶的商業空間類似，但卻和以擁有領土為目標的帝國及主權國家形成對比。

本書先前提到的卡爾．史密特，他認為：「基本上，世界史是一連串陸海相爭的過程。」地理大發現是由陸地空間轉換到海洋空間的一場巨大革命，已徹底翻轉了人們既有的世界觀。他更進一步指出：「（地理大發現）包含地球地理空間與人類世界在內，是第一次完全且貨真價實的空間革命。」論及到地理大發現所掀起的第四次空間革命，史密特強調人們需要更宏觀地理解這個現象，「所謂的空間革命已經遠遠超越我們過去的認知，它不只是踏上一片未知的土地，其中人類生活所有階段與範圍的空間概念都需要改變。十六、十七世紀的時代巨變，正在向我們揭示空間革命的意涵為何。」

地理大發現不僅改變人們的世界觀，更不能忽略它也促使依賴動物馱運的傳統運輸方式，開始受風向、海流等海洋自然現象的影響，繼而形成一種符合「海洋」獨特性的特殊空間秩序。人們的運輸航線擴及到海洋空間後，貨物流通的中心開始從歐亞、北非的乾燥地帶（以沙漠為主的「陸地之海」）移至海洋，歐洲崛起的時代隨之到來。「歐洲的時代」即是在地理大發現後首次來臨。

英國是唯一被卡爾．史密特評為成功從陸地蛻變成海洋國家，並建立出一套海上系統的國家。

當英國逐步轉換成完全以海洋為主的國家時，它與其他國家之間，尤其是歐洲各國，所有根本上的關係都必須跟著改變。當時英國政治的標準和比重，都是歐洲各國無法相比而且迥異的。最終英國成為君臨海上的女王，不但支配了全球海洋，還一手打造版圖擴及全世界的大英帝國。「根據地要設在何處？」「海上航路該如何安排？」諸如此類的想法左右著當時英國人的思維，被其他民族視為故鄉的遼闊大地，在英國人眼中不過是隸屬於海港的一塊腹地。

重視「領土」特定空間的傳統陸上系統，和以全球網絡為根基的海上系統，這二者之間的差異在史密特的論述中再三地被強調。在大西洋空間裡逐漸茁壯的資本主義，也成為海洋時代所產生的革命性的經濟系統。伊莉莎白時代的華特．雷利爵士（Sir Walter Raleigh, 1552-1618）曾說過「稱霸海洋就能稱霸全球貿易，而稱霸全球貿易就坐擁全球財富，實際上就是擁有了整個世界。」這段話道出一個新時代的轉換，由海洋所串聯起的浩瀚空間開始成為創造財富的源頭。

資本主義形成海洋空間的新秩序

曾提出現代史學主流學說之一「世界體系理論」（world-system）的美國經濟史學家華勒斯坦（Immanuel Wallerstein, 1930-），將世界視為結合政治、經濟、社會各面向差異的單一系統，從此奠定他的巨觀歷史學研究。而同樣為二十世紀歷史學帶來重大轉折的還有法國的布勞岱爾（Braudel, 1902-1985）。他提出「經濟世界論」（economie-monde）的概念，主張一套經濟體系能創造一個世界。華勒斯坦對布勞岱爾這位史學前輩有著相當高的評價，並深受其學說影響。但不論布勞岱爾還是華勒斯坦，他們都主張是資本主義主導了近代世界的產生。

然而，他們兩人對於形塑資本主義的過程卻有著不同的見解，布勞岱爾延續既有的歷史框架，回溯至十六世紀前的歐洲找到資本主義的起源；華勒斯坦則主張資本主義是在十六世紀之後的大西洋空間裡，才首次形成（弗朗索瓦．多斯編，《布勞岱爾帝國》（*Braudel dans tous ses états*））。這段前言篇幅雖然有點長，但本書認為資本主義與第四次空間革命的關係密不可分，此觀點正好與華勒斯坦的看法不謀而合。

地理大發現來臨後，在大西洋發展出一個連接寒帶歐洲、亞熱帶及熱帶西非與美洲大陸的海洋商業圈，並形成一套適合這個海洋商業圈的經濟體系。大西洋三角貿易開始與大量生產農作物的大型農場種植園相互結合，擦出火花。

大西洋是一個連接各種「異質性」陸地的廣大空間，亟需一套透過商業與商品製造，來創造財富的經濟系統與海上的交通規則。而負責制訂這套遊戲規則的國家是以荷蘭與英國為主，他們所制訂出的經濟系統正是資本主義，而明訂船隻在公海有航行自由的「國際海洋法」則成為航海的規則。

要認識大西洋這個嶄新空間如何影響歐洲，可以從下列兩個方向切入：（一）將進入新階段的歐洲視為大西洋空間的一部分；（二）把資本主義當作一套在大西洋形成的海上系統。

地理大發現的空間拓展與新秩序的形成

提到地理大發現，我們通常很容易將焦點放在十五、十六世紀。這段時期主要是由葡萄牙與西班牙兩國向外拓展地理上的海洋空間，但不能忽略一件重要的事，就是將資本主義這套海上系統的成形視為一段連續不斷的過程。以海上經濟系統之姿躍上時代舞臺的資本主義，正是荷蘭與英國兩國在十七、十八世紀挑戰西班牙海上霸權時衍生出來的產物。

布勞岱爾將一四五〇年至一六四〇年這一百九十年稱作「漫長的十六世紀」，地理大發現的前後時期，在他眼中也是一段相互關聯的歷史過程。華勒斯坦在著作《近代世界體系》中延續布勞岱爾的觀點，主張一四五〇年至一六四〇年的這段「漫長的十六世紀」期間，圍繞大西洋的周圍區域形塑出核心（西歐）、半邊陲（地中海地區）與邊陲（東歐、新大陸）三重結構的世界系統。不論是布勞岱爾或華勒斯坦，都直指地理大發現的源起是出自於歐洲農業衰退、戰爭頻繁、黑死病蔓延的「十四世紀危機」。然而，他們兩人對於資本主義的形成卻有著不同見解。

華勒斯坦認為，大約從一六〇〇年或一六五〇年至一七五〇年左右，由於新大陸的銀礦枯竭導致經濟不景氣，荷蘭、英國和法國便趁機爭奪大西洋一帶的核心地位，最後由英國拔得頭籌。

若將地理大發現略分成兩個階段來思考會更容易理解：在初期階段，大西洋的海洋空間逐漸形成，及至下一個階段則開始產生符合這個空間的新秩序、新系統。換句話說，從葡國航海家亨利王子（Infante Dom Henrique, 1394-1460）開始航海事業，到荷蘭與英國助長資本主義崛起的十八世紀中期，可總括成一段「長期的地理大發現」（第四次空間革命）。前半段是以拓展大西洋空間為主，後半段則是荷蘭和英國結合了甘蔗種植園的大量生產模式，與大西洋三角貿易，使得資本主義急速成長的時期。

大西洋空間的獨特性

印度洋、大西洋與太平洋幾乎囊括了地球大部分的海洋面積，而佔據地表面積約七成的海洋中，其中百分之八十九的面積被印度洋（百分之二十）、大西洋（百分之二十二）、太平洋（百分之四十六）所瓜分。但這些主要大洋並非都在同一時間登上世界史舞臺，而是依照印度洋、大西洋、太平洋的順序在不同的階段亮相。

到了十五世紀，人類居住的地區主要集中在歐亞大陸南部的帶狀乾燥區。除了連接歐亞大陸南端沿岸的北印度洋外，其他大洋一直未出現在世界史上，而北印度洋（阿拉伯海）與歐亞歷史有所關聯的主因可分為兩點：（一）由於印度半島一路往南延伸到赤道附近，使得北印度洋的東、西、北面都被陸地包圍；（二）西南季風與東北季風隨著季節更迭，風向輪替的氣候有助於帆船往來。說得更極端一點，當時的印度洋就像是一片串聯起各大帝國的海洋。

簡單來說，地理大發現就是歐洲各國進軍大西洋的時代，只要對照歐美繪製以大西洋為中心的地圖後即可理解：不同於東西向距離較長的太平洋和印度洋，大西洋是南北長、東西窄。位於非洲大陸最西邊的維德角群島（Cape Verde），與位於巴西最東邊被列為世界遺產的費爾南多．迪諾羅尼亞群島（Fernando de Noronha），兩者之間的最短距離，幾乎就等於一趟來回地中海的東西兩岸。要橫跨這處海洋並不困難，但大西洋長期乏人問津，其原因只是因為當時沒有探險大西洋的必要。

大西洋在一四九〇年代已經開通三條航線，當大西洋中央海域的商業航路逐漸成熟，高緯度的寒帶歐洲與橫跨亞熱帶、熱帶的西非、中南美洲之間的經濟互補，促使這三方產生新的

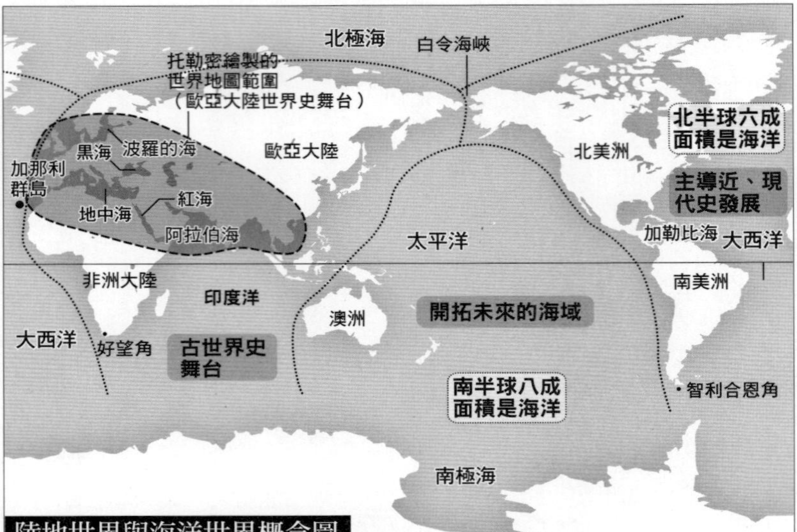

陸地世界與海洋世界概念圖

交易模式。而且大西洋沒有歷史包袱，是一處容易形成人為經濟系統的海域。先是中南美洲被西班牙、葡萄牙兩國征服，接著由荷蘭與英國接力，結合三角貿易、種植園與奴隸勞動，促使資本主義開始萌芽。在世界三大洋中，唯有大西洋這處海洋空間，最有資格成為驅使近代世界出現的動力。

麥哲倫在一五二〇年代初期的航海探險，使世界上海洋的輪廓逐漸變得鮮明，世界史的舞臺範圍更因此一口氣擴大到原本的十倍之多。三大洋中佔據地表三分之一面積的太平洋，因為幅員相當遼闊，長期以來被擱置一旁。直到十八世紀後半葉詹姆斯·庫克（James Cook, 1728-1779）三度航海探險後，才揭開太平洋的神秘面紗。遲至二十一世紀，才形成一套屬於太平洋這處巨大海洋空間的經濟體系。在本書後段也會點出，太平洋將成為延續人類未來的重要海洋。

羅盤、海圖與離岸航行

蒙古帝國時期的東西文化交流，為後來的地理大發現立下基礎。威尼斯商人馬可波羅將中華帝國的情報帶到西方世界，在羅盤的推波助瀾下，人們向征服大西洋更近一步。符合時代需求的物品和工具，讓人類社會產生巨變的例子隨處可見。羅盤幫助航海家，使他們不再依賴傳統以陸地標的物來定位的「沿岸航行」方式，而改為以地球的磁極來判斷位置的「離岸航行」方式，這使得開拓大洋新航路的目標不再遙不可及。

航海家在一望無際的海洋空間中開出一條條線狀延伸的航路，在這過程中也逐漸發展出一種名為「波特蘭型海圖」的航海地圖，將隱沒在洶湧的大海間航路（海上道路）記錄下來。不同於陸上的道路，當時關於海洋航路的各種資訊都是以海圖的形式累積下來。

此外，在逆風時，伊斯蘭三角帆船能藉由調整風帆角度來繼續航行，還有安裝在船尾中央的船舵（過去都是將舵安裝在右舷），都成為推動開拓海上航路的助力。隨著歐亞各地的航海技術整合完備，朝向海洋拓展聯絡網的地理大發現便宣告來臨。

掀起海洋時代浪潮的葡萄牙

眼中只有非洲大陸的航海家亨利王子

主導第四次空間革命的國家，是國土面積僅日本的四分之一、約一百多萬人的小國葡萄牙。歷史性的轉捩點再一次發生在出乎人意料的空間裡。

即使在現在，葡萄牙仍有不少人民必須到海外討生活，到處是不利開墾的土地，僅有百分之七、八的面積能夠耕種，當時還緊臨強國卡斯提亞王國（即日後的西班牙），使處境更雪上加霜。因此，葡萄牙只能將希望寄託在佔領摩洛哥。當時在伊比利半島興起的「收復失地運動」大有斬獲，重新奪回被伊斯蘭教徒佔領的土地，迫使不少淪為難民的伊斯蘭教徒退守摩洛哥。於是，葡萄牙國王進一步策劃將收復失地運動的戰線延伸至摩洛哥，傾全國之力欲攻陷摩洛哥的海上交通要塞休達（Ceuta），但最後不幸以敗戰收場。然而，在這一連串的過程中，卻造就出後來的航海家——亨利王子。

亨利王子是葡萄牙國王若昂一世（一三八五—一四三三年在位）第三個兒子，當他就任位處葡萄牙西南方，與歐洲、非洲、地中海以及大西洋交界處的阿爾加維（Algarve）（阿拉伯語為西部之意）的地方首長後，在南端的薩格雷斯（Sagres）創立航海學校，培育航海員，並開始了探索海洋的偉業。製造遠洋船隻、研發航海工具、繪製海圖及編寫航海曆等工作，都在他的主導下有系統地發展。

順帶一提，阿爾加維和新大陸移民主要來自西班牙的安達魯西亞（此名稱由伊斯蘭腔的「汪達爾族之地」訛傳而來），這兩地是伊斯蘭教徒與基督教徒混住的邊緣（marginal）地區。歐洲的「海洋時代」就源起於這塊伊斯蘭文明與歐陸文明並存之地。

剛開始亨利王子的目標並非大西洋，而是非洲陸地。他想要尋找傳說中存在於非洲內陸「祭司王約翰」（Prester John）國王的基督教大國，希望在他們的幫助下使摩洛哥從伊斯蘭勢力中解放。此外，讓伊斯蘭商人獲利豐厚的西蘇丹黃金貿易也是一大誘因。於是亨利王子計畫從海路進入西蘇丹。然而，要達成這個目標，首先必須在廣大的撒哈拉沙漠外海探索路線。

除了善用羅盤，亨利王子為了返航時能不受自摩洛哥吹來的強風干擾，而採用卡拉維帆船（Caravel）。這種帆船融入伊斯蘭世界的三角帆設計，即使在逆風中也能航行前進。亨利王子的船隊一邊製作著非洲沿岸的海圖來記錄航行路徑，一邊探險航向前方未知的海域。他盤算著獨吞非洲西岸貿易大餅，甚至下令不准將海圖外流。

亨利王子命令隨從埃納斯繞過當時被認定可航行海域的邊界「博哈多爾角」（Cape Boujdour），最終開拓出南至幾內亞灣、靠近赤道北邊的航路。這項創舉讓亨利王子瓜分西蘇丹黃金貿易的夢想得以成真。直到他過世的一四六〇年，他將黃金與奴隸運往歐洲的商業活動從未中斷過。

連結大西洋與亞洲各海域的「咆哮四十度」

亨利王子死後，葡萄牙王室以接續探索非洲西岸的工作為條件，將該地區的貿易獨佔權授與大商人費爾南・戈梅斯。其後戈梅斯的船隊繼續將航線延伸至現今的象牙海岸與黃金海岸一帶，為他帶來龐大的財富。

一四八八年，航海家狄亞士（Bartolomeu Dias, 1450-1500）為了確認祭司王約翰的國家是否真的位於剛果內陸，便率領船隊出發。不料途中在非洲南部遭遇海上暴風的襲擊，他在歷經海上漂流十三天之後，終於發現了向東往北方延伸的海岸線。如今這片整年波濤洶湧的海域被冠上「咆哮四十度」（Roaring Forties）的稱號。而當初狄亞士誤認為非洲最南端、並取名為「暴風角」的這片風光明媚之地，其實距離真正的非洲最南端——也就是一般沙灘地形的針角（即厄加勒斯角（Cape Agulhas））——還有一百五十公里之遠。在這趟探險行之後，大西洋與印度洋第一次有了「接點」，這也意謂著與亞洲間的香辛料貿易將成為葡萄牙的新目標。

葡萄牙國王若昂二世（一四八一－一四九五年在位）在得知能繞過非洲進入印度洋，便將「暴風角」更名為「好望角」，意指這是一處能帶來與亞洲貿易的希望之角。先前奉命喬裝成伊斯蘭商人的科比利安，經由陸路長途跋涉至印度卡利克特（Kozhikode），他收集情報後，將伊斯蘭商業圈擴及非洲東岸的消息向若昂二世回報。因好望角的發現，非洲西岸的航海探險不再只被定位為探索歐亞西部海岸的一環，為成為開發通往亞洲新航路的重要角色，而這條新航路也是一條連接經濟繁榮海域的康莊大道。

葡萄牙的航海探險事業因為長年的飢荒停頓了十年之久。直至一四九七年，達伽馬（Vasco de Gama, 1469-1524）率領四艘船艦、約一百七十名船員再度啟航。他們在十天後抵達好望角，然後由非洲東岸馬林迪雇來的阿拉伯裔領航員帶路，隔年抵達印度胡椒貿易的主要港口卡利克特。至此，葡萄牙引頸期盼直達印度的航線才算正式完成。

比起稍後提及的航海家哥倫布和麥哲倫，達伽馬的航海路程不但更遠，還成功克服了沿途不同海域多變的海相，完成了嚴酷的航海挑戰（一百七十名船員中，最後僅不到六十人平安歸國）。達伽馬的船隊從印度帶回國的胡椒，與過去從中抽取好幾層利潤的胡椒相比，其價格便宜得驚人。胡椒為葡萄牙王室賺進了可觀的利益，是這趟航海所支出成本的六十倍之多，葡萄牙國王因此自封為「印度國王」，並將胡椒貿易列為國家事業，每年派遣四、五百名船員與士兵所組成，六至七艘船隊前往印度。順帶一提，航海探險家卡布拉爾（Pedro Alvares Cabral, 1467-1520）在一五〇〇年順著季風航行，準備前往好望角的途中，意外發現了巴西。

菲利浦・科汀（Philip D. Curtin）在其著作《世界史上的跨文化貿易》（*Cross-Cultural Trade in World History*）中曾寫道，一五〇〇至一六三四年間航向印度的葡萄牙船中，有百分之二十八的船隻在途中被風浪摧毀。為數眾多的帆船在好望角南方「咆哮四十度」的海域，因偏西風的暴風襲擊而支離破碎。在當時，通往印度的海上航路可說是一條須賭上性命的危險旅程。

儘管途中可能賠上性命，但成功跨越好望角的挑戰依舊充滿魅力。與伊斯蘭商人經濟實力相差懸殊的葡萄牙，在船舷處加設小型大砲，準備用軍事實力在印度洋與其一較高下。一五〇九年，葡萄牙艦隊在靠近印度北方坎貝灣入口處的第烏（Diu）外海，擊敗了埃及的馬木留克朝艦隊，而確立了葡萄牙在印度洋的霸權。

一五一〇年，葡萄牙艦隊又攻下印度西岸伊斯蘭商人買賣戰馬的貿易港——果亞（Goa），並以此地為活動據點（十六世紀後半至十七世紀，全盛時期有二十萬人）。一五一一年，葡萄牙艦隊更擊敗麻六甲蘇丹王朝，繼續將貿易航線拓展至「香料之島」摩鹿加群島、暹邏（Siam，泰國舊名）及東亞海域。

第四次空間革命與大西洋的拓展

為尋找傳說中的黃金島「日本國」而賭上人生的哥倫布

葡萄牙人發現大西洋與印度洋彼此相連，又開拓出從歐洲直通亞洲的航線。然而，誤以為大西洋連接西亞（是亞洲的海），而推動第四次空間革命的，則是出身義大利熱那亞的航海家哥倫布（一四五一—一五〇六）。

哥倫布參考了佛羅倫斯的數學家暨地理學者托斯卡內利（Paolo dal Pozzo Toscanelli）的學說——托斯卡內利的地球球體學說融合了馬可波羅對中國海洋的認識，而製作了一張連接歐洲與中國的海圖。他堅信自己能成功橫越亞洲海洋（但實際上是大西洋），於是率先開拓通往黃金島「日本國」（Zipangu）與中國的航線。哥倫布夢想能找到馬可波羅於著作《東方見聞錄》中所提藏有無數黃金寶藏的黃金島「日本國」後一夜致富。

然而，哥倫布並非憑空作夢，他的發財夢確實有根據。當時正值文藝復興時期，許多古典人文思想和藝術重新回歸主流。在二世紀定居埃及亞歷山卓的天文暨地理學家托勒密，他所繪製的「世界地圖」取代了中世紀的宗教地圖，並廣為流傳，他的地球球體學說也重新受到知識份子的重視。鑽研地理知識的哥倫布也是此學說的信徒；但在他想像中的地球，其實只有地球實際大小的四分之三，其中陸地與海洋的比例大約是六比一。因此根據這些線索，他推測亞洲的海洋相當狹小，從西邊出發就能很輕易地抵達黃金島「日本國」，還能直達中國沿海。當時美洲大陸和太平洋都不存在於哥倫布想像的世界地圖之中。

此時，傳來葡萄牙的狄亞士與其船隊抵達非洲最南端好望角的消息，引發了哥倫布的好勝心。眼見抵達黃金島的探險事業很可能被捷足先登，他不能眼睜睜地看著其他人破壞自己的計畫。但哥倫布只是一名單打獨鬥的創業家，若沒有國王作後盾、守護他冒險換來的成果，他恐怕無法保住自身權益。

所幸，哥倫布最後得到王室的支持。一四九二年曾大舉攻陷伊斯蘭教徒最後據點格拉納達的西班牙女王伊莎貝拉（一四七四—一五〇四年在位），接受了他的請求，並且支持他的計畫，而航海探險所需要的資金則由熱那亞的商人負擔。

為探索未知的「想像之海」而啟航

面積約八千兩百萬平方公里的大西洋，在古代歐洲被稱為「亞特拉斯之海」（Atlas）。據說希臘神話裡的巨人神祇亞特拉斯，因為攻擊諸神居住的奧林帕斯山，而被處罰必須撐住天空，因此形成北非地中海西側出海口的亞特拉斯山脈。此外，大西洋的英文是Atlantic Ocean，此名是從亞特拉斯神話而來，這也為大西洋注入了神話色彩。這片神話之海成了孕育近代史發展的搖籃。

起初，哥倫布出航的理由很簡單：他堅信大西洋通往亞洲之海。一四九二年，他臨時準備了三艘「聖瑪麗亞號」（排水量一百二十七噸），率領九十名船員（另一說是一百二十人）從西班牙南部漁港帕洛斯（Palos de la Frontera）出發。為了等待風向改變，他們在加那利島待了一個月之後，順著西北季風繼續啟航前往亞洲。這趟「想像之海」的航程，仰賴的只是一張源自人類想像的航海圖，受到幸運女神眷顧的哥倫布在航行三十多天後，順利抵達加勒比海外巴哈馬群島中的瓜納哈尼島（Guanahani）。由於這趟航海之行是盡人事、聽天命，於是他將該島取名為「聖薩爾瓦多」（意即「神聖救世主」）。根據哥倫布的相關記述，整個航海過程如在內陸海域航行般平穩。但是，得意洋洋的哥倫布卻誤以為神將他引領到的地方是亞洲。

哥倫布以為加勒比海是「中國的外海」，於是他繼續探險，想尋找這片海域最大的黃金島「日本國」。於加勒比海四處航行的哥倫布，在伊斯帕尼奧拉島（即現今海地島）目睹當地首領身上閃閃發亮的黃金裝飾。儘管語言不通，但哥倫布還是向首領探聽到，島的中央有一處叫做「希巴歐」（Cibao）的地方盛產黃金。他因此更深信「希巴歐」就是傳說中的黃金島，哥倫布的半生都在追尋著黃金島的美夢。

隨後，聖瑪麗亞號在聖誕夜眾人飲酒狂歡之際不慎觸礁，眾人於是將船身解體搭建出一座堡壘，哥倫布留下四十名船員，自己先回國準備搜尋黃金島，此時他的心中洋溢著成功的喜悅。

邁入海洋時代的一四九〇年代

一四九〇年代，在哥倫布聲勢浩大的第二次航行後，還有兩次朝南北不同方向探索的航海冒險，因此開拓出大西洋空間，而這段時間大約是日本應仁之亂之後二十年。

一四九三年，西班牙傾全國之力派遣一千五百名（另一說是一千兩百名）船員加入哥倫布第二次的航海旅程，準備開發加勒比海。遺憾的是，伊斯帕尼奧拉島不是黃金島，沒有足夠的黃金產量。雖然這趟開採黃金之行失敗了，但哥倫布仍留下輝煌的航海成績，因為他找到一條穩定的航路（主要航線），去程在非洲沿岸依靠季風，從加那利島航行至加勒比海，回程則利用墨西哥灣流和偏西風返回歐洲。這條主要航線是日後形成「大世界」的重要根基。

一四九七年，在哥倫布第二次航海的四年後，威尼斯航海家約翰・卡伯特（約一四五一—一四九八）在英國國王亨利七世（一四八五—一五〇九年在位）的援助下，從英國布里斯托啟航，循著維京人的航路尋找黃金島「日本國」。

研究英國文學的學者越智敏之曾在其著作《魚與世界歷史》（魚で始まる世界史）中提到，當時米蘭公國的外交官頌契諾（音譯），在卡伯特第二次航海後寄信給米蘭大公爵，信中寫道「他的航海目標是要找到『人稱日本國的島』，在那裡除了寶石之外，還擁有世界上種類豐富的香料。」由此可知，卡伯特的目標是要成為「第二個哥倫布」。

雖然卡伯特的海上探險之行較為簡樸，其規模也不大，卻相繼發現紐芬蘭與拉布拉多地區，這讓英國日後主張擁有佛羅里達半島以北的北美「先佔權」，提供了充分理論根據。卡伯特於隔年再度啟航跨越大西洋，又發現了切薩皮克灣（Chesapeake Bay）。此後，歐洲各國漁民爭相前往擁有豐富鱈魚資源的紐芬蘭島近海，進行捕撈漁獲。

如前所述，一四九八年葡萄牙航海家達伽馬一路航至大西洋南端的好望角，並開拓出直通印度的航線，如此一來，一四九〇年代大西洋的中央、北部以及南部之間，形成一個海上聯絡網。

一五〇七年，德國地理學者瓦爾德澤米勒（Martin Waldseemüller, 1470-1520）根據亞美利哥·韋斯普奇（Amerigo Vespucci, 1454-1512）的航海報告書，推斷哥倫布所發現的陸地並非亞洲，而是一塊貨真價實的新大陸。亞美利哥是知名麥迪奇家族的總管，他四度以商人和探險家的身分航海探索新大陸；於是，瓦爾德澤米勒便在繪製世界地圖時，加上一塊橫跨南北半球、東西狹窄的新大陸，並以亞美利哥的名字將之命名為「亞美利加」。大西洋並非「亞洲外海」的事實，將在本章後段提到的麥哲倫航海行之後獲得證實。

忽略了海洋與陸地空間差異性的西、葡兩國

身為地理大發現的領頭羊，不論西班牙還是葡萄牙，都是在與伊斯蘭教徒發生激烈宗教戰爭後所誕生的天主教國家，也就是所謂典型的「陸地國家」。

在哥倫布的航海探險交出漂亮成績後，西班牙打算將大西洋納入自家版圖，獨佔這塊利益，於是找來天主教教宗亞歷山大六世（一四九二－一五〇三年在位）做仲裁，與葡萄牙協商瓜分大西洋。一四九三年，教宗正式宣布以維德角群島西邊子午線為界將大西洋一分為二，西邊歸西班牙所有，東邊則屬於葡萄牙的勢力範圍，並以改信天主教作為交換條件，授與西、葡兩國國王佔領大西洋所有非天主教信仰領土的權利。

其後，兩國直接進行交涉，更動原訂界線，先簽下托爾德西利亞斯條約（一四九四）將巴西歸入葡萄牙領土，後又簽訂薩拉戈薩條約（一五二九）劃定兩國在太平洋的勢力範圍。西、葡兩國如同割據陸地般，硬生生地將這世界的海洋分割開來。當時這兩國承襲「陸上帝國」的舊思維，深信海洋與陸地一樣都能劃地為王。沿用「陸上帝國」的概念支配海洋的霸道行徑，後來被荷蘭和英國還以顏色，後來葡萄牙與西班牙都未能建立起屬於海洋世界的新秩序。

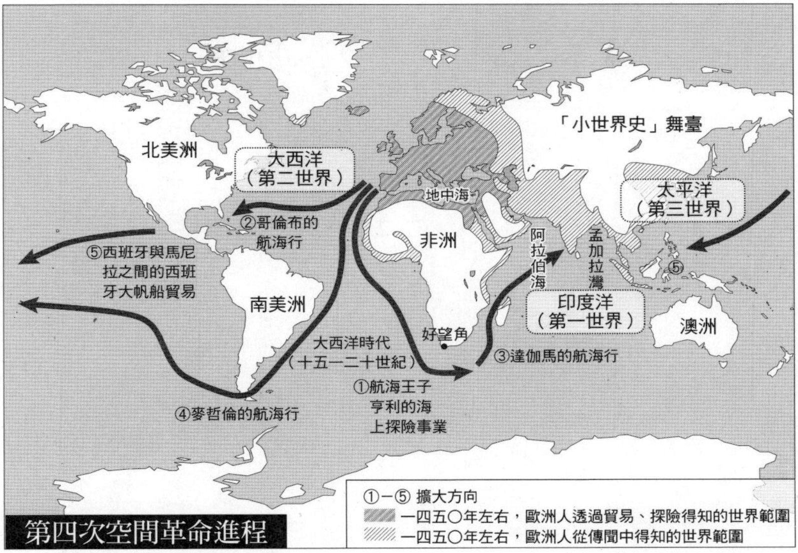

第四次空間革命進程

誤打誤撞的太平洋驚世發現

太平洋是一片廣布於美洲大陸西側的浩瀚大海。直到人類發現太平洋後，才終於認識到大西洋、新大陸、以及太平洋與歐亞大陸的海陸分布情形。史上第一位橫越太平洋的航海家麥哲倫（約一四八〇—一五二一），他是其中的關鍵人物，並證實了地球遠比當時人們所認為的還要廣大。

不過，麥哲倫仍仰賴托勒密在二世紀時所繪製的《世界地圖》，與先前的哥倫布一樣，他們對海洋的認識都建立在錯誤的地理知識上。

出身葡萄牙的麥哲倫，年輕時曾在東南亞海域一帶從事香料貿易。歸國後他參與葡萄牙與摩洛哥的戰役而身負重傷，從此只能以單腳行動。不料他又被懷疑涉嫌私藏戰利品，一連串無情的打擊讓他選擇黯然離去。然而，人生一波三折的麥哲倫卻因豐富的航海經驗，再度受到西班牙王室的賞識而被挖角。當時，比葡萄牙晚一步踏入海上世界的西班牙，只要有機會就將葡萄牙優秀的航海員納入麾下。

握有西班牙塞維利亞商務局主導權的西班牙貴族，與想靠著亞洲貿易取得龐大利益的德國富格家族總管聯手，想要開發一條途經南美洲南端，直達摩鹿加群島的新航路。當時新大陸還未發現令人眼睛為之一亮的物產，因此西班牙盤算著要開一條直通摩鹿加群島的新航線，想搶先取得只盛產於當地、利潤又驚人的丁香和肉豆蔻。

當時航海家把南美洲當成「Indias」（意即東方、亞洲）半島，認為只要繞過這裡就能抵達「Sinus Magnus」（意即大灣），而摩鹿加群島就位在這裡。

一五一九年，麥哲倫率領由二百六十五名船員、五艘船隻所組成的船隊，浩浩蕩蕩地從西班牙塞維利亞出發。船隊行駛過大西洋後，便沿著南美洲沿岸繼續南行。麥哲倫的船隊耗費四十天，終於在隔年通過南美洲最南端的麥哲倫海峽，繼續朝未知的海域航行。麥哲倫隨後將這處海象平穩的海域命名為「太平洋」，可以想見當時他多麼充滿自信。

但他萬萬沒想到，從地圖上來看近在眼前的摩鹿加群島，卻怎樣也無法抵達，這是因為他們正行駛在佔地球三分之一面積的廣闊太平洋上。歷經一百天漫長的海上生活，滿懷希望的航行竟成了地獄之旅，船上的飲用水已經變質發臭，糧食也已吃完，船艙裡的老鼠竟然變成需要花錢買的高級食材。船員們營養嚴重失衡，只能任憑壞血病無情地奪走性命。

經過長達一百一十天令人難以想像的海上生活後，苟延殘喘的麥哲倫船隊終於在一五二一年三月十六日登陸菲律賓群島。透過麥哲倫的馬來僕人與當地人溝通後，才確定他們行駛穿越的就是環繞亞洲的海洋。那時人們對地球整體的空間輪廓還很模糊，但一旦確認太平洋的存在與美洲大陸的位置關係，全世界的地理圖像變得更加鮮明。儘管麥哲倫的成功來自偶然，但他推動空間革命的功勞絕對不容忽視。他使得世界史的空間立刻擴展開來。

其後，由於摩鹿加群島受到葡萄牙管轄，麥哲倫為了與之抗衡，計劃在菲律賓群島設立交易據點，於是親自前往麥克坦島（Mactan Island）籌備糧食，但卻在與當地人的戰役中不幸身亡。然而歷史總是帶著多重面貌，不論是哥倫布或是麥哲倫，在當地原住民眼中，他們都只是外來的侵略者。當年與麥哲倫戰爭的酋長拉布拉布之紀念碑，如今仍矗立在麥克坦島上。

麥哲倫戰死後，他的船員埃爾卡諾（一四七六—一五二六）繼續完成這趟航程。在摩鹿加群島採購大量香料後，他乘著唯一僅存的維多利亞號繞過好望角，在一五二二年九月回到西班牙。這趟艱難的航海只能用「悲壯」二字來形容，啟程時多達二百六十五人的船隊，三年後返抵國門時，只剩十八位病懨懨的船員。

雖然西班牙繼續嘗試開闢太平洋上的商業航路，但第二次航行卻因指揮官埃爾卡諾命喪太平洋而宣告失敗，計劃也跟著無疾而終。不過可以肯定的是，麥哲倫的航海成果推動了科學家去解開地球的神秘面紗。終於在一五四三年，隨著波蘭人哥白尼（一四七三—一五四三）的著作《天體運行論》問世，地球自轉、公轉的地動說跟著公諸於世，自此地球終於在人們心中成為一顆平凡的行星。

吞噬美洲大陸的西班牙

異質空間——美洲大陸

邁入十六世紀之後，以阿茲特克帝國和印加帝國為首的南、北美洲大陸的廣大空間在世界史中登場。美洲大陸和歐亞大陸兩者以面積而言，北美洲約為歐亞大陸的百分之四十五；南美洲則為歐亞大陸的百分之三十三。南、北美洲兩者面積相加約為歐亞大陸面積的八成。相對於此，西班牙的面積只有日本的一．三倍。

從人口數來看，南、北美洲在十六世紀前半尚未被歐洲勢力征服前，推算總人口數約有八千萬人以上，相對於此，當時西班牙和葡萄牙兩國的人口數合計不到八百萬人。

建立於墨西哥高原的阿茲特克帝國（十二世紀—一五二一）和建立於安地斯山脈的印加帝國（一二〇〇左右—一五三三）為雙軸的美洲大陸，蓬勃發展出美洲獨特的高度文明。但美洲大陸並沒有能高度建構空間的馬匹，也沒有發明出可以使用的車輪。

因此，美洲大陸無法像歐亞大陸那樣廣域整體化的進行，美洲文明只能孤立發展。如此一來便導致美洲大陸文明碰觸其他異質文明時受限於較狹隘的視野，在面對其他文明侵入時總是處於不利的處境。成功入侵的西班牙，將他們自以為善的宗教價值觀強加於美洲大陸原住民，在「大陸帝國邏輯」的主張下，將美洲大陸納為其殖民地。

被誤認為白皮膚之神的科爾特斯

墨西哥的阿茲特克帝國和秘魯的印加帝國，是建立在海拔兩千至三千公尺高山地區的山岳型國家。此類型的國家為了維持生存，所依靠的糧食為可於傾斜地上栽種的玉米、馬鈴薯和紅薯等農作物。然而，以高山地區為中心而建立的帝國，在空間的擴展上遭到多方限制。特別是在沒有車輪和馬匹的情況下受到很大的影響，當地只能利用駱馬來負荷重物並搬運物品，而駱馬的載重能力僅限於二十公斤左右，無法成為能夠揹負成年人的坐騎。

長久以來，阿茲特克帝國和印加帝國依靠徒步移動來維持生存。當這兩個帝國遇上擁有馬匹和槍枝等強大武器的征服者，再加上西班牙人帶來的天花（天花病毒）擴散蔓延，使得他們將入侵者如神話般地過度誇張，更加劇了他們對入侵者的恐懼。

一九一五年，來自卡斯提亞王國的科爾特斯（一四八五－一五四七）率領了十一艘船艦，載著五百五十名軍兵、十四座大砲和十六匹戰馬，從古巴島登陸，一舉入侵位於墨西哥高原上的阿茲特克帝國。阿茲特克人初次見到身為白種人的科爾特斯，誤以為他是在印地安神話的預言中被放逐在外、擁有白色皮膚的水神兼農業之神——羽蛇神（Quetzalcohuātl；Quetzal指格查爾鳥，cohuātl是蛇，Quetzalcohuātl是指「長有羽毛的蛇」）。在阿茲特克帝國流傳著羽蛇神將在「一葦之年」（一五一九年）重返回帝國的傳說。

另外，當時的阿茲特克帝國為了要獻祭給太陽神，從周圍的部族強虜許多年輕人來作為活人祭品，導致周遭部落的反感，科爾特斯便利用這些部族的不滿情緒，在短時間內成功征服了帝國。前文中提到的格查爾鳥（Quetzal，綠咬鵑）主要棲息在瓜地馬拉，尾巴上有翡翠色和黃金色的羽毛，號稱是世界上最美的鳥類。手塚治虫著名的漫畫《火之鳥》便是以格查爾鳥作為原型。

在征服阿茲特克帝國之後，科爾特斯徹底地破壞特諾奇提特蘭城（位於特斯科科湖島嶼，約八萬至十萬人居住的首都）。特斯科科湖遭到填埋，受到破壞毀損的神殿等建築物，其石材被用來建設新的首都——墨西哥城。科爾特斯在新首都設立天主教會來威嚇原住民，並奴役阿茲特克原住民（印地安人）。他在當地施行監護征賦制度（Encomienda），讓部分原住民放棄原有的宗教信仰，改信奉天主教以免除勞役，並獲得對於其他原住民的委任管理權。在這個制度下，數以萬計的原住民遭到奴役，被迫在礦山、廣大的農場和牧場中勞動，為殖民者賺取巨大的財富。

操控了印加帝國的皮薩羅

一五三二年到一五三三年間，西班牙人皮薩羅（一四七〇—一五四一）率領一百八十六名軍兵、三十七匹戰馬，並配上十三把槍枝，從加勒比海穿過巴拿馬地峽，南下太平洋到秘魯，入侵安地斯山脈的印加帝國，當時帝國的首都是在海拔三千五百公尺的庫斯科。皮薩羅進行了兩次調查後，便率隊進入秘魯，欺騙了率領六千名部下前來協商的第十二代薩帕·印卡（印加帝國君主的稱銜、神的化身、太陽之子）——阿塔瓦爾帕（一五三二—一五三三年在位），只用少許兵力就俘虜了阿塔瓦爾帕。雖然阿塔瓦爾帕擁有三萬名兵力，卻敗於皮薩羅的偷襲。

皮薩羅只想利用阿塔瓦爾帕來操控印加帝國，後來在一五三三年處死了阿塔瓦爾帕。傳聞印加帝國也流傳著在第十二代薩帕·印卡時代，會遭到外來武力入侵而滅國的預言。

處決之前，阿塔瓦爾帕被要求改信天主教，他拒絕並控訴：「你們所謂的教皇，居然將不屬於自己的領土封賞給別人，根本是瘋了。我不願意改變自己的信仰。」最終因為西班牙侵略者要將他處以火刑（在印加人的觀念裡，屍體被焚毀後靈魂將無法獲得重生），感到恐懼的阿塔瓦爾帕只好不情願地同意改信天主教，但最後仍被處以絞刑。

徹底征服南美洲的天花

對美洲大陸的原住民而言，沒有比和歐洲結下惡緣更糟糕的事了。發現新大陸的同時，歐洲人也帶進了天花，立刻造成當地天花大流行。十六世紀裡有長達七十多年，美洲大陸遭到疫病無情地肆虐，八成以上的原住民因此不幸喪命，這也成為史上最慘痛的長期流行病大爆發（Pandemic）。

當地原住民對西班牙人所帶來的天花病毒沒有任何免疫力，在毫無防備的情況下，這場悲劇發生了。透過空氣傳染的天花來勢洶洶，疫情迅速地席捲這片新大陸。

天花是印第安人的祖先移居美洲大陸後，才在「舊大陸」發現的病原體。根據阿茲特克人的歷史記載，染上天花的人全身會長出密密麻麻的疹子，當地的原住民印第安人（西班牙語為Indio，印地歐），大都在極度痛苦中嚥下最後一口氣。十六世紀時有二千萬人的阿茲特克帝國，因為天花的肆虐而導致人口遽減，到了十七世紀僅剩下一百萬人。

傳說中的黃金城與第三波征服者

繼第一波征服者哥倫布率先登上美洲大陸之後，科爾特斯（Hernán Cortés）、皮薩羅（Francisco Pizarro）等第二波征服者（conquistador，西班牙語的征服者）也接續登陸，緊接著出現的第三波征服者，他們渴望發現黃金城，想一圓淘金夢。

大約在十六世紀中葉，在西班牙盛傳著這個傳說：「居住在現今哥倫比亞首都波哥大附近的原住民奇布查族（Chibcha），他們的酋長每日以金粉裝飾自己，到晚上後再將金粉抖落。他們在一年一度的祭典上，還會將大量的金器、銀器投入湖中。」這個傳說吸引大批的冒險家躍躍欲試，所有人都夢想找到這個充滿黃金與寶石的國度，一股尋找「黃金城」（El Dorado）的熱潮開始延燒。欲望驅使這些西班牙探險家們，一心想著快點發現傳說中的黃金城，故而在短期間內他們就征服了南美洲。

成為葡萄牙殖民地的巴西（命名由當地特產的「紅木、巴西蘇木」而來），其北部的城市巴伊亞被葡萄牙人設為首都。這一帶成功種植出產量豐富的甘蔗，在十七世紀前半，巴西已經成為世界上最大的甘蔗產地。

當時的西班牙稱墨西哥為「Nueva España」（意即新西班牙），可知他們希望在新大陸建造出與原住民社會有所區別的理想都市空間。在哥倫布開拓美洲新航路後的八十年間，大約有十六萬西班牙人移居新大陸，建設了二百座以上有中央廣場與棋盤式道路的新城市。西班牙的塞維利亞商務局在此扮演著將移民從西班牙本土送往新大陸的重要角色。

雖然今天新大陸上混居著多元化的人種與民族，但回溯地理大發現時期的西班牙，其目標是將新大陸打造成「第二個西班牙」，把西班牙式的生活推廣在這片新天地上。由塞維利亞商務局派出的商人，負責將來自西班牙的商品供應給當地各個城市。在一五〇三年成立的塞維利亞商務局，王室授與他們進出新大陸的渡航特權。在一五四三年之後，塞維利亞商務局開始編組前往新大陸的船隊，每年兩次僅限西班牙商人能往來兩地之間，在事前就決定好的港口、道路和城市從事商業活動。因此龐大的財富便集中在塞維利亞商務局，以及管理物流的特權商人手中。

串起整個地球的新大陸銀礦

三大洋所形成的世界首次從地理空間轉換成經濟空間，全拜新大陸所出產的便宜銀礦之賜。

一五四五年秘魯的波托西銀山（海拔四千公尺）、一五四六年墨西哥的薩卡特卡斯銀山（海拔二千二百五十公尺）相繼被殖民者發現，新大陸自此逐漸被收編進「大世界」的經濟體系中。對世界經濟而言，一五四〇年代是具劃時代意義的時期，運用水銀、從礦石中提煉出白銀的混汞法，並借力於水車，敲碎銀礦礦石等方法普及後，大量便宜的白銀便源源不絕地運往歐洲。

西班牙人利用印加帝國時代的強制勞役制度（Mita system），在現今玻利維亞南部的波托西地區招募大量「印第安」勞動者，使得這座城市在一六一一年一度成為擁有十五萬人，是新大陸最多人口的大型都市。其中薩卡特卡斯是一座壽命很長的銀山，直至十九世紀，全世界有五分之一的白銀都產於此地。雖然眾說紛紜，但據說從一五〇三至一六六〇年間有多達約一萬五千噸數量驚人的白銀，從新大陸運往塞維利亞。在此之前，歐洲最大白銀產地德國哈茨山銀礦年產量大約只有三十噸，而這時每年一口氣就有超過九十六噸的白銀從新大陸運到歐洲，產量遠遠超過哈茨山的三倍以上。

產自新大陸的白銀約有百分之四十成為西班牙王室的收入，剩下的則透過熱那亞商人等管道，轉手流入歐洲各地。當時適逢宗教戰爭的年代，新大陸的白銀資源大都被消耗在戰事上，西班牙王室後來仿效德國的銀幣塔勒（Thaler），開始鑄造西班牙銀幣披索（Peso），英國人稱之為西班牙幣（Spanish Dollar）。其後，由於北美的英國殖民地英鎊不足，使得西班牙幣成為主要流通貨幣，而成為日後「美元」（Dollar）的起源。

從新大陸大量流入歐洲的廉價白銀，帶動了歐洲經濟繁榮。十六世紀至十七世紀前半，白銀價格暴跌，物價飆漲三到四倍，造成所謂的物價革命（Price Revolution）。長期通貨膨脹（經濟擴張）促使歐洲人的經濟倫理觀出現巨大轉變，在物價革命以前的歐洲如同現今的伊斯蘭世界，都忌諱靠著借錢來賺取利息。然而，隨著通膨急速擴大，人類對追求財富的慾望受到認可，為了增加資產而投資或從事投機性質的交易逐漸成為常態，基督教世界開始走向世俗化，於是資本成為新一波地理空間開展的幕後推手。

工業革命以前，歐洲與亞洲一直存在著嚴重的貿易逆差，因此出口白銀的貿易扮演很重要的角色。從新大陸運到歐洲的白銀，再藉由葡萄牙人之手銷往西亞、印度與中國，幫助葡萄牙擴大事業版圖。

十六世紀後半，西班牙嘗試從墨西哥的太平洋沿岸開拓航路前進菲律賓，日後第一位菲律賓殖民地總督的雷加斯皮也成功地在馬尼拉建立據點。在征服菲律賓的過程中，有「太平洋哥倫布」之稱的西班牙航海家烏爾達內塔（Andrés de Urdaneta）利用黑潮北上至日本列島沿岸，接著從日本三陸外海順著偏西風返回墨西哥，成功開拓了太平洋航線。新航線的出現，促使每年往返墨西哥阿卡普科與菲律賓馬尼拉的大帆船貿易正式啟動。在新大陸開採到的便宜白銀，其產量的三分之一便透過此路線流入東亞地區。

當時馬尼拉所扮演的角色就像是墨西哥的亞洲辦事處。福建商人無視明朝政府所頒佈的海禁，偷偷橫越臺灣海峽南下至馬尼拉，帶著絹料、陶瓷器等中國豐富的貨物到當地交換西班牙的廉價白銀。於是，大量的物品在明清時期便從馬尼拉藉此路徑遠渡大西洋，途經墨西哥後流入歐洲；相對地，明清時期的中國也因此累積了不少白銀。

新大陸白銀大規模的東西向貿易流通，使得印度洋、太平洋和大西洋首次出現具全球規模的經濟統合。自一五六五年到拿破崙戰敗的一八一五年，馬尼拉的大帆船貿易維持了二百五十年之久。

建立大西洋空間架構的荷蘭

在宗教改革運動中孕育出具挑戰精神的思想

在大西洋新制度形成的過程中，荷蘭和英國扮演著重要推手的角色。在此之前，荷、英兩國因宗教改革而推動新思潮逐漸蔓延，重視勤勞、禁慾與節制的價值觀日漸普及。在此，我們不能忽略荷、英兩國日後積極朝海洋發展的充沛能量，與他們打破北歐舊社會秩序的宗教和政治運動，兩者之間密不可分的關係。

當時鄂圖曼帝國進軍地中海，周邊商業活動隨之衰退，而導致耽溺於文藝復興時期華麗風格的羅馬教廷財政惡化，於是教廷在阿爾卑斯山脈以北地區發售贖罪券來調度資金。但此舉引來馬丁・路德（一四八三－一五四六）的不滿，他在一五一七年寫下〈九十五條論綱〉嚴厲抨擊羅馬教廷的做法。事情發展到最後，甚至連羅馬教宗的權威都開始遭到質疑，以《聖經》為主的新基督教派因而出現。以金字塔頂端的教宗為首的單一天主教信仰圈，在這場宗教改革運動中跟著瓦解。與此同時，在法語圈也有法國的喀爾文（一五〇九－一五六四）積極推動宗教改革。

推翻羅馬教廷的運動陸續擴大至比利時弗蘭德地區、德國、北法和英國等地。在古騰堡

（約一三九八—一四六八）發明活字印刷術後，「聖經」逐漸在平民百姓間普及。

新教徒認為萬民都是祭司，重視每位信徒對神的信心。新教徒中，尤其是喀爾文教派，因受到「預定論」的影響，不但重視勤勞、禁慾的生活倫理，也贊成信徒累積財富，鼓勵信徒如侍奉神般地認真從商。根據馬克思・韋伯（一八六四—一九二〇）的觀點，這種思想便是日後「資本主義的倫理精神」，是一種融合經濟與精神富足的新主義。換個角度來看，新教徒反抗的其實是以教宗為中心的歐洲傳統秩序，他們同時宣告北歐的自主獨立。

十六世紀後半至十七世紀中葉，天主教與新教之間接連爆發法國的胡格諾戰爭（一五六二—一五九八）、荷蘭獨立戰爭（詳見本章節後述）、主戰場在德國的三十年戰爭（一六一八—一六四八）和清教徒革命（一六四二—一六四九）等一連串的宗教戰爭。羅馬教宗、神聖羅馬帝國原先所擁有的威權與權力，在這些長期戰事中逐步消滅。讓三十年戰爭畫下句點的西發里亞和約（一六四八）在簽訂以後，各國間的國界明確劃分，以國王為主權所有者的國家（主權國家體制）如雨後春筍般地冒出，而神賦予國王先祖管轄人民權力的「君權神授說」，則被廣泛用來樹立君主威信。

英王亨利八世（一五〇九—一五四七年在位）因為想離婚卻得不到教宗的認可，於是在一五三四年制訂「君權至尊法」（Act of Supremacy），並創立英國國教會，自此英國境內的教會便開始受國王支配。

八十年戰爭與西班牙的凋零

長達八十年的荷蘭獨立戰爭，給予當時的強國西班牙重重一擊。國土面積只有日本九州大的小國荷蘭，在這八十年的長期戰爭裡，不僅掏空了「日不落帝國」西班牙的國力，也掌握歐洲經濟的主導權。

在十六世紀前半，大概與喀爾文教派從法國傳入的時間相同，尼德蘭（Netherland）被納入西班牙哈布斯堡家族（Habsburg）的領地。西班牙國王菲利浦二世（一五五六－一五九八年在位）時期，不但設置宗教裁判所來肅清尼得蘭境內的新教徒，還對各城加課重稅（百分之一的所得稅、百分之五的土地買賣稅、百分之十的消費稅）。

在信奉新教的貴族間漸漸掀起反抗西班牙國王暴政的聲浪。西班牙國王派阿爾瓦公爵率領一萬名軍力鎮壓當地的反抗運動，結果有八千人慘遭處死，一萬人以上流亡海外。阿爾瓦公爵也不避諱地公開稱尼德蘭人民為「乞丐」。其後以信奉喀爾文教派的商人和工匠為主，與西班牙王室展開為期八十年之久的荷蘭獨立戰爭（一五六八－一六四八），在這漫長的戰事中，「商人國家」荷蘭的輪廓開始成型。

當時由奧蘭治親王（一五三三－一五八四）領軍的「海上乞丐」義勇軍，憑著他們熟悉的複雜水路而展開游擊，讓西班牙皇家軍隊傷透腦筋。荷蘭國土多屬低地而且潮溼，迫使人民不得不往海上求生，隨後這個國家便靠著優異的造船技術及發達的海上運輸，在獨立戰爭後半期的十七世紀前葉，成功蛻變成引領歐洲經濟發展的重要角色。

荷蘭平常會派遣六百至八百艘捕撈鯡魚的船隊，聲勢浩大地稱霸北海漁場。他們還打造出可容納八到三十名船員，且能持續捕魚長達五到八週的大型作業船。而且漁夫們能在船上完成鹽漬鯡魚的工作後，直接裝進木桶裡保存。據說荷蘭靠著捕撈鯡魚賺進的收入，與英國靠著出口羊毛及其相關織品的金額不相上下。最後荷蘭進一步打造出載重量大、能專門運送貨物的運輸船，在波羅的海貿易中大展身手。

雖然波濤洶湧的海上作業使得漁船耗損率高，但在這種環境下荷蘭的造船技術因此得以持續精進。如風力製材機、能負荷重木的大型起重機等機材的出現，在在證明了荷蘭造船業的機械化、標準化作業持續發展，其造船生產能力在歐洲逐漸脫穎而出。就連造船成本，荷蘭也不過是英國的五、六成而已。外界推估一六五〇年時荷蘭擁有一萬六千艘船隻，並有多達十六萬三千名船員。十七世紀的荷蘭曾是當時最大的海運國家，他們所擁有的船隻數量是英國四到五倍，歐洲一半以上的船隻都在荷蘭。

比起由王室負責管理亞非貿易的葡萄牙、西班牙兩國，荷蘭能派遣至大西洋、印度洋的船隻數量，是這兩國所遙不可及的。

「海上航路為眾人共有」

對荷蘭而言，欲帶動經濟成長就必須開拓被西、葡兩國獨佔的大西洋與東南亞航路（海上道路）。於是，荷蘭積極地著手擴張海洋空間，並制訂海上規則。

一六〇九年，荷蘭法學家兼外交官的格勞秀斯（一五八三－一六四五）寫下「海洋自由論」，主張眾人在公海上都享有貿易與航海的自由，自此奠定了日後與海洋相關的國際法基礎。荷蘭人藉由私掠船（武裝民船）、走私貿易等方式，逐步瓦解西、葡兩國的海洋獨佔權。不過，只是發現一片新大洋並無法建立一套屬於海洋世界的系統，這時候真正需要的是制定出以全新概念為發想的規則與系統建構。

地圖繪製師麥卡托（一五一二－一五九四）為了讓船員在茫茫大海中以羅盤更方便地找尋航路，而繪製出方位正確的「世界地圖」，後來也成為擁有優秀航運能力的荷蘭在進軍世界時的一大助力。由於人類在航運技術上扎實的經驗累積，以及能自由航行「海上公路」（航路）的解禁，連接五大洲的整體海洋世界正在一步步成形。

與西班牙敵對的英國也趁著荷蘭獨立運動期間聲援荷蘭，多次派出私掠船對西班牙運送白銀的船隊發動攻擊。一五八八年，西班牙派出搭載龐大軍力的無敵艦隊，在進攻英國的途中遭遇暴風雨，因此不敵船速快的英國海軍，最後吞下敗仗，從此大西洋上的制海權便掌握在英國手中。

投資時代的來臨與第一次泡沫經濟

一五八〇年西班牙吞併葡萄牙後，里斯本商港便遭到封鎖，運往荷蘭的亞洲貨物也跟著中斷，因此成為荷蘭商人正式進軍亞洲的重要契機。荷蘭為避免彼此過度競爭，在一六〇二年成立荷蘭東印度公司，並取得從好望角至麥哲倫海峽一帶的海上貿易及殖民與軍事獨佔權。隨後荷蘭東印度公司急速成長，握有一萬多名陸軍兵力與約六十艘的軍艦，短期間內就從葡萄牙手中奪走了亞洲商業圈。

荷蘭東印度公司也是世界第一家股份公司，創立初期公司的資本額為六百五十萬荷蘭盾（當中約百分之五十的資金來自阿姆斯特丹，而荷蘭東印度公司的總資本是英國東印度公司創設時的約十倍左右）。不久後，荷蘭東印度公司開始賺進巨額利潤，起初約定好支付股東百分之三．五的利息，到了一六〇六年，公司的股利竟飆漲至百分之七十五的驚人數字。該公司的股票成為阿姆斯特丹證券交易所裡知名的股票，短短六年內荷蘭東印度公司的資本額就暴增至原本的四．六倍之多。

一六〇〇年荷蘭人航抵日本，之後在平戶、長崎兩地設置商館作為據點，靠著與中國之間的生絲買賣以及與日本的白銀貿易賺進可觀利潤。

荷蘭東印度公司為了切斷葡萄牙在澳門與平戶、長崎之間、以及西班牙在馬尼拉與福建沿海間的貿易往來，計劃下一步進軍臺灣海峽。一六二四年，攻進臺灣並在南部蓋了熱蘭遮城（安平古堡），成功阻斷葡萄牙的貿易網。接著，荷蘭東印度公司向中國沿海勢力最龐大的走私貿易商鄭芝龍大量購買生絲，一手壟斷對日貿易。

荷蘭商人也在南美洲的巴西掌控砂糖的物流管道。一六二一年成立的荷蘭西印度公司，靠著賄賂西班牙官員和走私，蠶食鯨吞美洲大陸的貿易市場，他們在哈德遜河口的曼哈頓島建立一座名為新阿姆斯特丹（即日後的紐約）的城市，以其作為毛皮貿易據點。擁有世界最強海運能力的荷蘭在十七世紀前半的全盛時期，一度支配著全球五成的貿易往來。

華勒斯坦指出，當白銀產量減少，歐洲開始出現經濟收縮的「十七世紀危機」時，大西洋經濟系統的凝聚力便開始增強，這樣的局勢確立了荷蘭作為霸權國家的地位。

就在荷蘭崛起之時，不僅投資熱錢開始湧入，投機潮也跟著出現，不久後便爆發全球第一次的泡沫經濟——「鬱金香泡沫」。當時的荷蘭相當盛行改良鄂圖曼帝國的鬱金香球莖，於是成為投機客的下手目標。鬱金香球莖身價不斷被哄抬，在當時最頂級的球莖價格甚至比一棟房子還貴。一六三七年，鬱金香球莖的價格開始崩盤，鬱金香帶來的發財夢在一夕間成為泡沫，不少平民百姓的財產化為烏有。荷蘭正式邁入不同的時代，即藉由金錢流通來獲取最大利潤的資本活動，向外擴展各種空間的新時代。

正式轉型為第一個海洋國家的英國

成功驅趕荷蘭的克倫威爾

雖然英國比葡萄牙晚了一百多年才開始往海上發展，但最終繼承了海上霸主的地位。卡爾·史密特將英國成為海上重要存在的轉型過程，定位為一次全球性的空間革命。他對於英國的角色轉換出以下的觀察：「當時德國、荷蘭、挪威和丹麥的水手們毫不畏懼乘風破浪，征服許多不同海域並完成偉業，然而最後卻是由英國支配全球的海洋。這點確實如此，即使其他歐洲國家並未因此失去它們廣大的海外殖民地，葡萄牙、西班牙龐大的海外資產也沒有損失，但它們卻就此失去了海洋的支配權和聯絡通道。當克倫威爾在一六五五年攻佔牙買加時，便確立英國對全球海洋政策的整體方向，同時也宣告了海洋彼端的西班牙已經是它的手下敗將。」

在終其一生未婚的伊莉莎白女王去世後，英國都鐸王朝（一四八五－一六〇三）後繼無人，於是由鼓吹君權神授的蘇格蘭國王詹姆士一世（一六〇三－一六二五年在位）繼承英國王位（斯圖亞特王朝），但英國議會與這位外來國王之間的衝突對立卻與日俱增。不僅如此，下一任國王查理一世（一六二五－一六四九年在位）就位後接二連三的暴政，引發各地有權勢的士紳階級的不滿，齊聚議會抗議國王暴政。查理一世於是動用武力鎮壓議會騷動，此舉揭開了英國內戰的序幕。

由支持議會的克倫威爾所率領，全員都是清教徒的鐵騎軍，靠著強大的宗教團結力獲勝，將國王送上刑場，並建立共和政權，這就是歷史上的清教徒革命。

克倫威爾成為獨裁者後，卻在議會遭到刁難，為鞏固自己在統治階級間的支持度，他陸續出兵征服蘇格蘭、愛爾蘭和牙買加。另一面，他也制定航海法案，規定只有英國與生產國所屬的船隻才能運送貨物。這項法案一出爐，讓仰賴轉口貿易的荷蘭大受打擊，繼而掀起三次英荷戰爭（時間分別為一六五二－一六五四、一六六五－一六六七、一六七二－一六七四）。英國靠著強大的海軍實力，硬是提高國家整體的經濟成長，一六五七年英國王室授與英國東印度公司特許狀，認可其持續永久的經營。

當上護國公（政治、軍事的最高官銜）的克倫威爾實行獨裁政權，但在他死後，穩健派的勢力東山再起。一六六〇年，英國議會以尊重議會意見為條件，讓流亡歐陸的皇族回到英國復辟，但下一任的國王卻拒絕與議會對話，於是議會在一六八八年罷黜當時的國王，並請回已嫁給新教徒荷蘭總督威廉（威廉三世、一六八九－一七〇二年在位）的國王之女瑪麗公主（瑪麗二世、一六八九－一六九四年在位），擁立她為新任國王（與丈夫威廉三世共同治理）。前任國王不得不流亡海外，這場無人流血的政變隨後被世人稱為光榮革命。新登上王位的國王隨後頒佈了權利法案，自此確立英國以議會為中心的君主立憲基礎。
在英國商業革命的時代背景下，復辟後的英國王室為了對抗經濟發展領先的荷蘭，積極整備國家財政體系，藉由軍事力保護英國的商業活動，希望能刺激國家經濟發展，這些努力使英國終於如願超越「以商立國」的荷蘭。關於英國的資本主義發展過程，將於下章繼續討論。

英國為了籌措進軍海洋的經費而發行國債

地理大發現後，「主權國家」時代（絕對主義時代）隨之到來，戰事也接二連三發生，因此十七世紀的歐洲各國，經常為了籌措戰爭經費而屢屢增稅。重商主義的歐洲王室累積了不少財富，加上積極徵收稅賦，戰時靠著瓜分戰利品，資金的調度還不算太困難，而其餘不足的費用就靠著向商人借錢來維持開銷。但即使如此，張羅軍事費用時仍常常捉襟見肘。
憑藉海軍實力來穩固大西洋制海權的英國國王，經常拿不出錢償還借款，而多次陷入不履行債務（default）的窘境，直到光榮革命後頒佈的權利法案，才解決了英國國王的負債夢魘。當時英國正為了王位繼承問題，與法國國王路易十四（一六四三—一七一五年在位）發生戰爭，不料威廉三世最後竟淪落到必須以高達三成的利息，向商人借錢週轉來打仗的地步。有鑑於此，英國議會在一六九二年制訂「國債」相關法律，由議會為償還國家債務做擔保。

換句話說，過去「國王借錢」的時代轉換為「議會借錢」的時代。議會也開始規定徵收酒稅，並以此抵押發行年利率一成的國債，但日後每當議會發行國債，就必須支付利息，於是議會又陸續增收各項印花稅。

當時的財政大臣哈利為鼓勵英國國民購買國債，成立了南海公司，並由英國政府授權南海公司，准許該公司發行與其購買的國債等值的股票，因此外界將南海公司的股票視為與國債同價。也就是說，當時大家都認定南海公司的股票有政府當靠山，於是大批群眾搶購這支肯定能賺錢的股票，以致該公司的股價在短短半年內翻漲到兩倍之多。

然而，當南海公司經營狀況不理想的消息傳開，不安的投資人搶著將股票脫手賣出，造成南海公司股價一夕崩盤，史稱「南海泡沫事件」。這次的金融泡沫讓許多投資者的財產化為烏有，就連發現萬有引力的知名學者牛頓也熱中於這項投機事業而成為受災戶，據說他慘賠了兩萬英鎊。

南海泡沫後，英國政府在一七五〇年左右重新整理現有國債，將利息降至百分之三，並且沒有償還期限。當政府債券價格趨於穩定，金融市場也開始能夠買賣國債後，英國政府因此能在短時間內順利籌措戰爭費用，比當時的法國更具優勢。甚至可以說，英國靠著不斷累積的龐大債務，而打造出它的殖民帝國；與英國相比，當日本政府開始發行國債，已經是兩百年以後的事了。

從海盜蛻變為正規的英國海軍

將王室默許的海盜私掠船納入海軍旗下後，英國趁勢崛起，原先的海盜王國開始蛻變成海洋帝國。英王亨利八世在一五三二年首次編組海軍常備兵，一五一〇年打造出裝備側舷砲的瑪麗．羅斯號（Mary Rose），其後持續在建造軍艦上傾注心力，於是英國的海洋帝國輪廓逐漸成形。

搭載火力強大的加農砲，並具備相同速度與機動性的戰列艦（Ship of the line）排成一列，所有的船艦側舷砲同時朝著目標開火的戰術，讓英國艦隊所向無敵。藉著海軍堅強的實力，英國比其他國家提前描繪出一幅「大世界」的樣貌，而且有別於以領地支配為基礎的陸地系統，英國建立了一套自由貿易的規則。

一六〇〇年英國設立東印度公司，將目標對準亞洲，但一六二三年時因「安汶慘案」（amboyna massacre）遭荷蘭從摩鹿加群島驅逐離境，英國便將貿易中心移至印度。然而，隨著香料貿易規模逐漸擴大，荷蘭香料貿易的獲利開始下滑，反倒是從北印度進口棉製品、染料（靛藍，Indigo）等商品的英國貿易量不斷成長，這樣的結果實在令人感到諷刺。

一六五二年，英國以荷蘭船隻未向英國軍艦表示敬意為由，正式向荷蘭宣戰（第一次英荷戰爭）。其實開戰的理由是什麼一點都不重要，因為英國只想盡快在戰場上與荷蘭一決勝負；這場戰役斷斷續續打了三次，荷蘭在第二、三次英荷戰爭時，甚至還必須同時迎戰欲入侵國土的法國陸軍。

因先前獨立成功而逐漸縮減軍備的荷蘭，最後在這一連串的激烈戰事中敗給了持續增強軍力的英國，而法國陸軍的侵略行動也大大耗損荷蘭的國力。雖然費盡千辛萬苦才維持住獨立狀態，但荷蘭的大勢已去，取而代之的是「海洋帝國」英國與「陸上強國」法國雙雄趁勢崛起，歐洲內部霸主易位。英國的貿易額在十八世紀時翻倍成長。

十七世紀後半葉，蒙兀兒帝國因伊斯蘭化政策的挫敗，導致內部分崩離析，讓英國東印度公司在普拉西戰役中奪得勝利，並取得孟加拉邦的徵稅權，而這場勝仗吹起了英國殖民印度的前奏。此後英國歷時百年一步步地吞食印度這片廣大土地，打造屬於自己的殖民天地。

因課稅難題而挫敗的英國「大西洋帝國」

十六世紀末，以一句「控制海洋的人就控制了世界」聞名的沃爾特・雷利，為了向童貞女王英國伊莉莎白一世致敬，而將新發現的北美新大陸命名為「維吉尼亞」（Virginia，有處女之意）。此後，英國持續在這片新大陸推動殖民大業，於是殖民地面積在西班牙所屬的領地四周不斷擴張。英國在北美大西洋沿岸建立農業殖民地，並為了爭取與當地原住民交易毛皮的機會，與佔領加拿大至密西西比河口（新法蘭西殖民地）的法國之間，在海狸皮的貿易事業上展開一連串的角力。

與歐洲大陸有一海之隔的英國，其島國特性使它成為與荷、法作風不同的海洋國家。英國既不需擔心來自陸地的侵略，也不用擴編陸軍，於是省下的經費正好全部投注在海軍的軍力上。有了龐大的資源作後盾，英國海軍理所當然地具有其他歐洲國家難以匹敵的堅強實力。在距離歐洲千里之遙的殖民地開戰時，靠著海運補充物資便是決定勝負的重要關鍵，英國海軍優秀戰力使它們得以堅守戰時的後勤補給，成為作戰的一大優勢。

海上帝國英國與陸上霸主法國在佔領北美和印度時，由於雙方領土有所重疊，而引發了橫跨十七、十八世紀的殖民地長期爭奪戰，亦即所謂的「第二次百年戰爭」。與歐洲七年戰爭息息相關的英法北美戰爭（一七五五－一七六三）中，最後英國取得利。於是在一七六三年簽訂的巴黎條約中，英國要求法國割讓加拿大與密西西比河以東的路易斯安那，西班牙也交出領地佛羅里達，從此英國站穩北美霸主的地位，擁有的海外殖民地足與西班牙匹敵。

不僅北美洲，英國在印度也握有主導權，此外在西印度群島與西非也建立了通商據點。當英國繼荷蘭之後成為新一代海上霸主，下一個目標就是打造版圖橫跨大西洋的超級帝國。這時英國本土及隸屬英國的北美殖民地，組成了第一大英帝國（從一七六三年巴黎條約簽訂到一七八三年美國獨立戰爭期間）。

然而，打造橫跨大西洋的帝國計畫最後徹底失敗。課徵與英國本土相同稅賦的政策，引發殖民地人民的強烈抗議。雙方長期衝突，美國獨立戰爭（本書後述）接著爆發，於是英國二十年稱霸北美的美夢隨之幻滅，此後痛失的領地面積僅次於西班牙的北美殖民地。獨立戰爭結束後，英國手中的北美殖民地只剩下效忠英王、殖民者移居的加拿大。

第七章
與大西洋空間相繫的工業革命與人民革命

甘蔗種植園與資本主義經濟

誕生於大西洋的資本主義

以陸地為中心而發展的歐亞大陸「小世界」，其社會的基礎奠立於對農地和農民的掌控，藉著農地的擴張而得到龐大的空間掌控權，並成為財富的來源。在歐亞大陸的商業活動中，游牧和農耕民族之間雖有日常交易，但奢侈品在交易中所佔的比例較高，以掌控農地為主的經濟體制未因此而崩解。

相對於此，大西洋空間中隔著大海，追求以物品的買賣來獲取財富，也就是重商主義。最後，由較晚才開始向外發展且在美洲大陸幾乎沒有領地的荷、英兩國，在大西洋空間中發展出資本主義。

經濟史學家華勒斯坦指出，現代世界體系建立於大西洋空間，其原因為：（一）不受單一政治結構的約束，許多政治體得以並存；（二）包含許多文化和人類群體；（三）具有效性分工特點的經濟，生活用品的交換深化了廣域的分工關係。其與具政治優勢的歐亞大陸有著極大的不同，而且有利於寒冷的歐洲和亞熱帶、熱帶美洲及西非之間的互補關係。

資本選擇了日用品中的蔗糖

十七世紀以後，加勒比海地區擴大的種植園帶動了資本主義（可說是從農業開始發展）的成長。順帶說明，種植園是指在熱帶和亞熱帶的廣大土地上投入大量的資金，其經營方式為利用黑奴、原住民等廉價勞力，來大量栽種特定的農作物。

由於歐洲對蔗糖的需求量持續增長，而且甘蔗的種植園利潤很高，因此種植園的經營者購買奴隸、農具、穀物、製糖等設備，以增加蔗糖的產量。

加勒比海地區因西班牙人帶入天花、流感等傳染病，導致當地原住民幾乎滅絕，在此特殊情況下，不得不依靠從非洲運來的黑奴做為勞動力，以致勞動力被商品化。

一六二五年，英國進入巴貝多島（面積約為淡路島的七成大小），此島位於當時還是無人島的小安地列斯群島中。在此英國向荷蘭學習種植甘蔗的技術，利用黑奴做為勞力，開始經營甘蔗園。

一六五五年，清教徒革命的領導者克倫威爾派遣軍隊佔領牙買加島（面積約為巴貝多島的二十六倍大），使得甘蔗種植園的面積在短時間內迅速擴大。到了十八世紀後半，牙買加島成為世界上最大的蔗糖產地。

十七世紀末期，法國取得了聖多明克（現今的海地，約為西屬伊斯帕尼奧拉島的三分之一），也開始甘蔗的栽種。隨著甘蔗種植園的普及，資本主義持續茁壯，現今蔗糖的年生產量已高達一．八億噸。

連結蔗糖和奴隸的新空間

在十八世紀大西洋三角貿易裡，主要商品是「白色貨物」（蔗糖）和「黑色貨物」（黑奴）。歐洲的商船大約花費兩個月，以畫圓般的路線繞行大西洋一周。從歐洲出發，乘著加那利洋流航行到西非購買黑奴，然後到西印度群島，以黑奴換取蔗糖和棉花等商品。回程時，順著墨西哥灣流和西風航行返回歐洲，販售所購得的蔗糖和棉花。據說，如此航行大西洋一周，其利潤是成本的兩倍，在某些情況下甚至還可高達七、八倍。

加勒比海地區因天花疫情，原住民的人口急遽減少，導致勞動力極度短缺，若要增加蔗糖的產量，就得依賴購來的黑奴。因此，蔗糖的生產是在黑奴的貿易下建立的，迴異於歐亞大陸自給自足的農業。在甘蔗種植園中，黑奴、糧食、農場設備、農具、精製蔗糖的工廠、風車等，都是以「商品」的型態購入，蔗糖也是以「商品」的型態出售，而這些全都靠貨幣運作。

這種以獲得最大利潤為目標，利用貨幣所購買的商品來組織建構的生產過程，即是資本主義，因此資本也成為第四空間革命的推動力。

咖啡、紅茶出現在餐桌上的發展背景

蔗糖的消費量穩定增長，成為廣受歐洲人民喜愛的大眾調味料。以英國為例，一六〇〇年時蔗糖的人均消費量僅四百到五百公克，但到了十七世紀增加為二公斤，十八世紀更增長為七公斤，可見蔗糖作為調味料已滲入日常生活之中。然而，若沒有開發新的消費型態，藉以刺激消費欲望，那麼作為商品的蔗糖也就難以發展。因此，業者以搭配蔗糖飲用的方式，將伊斯蘭世界的咖啡、中國的紅茶、新大陸的可可亞（巧克力）等物品引進到歐洲的餐桌。咖啡、紅茶、巧克力於是成為搭配蔗糖使用的商品，開始逐漸地普及。

十七世紀以後，以蔗糖為中心的經濟作物接連開發，與蔗糖共存的嗜好食品文化隨之發展，導致種植園更進一步的擴展。

在十七世紀時，「香氣十足」的飲料——咖啡（原產於衣索比亞）在歐洲大為流行。荷蘭與英國商人在摩卡（阿拉伯半島南部）購買烘焙好的咖啡豆，然後運往歐洲。一六五〇年，猶太人在英國牛津開設第一家咖啡館，此後咖啡館成為一般民眾社交和談論政治的場所，其數量更迅速地擴展。據說在十八世紀初，倫敦的咖啡館已高達三千家左右。

隨著對咖啡需求的增加，善於追求利潤的荷蘭商人開始收購可以發芽的咖啡豆，在爪哇島和斯里蘭卡栽種。從產地直送廉價咖啡豆，重擊了英國商人，英國東印度公司迫不得已只好放棄咖啡，轉做紅茶生意，他們從大清帝國購買大量的茶葉（紅茶），創造了紅茶文化圈。

十七世紀末期，紅茶每年的進口量平均為二萬磅，到了一七二〇年代增加二十倍，達到四十萬磅；五〇年代更增加約一百二十倍，高達二百五十萬磅。在英國，即使是一般民眾，都會在來自東亞的紅茶裡加入從加勒比海地區進口的蔗糖來飲用。

阿茲特克帝國出產的可可，長期以來被西班牙貴族視為藥用飲品。但在十九世紀前半，阿姆斯特丹的商人卡帕盧斯．範．豪登（Casparus van Houten, 1770-1858）發明去除可可豆（cacao）多餘油脂的技術，使口感更加順口且適合飲用，並以可可亞（cocoa）的形式成為普及的飲品。十九世紀中期，英國開始將蔗糖溶入可可亞中，製造出固態的巧克力；順帶一提，可可樹是在十九世紀由英國人移植到非洲。

蔗糖和咖啡、紅茶、可可亞一同發展成新的嗜好食品文化，在歐洲的餐桌上並排陳列，可被視為是連結歐、美、亞洲資本主義的象徵，如今都已成為全球化的商品。現今蔗糖的生產量十分龐大，並被廣泛使用在清涼飲料、零食點心、加工食品中，而資本主義也藉由蔗糖的普及，從大西洋空間遍傳到全世界。

支撐蔗糖產量擴大的奴隸貿易

甘蔗可以在亞熱帶全年栽種，大約一年半熟成。農民（種植者）只要有計劃地分配種植時間，便可以全年連續收成。甘蔗非常適合做為經濟作物，但卻存在著一個問題，就是收割的七十二小時後糖度會減半。因此必須在農場旁設置製糖設備來榨汁、濃縮、淨化結晶及裝桶，而且甘蔗的收割和製糖都需要大量的勞力。

根據一七七四年牙買加島的人口普查，該島每座甘蔗種植園平均擁有一百五十一名黑奴和九十五頭家畜，可說是「有蔗糖的地方就有黑奴」。在種植園中，一百名左右的勞動力每年可生產約八十噸的蔗糖。

一六四五年，巴貝多島上某位英國人在信中寫道，讓黑奴工作一年半所賺取的利潤，可以打平購買黑奴所花費的成本。

對於奴隸商而言，成功航海一次就可以得到十倍的利潤。在十八世紀，主導奴隸貿易的是利物浦、布里斯托等地的奴隸販子。英國的奴隸販子想出將黑奴集體大量運輸的方式，大幅降低了運送成本，使他們比其他國家的奴隸販子更具競爭力。英國商人僅用二到三英鎊來購買黑奴，然後以二十五到三十英鎊的價格售出，以賺取巨額利潤。但如此粗暴的運送方式導致三分之一的黑奴在運送途中死亡。

從十五世紀末到十九世紀後半，在這四百年間有超過一千萬名黑奴從非洲被運到美洲大陸。以運送的地區來看，巴西等南美洲地區約佔五成、加勒比海約佔四成、北美約佔一成。英國奴隸商藉由黑奴貿易賺取巨額利潤，所獲取的財富成為英國經濟飛躍發展的動力。但在十八世紀末，對於黑奴貿易的批評越來越強烈。一八〇七年通過了廢除《奴隸貿易法案》（Slave Trade Act），禁止英國國內的奴隸貿易，買賣奴隸將被處以一百英鎊的罰金，到了一八二七年更加重刑罰，從事奴隸交易者將處以死刑。一八三三年通過了《廢奴法案》（the Slavery Abolition Act），明令禁止英國殖民地使用奴隸。

在工業革命期間，違反人道的奴隸制度被廢止了，接著法國在一八四八年也廢除了奴隸制度。

工業革命和第五次空間革命

在大西洋市場引爆銷售熱潮的棉布

十八世紀中期，蔗糖生產和奴隸貿易一舉擴大，相對於此，歐洲羊毛織品的出口卻停滯不前（如下圖所示），貿易平衡因而瓦解了。英國東印度公司為了彌補出口貨物短缺的問題，將在印度製造生產、有極佳吸濕效果的棉布（calico）引進大西洋市場。

如同英國東印度公司的預期，棉布大受消費者歡迎，成為大西洋貿易中的明星商品。

但只是轉賣棉布，並不能帶來太多利潤，因此商人在西印度群島擴展棉

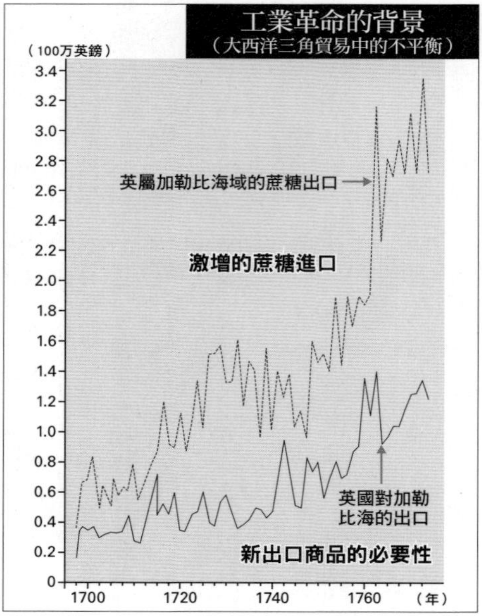

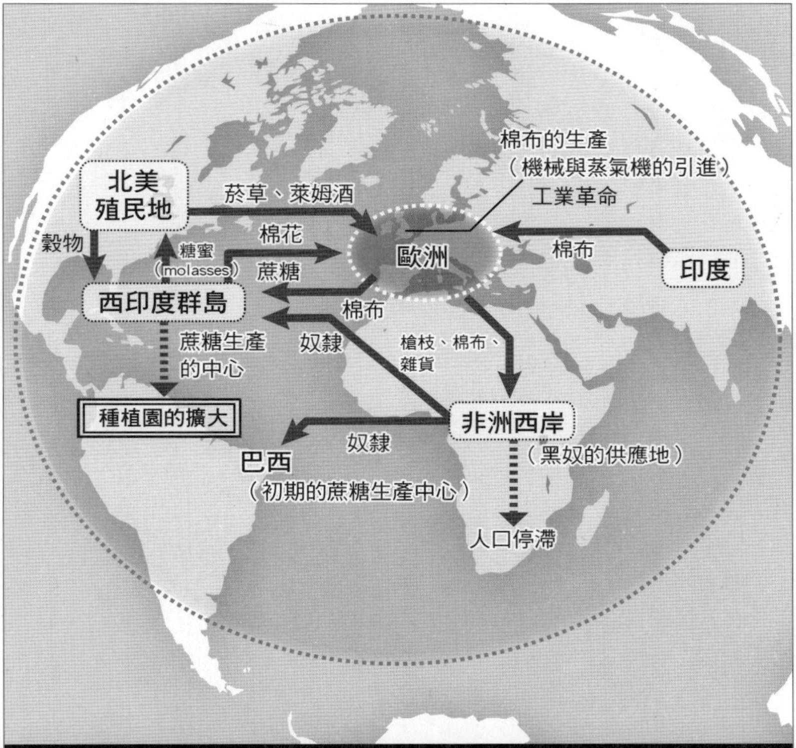

大西洋三角貿易和產業革命

花園，並使用傳統的英國羊毛紡織技術來生產棉布。一七五〇年到一七七〇年，從西印度群島出口到英國的棉花數量急速增長了約十倍。

商人將加勒比海地區所生產的棉花運回英國本土，再使用既有的毛紡織技術加工。如同甘蔗種植園附設製糖廠，棉花工廠被設置在奴隸貿易港——利物浦的腹地。英國的棉花產業仰賴黑奴所生產的棉花為原料，然後藉由大西洋三角貿易進行販賣，由此看來，棉花產業沿襲了蔗糖生產和流通的機制。

在當時的英國農村，大規模地生產廉價的羊毛織品。而在農村的羊毛織品產業中，農業和手工業之間並沒有區隔，都市的商人將工具和材料預先交給手工業的農民，並委託他們生產，此即為批發制。

一七五〇年代約有八十萬的農民，在從事農作之餘，也兼做羊毛紡織的生產工作，大西洋三角貿易便是以這種方式連結起英國農村的傳統生產，以及加勒比海地區的棉花種植園，為工業革命預備了必要的條件。

從紡紗工程開始的工業革命

在早期的棉花產業中，一名織布工人為了紡織所使用的棉線，通常需要由四到六名紡紗工人以手工的方式製作。

雖然種植棉花的種植園與應用羊毛織品技術的織布工程，都因為應用了既存的技術而步入軌道，但紡紗的效率不佳，成為棉花產業發展的瓶頸。因此從紡紗階段開始引進機械。一七六〇年代，約翰・凱（John Kay, 1704-1764）在一七三三年發明的毛織品紡織工具——滑輪梭子（飛梭，Flying shuttle）被應用在棉花產業，讓織布效率倍增，卻也讓棉線不足（棉線饑荒）的問題更加嚴重。

為了解決這樣的窘境，業者提供高額的獎金，吸引、招募新的工具和技術。因此許多的業餘發明家紛紛致力於設計、改良新的工具和機器。

例如織布工匠詹姆斯・哈格里夫斯（James Hargreaves, ?-1778）、假髮製造業者阿克萊特（Richard Arkwright, 1732-1792）、織布工匠克朗普頓（Samuel Crompton, 1753-1827）等人的努力，改良工具、發明新的機器。

剛開始只是改良工具，但隨著使用動力運作的機器出現，生產場所由小的作業場地轉移到大型工廠。企業家為了增加利潤而簡化、效率化生產過程的程序，並使用廉價勞動力（最初是婦女和兒童）進行大量生產。

到了一七六九年，發明水車運轉紡紗機械的織布工匠阿克萊特，成為企業家並獲得很大的成功。從小在貧困環境中長大的阿克萊特，五十歲之後才開始學習文字拼寫，非常勤奮努力。他利用水車做為動力，發明了可以使數千個紡錘同時運作的水力紡紗機（水車紡紗機），藉此發明取得專利權，然而建造大型工廠來累積財富。一七八三年阿克萊特的專利權（為期十四年）到期後，許多企業家也開始經營設有水力紡紗機的紡紗工廠。

以水車為動力的水力紡紗機，必須建在有湍流的山麓地區；為了節省運費，最好能在靠近航運出口港之處設置工廠生產棉布，因此人們必須尋求能在平地讓水力紡紗機運轉的新動力能源。

瓦特的蒸汽機和化石燃料的循環

在蘇格蘭格拉斯哥大學實驗室裡，負責維修儀器的工匠瓦特（James Watt, 1736-1819）回應了這個時代的需求。

儘管瓦特身懷絕技，但因為缺乏有力的背景，而無法加入機械工匠公會，只好在大學裡擔任實驗室器材的維修工匠。瓦特認為或許可以將蒸汽引擎（steamer，氣壓引擎，原用於煤礦排水）當成水力紡紗機的動力，於是著手進行改良。這裡提到的蒸汽引擎，是由發明家湯瑪斯・紐科門（Thomas Newcomen, 1664-1729）發明，一七八〇年左右約有一千台機器被運用。但是蒸汽引擎運作速度緩慢，而且為了抽出坑道中的地下水，必須不分晝夜的運轉，也因此需要消耗的煤炭量相當多，約為出產煤炭量的四成，整體效率非常的低。

瓦特在汽缸上安裝了冷卻器，大幅提高效率，成功地縮小蒸汽引擎的尺寸。再加上利用行星齒輪裝置，將活塞的往復改為曲軸的旋轉運動，一七八一年成功開發出迴轉式蒸汽引擎，於是做為水力紡紗機動力來源的小型蒸汽機就此誕生。小型蒸汽機具備多種用途，也可和各種機械組合搭配使用。

由於棉線生產量的激增，而面臨了織布工人力不足的問題。在這樣的社會需求之下，英國教會的牧師卡特萊特（Edmund Cartwrigh, 1743-1823）於一七八五年設計出以蒸汽機為動力的電動織布機，使織布工程邁入機械化。

因生產過程的機械化，棉布價格得以降低，一八五〇年代棉布的出口額已達到當時全英國總出口額的三分之一。

棉布工業結合了機械和蒸汽引擎，是「大世界」引發第五次空間革命的原動力。十九世紀前半，蒸汽引擎也被應用於製鐵業和機械工業，機械製造的工廠在各產業領域中得以普及。英國的工業革命不是由國家介入推動，而是民間經濟活動的累積。這和歐亞大陸的帝國、主權國家有極大的不同，資本可以持續不斷地創造新的生產體系。

因蒸汽機而重組的廣大空間

因受到瓦特發明的蒸汽引擎普及化的影響，開啟了化石燃料的時代。煤炭年生產量在一七〇〇年時為三百萬噸，到了一八五〇年，年生產量高達六千萬噸，增加了二十倍之多。埋藏在地底下的煤炭成為動力能源，支撐大量使用機械生產的工業產品，並帶動工業都市成長；而經年累月轉化而來的太陽能，促成和大自然不同系統的巨大經濟循環。大量的勞動人口聚集在狹小的都市，利用蒸汽動力驅動的機械，密集且有效率地製造出大量的物品。

工業革命讓都市超越農村，成為生產的場所，接連地釋放了人們的欲望。急速成長的工業都市，以及種植園所支撐的「大世界」，刺激著資本無限的擴張。

為了尋求都市生產所需要的原料和市場，「大世界」從南北美洲迅速擴展到亞洲。因為資本不斷膨脹的空間革命，資本主義得以跨越大西洋世界，如後文所述，使用小型蒸汽引擎為動力的鐵路和蒸汽船，強力地支撐並推動著空間革命。在十九世紀末期，熱效率比煤炭多兩倍的石油普及化，更加速了空間的擴大。自十九世紀以來，人口急遽增長，而能源消費量的增加，更與人口增長有著密切的相關。

都市周圍農村地區的剩餘人口，集中到都市成為工廠的勞動人口，在英國便產生了許多吸收農村剩餘人口的都市據點。在工業革命時期的英國農村，地主（貴族）將農地租借給農業經營者，再由經營者雇用勞工來耕種，這種近代農業的經營方式趨於定型，因此被趕出農地的貧農增加了。穀物的商品化更助長這種趨勢，都市吸收沒落的農民和剩餘人口，擴大資本家和勞動者之間經濟差距，與此同時，都市也持續地發展擴張。在英國，人口急速向都市集中，一九〇〇年時有將近百分之八十的人口在都市生活。

在一八五〇年代工業革命步上軌道之後，都市人口全面增加。一八六〇年代中期，英、法、德、美四國的工業生產約佔世界工業生產總額的百分之六十五，這四個國家成為第五次空間革命的主力。英國在十九世紀憑著「世界的工廠」之姿，打著自由貿易的旗號，以壓倒性的優勢將工業產品從大西洋世界擴展到亞洲，而邁入所謂「不列顛治世」的繁榮的時代。

繞著地球移動之路

掌控陸地和海洋的新網絡

在擁有龐大物流體系的前提之下，都市得以從世界各地收集原料，並將製造生產出的工業產品銷往各地。都市的生產活動越興盛，支撐經濟的新「空間革命」之必要性也愈趨重要。

在渴望資本的第五次空間革命中，鐵路和稍晚才普及化的蒸汽船肩負著重責大任。例如，若要從倫敦到曼徹斯特，在工業革命前的一七五〇年，乘坐馬車必須花上三天的時間；到了一八二〇年，交通時間約為二十小時左右，但在有鐵路運輸的一八五〇年，所需時間縮短到六小時左右。

為了因應都市對煤炭、原料、勞動力和大量產品的需求而出現了火車（在臺車上裝置小型蒸汽引擎，用以牽引貨車），以及在船隻側面裝設蒸汽引擎來發動的蒸汽船。交通革命是第五次空間革命的核心，鐵路於一八三〇年代之後、蒸汽船的網絡於一八七〇年代之後，以全球性的規模正式上場。將煤炭作為動力能源的火車和蒸汽船，兩者所組成的網絡取代了過去以動物為動力的運輸方式，陸地和海洋因化石能源而連為一體，以往倚靠航海員的技術和體力，如今都已被機械取代。

從法國小說家朱勒・凡爾納（Jules Verne, 1828-1905）在一八七三年出版的小說《環遊世界八十天》中可以得知，因為火車和蒸氣船所帶來的空間革命，改變了當時人們的意識與生活。由於一連串的交通革命，和接下來將會提及的電信網絡（由鋪設海底電纜而得），過去被認為無限寬廣的地球，瞬間變得狹小。在以前的世界史中，從未見到如此戲劇性的變化，讓長期以來持續進行的「空間革命」有了全球性的發展。也因此，傳統的歐亞大陸空間逐漸被捲入「大世界」的資本擴張之中。

在世界各地廣受歡迎的鐵路

工業城市的發展，開啟了以蒸汽引擎做為驅動力的鐵路和蒸汽船，與它們所帶來快速穩定的網絡串連起各地的時代。歐亞大陸等地長久以馬匹等畜力形成的網絡連結，快速地被歐洲人為核心的「空間革命」所取代，使世界煥然一新。

一八二五年史蒂文生（George Stephenson, 1781-1848）所製造的機車（火車頭）拖曳了三十五輛客車、貨車車廂，以時速十八公里行駛於史托頓和達靈頓之間，從內陸的杜倫煤田將煤炭運往海邊。

一八三〇年，利物浦和曼徹斯特之間五十一公里的距離由以時速四十公里的鐵路相連，是世界上第一條運載人和貨物的鐵路。從利物浦到曼徹斯特的鐵路大受好評，三年間平均每日載客量達到一千一百人次。貨運運輸也相當順利，鐵路公司不僅清償了向國庫借來的貸款，還給股東們發放了百分之九・五的高額股息。據說當時某位女星在乘坐這段鐵路後，其感想是「速度快到像是飛起來」，對此時的人來說，時速四十公里是難以想像的高速。

在經營成功的刺激下，興建鐵路蔚為熱潮。英國充斥著鐵路狂熱的氣氛，各地爭相鋪設，一八五〇年代初期的鐵路網已經覆蓋了整個英國，形成以倫敦為中心、向外呈放射狀的鐵路網。鐵路路線總距離從一八四五年的三千二百七十七公里，增加為一八五五年的一萬三千四百一十一公里，足足成長了四倍之多。

建造鐵路的浪潮從英國蔓延到歐洲大陸，對各國國內市場的統一、民族國家的形成都發揮了重要的作用。例如，德國在一八三五年開通從紐倫堡到菲爾特之間第一條鐵路（總長共為七公里）。接著從柏林到波茨坦、萊比錫到德勒斯登、慕尼黑到奧格斯堡，急速推展鐵道的建設。到了一八五〇年，德國擁有的鐵路網僅次於英國。由於快速發展的德國鐵路必須控制成本，因此將建造成本減縮為英國鐵路建設費用的百分之三十五。

此時，殖民地也積極建造輕便鐵路，用來將產品自內陸運往港口，有助於各種物產從港口城市運往歐洲，以及將歐洲的工業產品運往內陸。透過鐵路的建設，更加強了殖民母國對殖民地資源的掠奪。以德國為例，早在一八四〇年就成立了鋪設鐵路的公司，一八五三年決定鐵道建設概要，而在一八六〇年代興起建造鐵路的熱潮。一九〇二年，英國在印度建造的鐵路總長四萬二千公里，遠遠超越英國國內的鐵路規模（總長三萬七千公里）。然而，印度的鐵路是以運輸資源為目的，是為了滿足英國的需求所建造的，缺乏平衡而非一般的鐵路。接下來將闡述透過蒸汽船所形成的海上網絡。

鐵路的輸出和不列顛治世

在十九世紀後半，鐵路有了全球性的擴展，對歐洲統治亞、非和美洲有所貢獻。以一八六〇年和一九〇〇年世界各大洲鐵路鋪設的總長來比較，歐洲增加了五倍、北美洲增加六．五倍、拉丁美洲六十六．三倍、亞洲四十一．四倍、非洲三十六倍。由此可以明顯的看出，十九世紀後半在邊緣地區的鐵路建設急速拓展，說明了在擴張以歐洲為中心的「大世界」空間革命中，鐵路扮演著推動者的角色。

與二十世紀的汽車道路建設相同，鐵路也是以全球性的規模提供整備的基礎建設，是影響範圍相當廣大的產業。隨著鐵路建設的發展，以出口鐵軌建築材料、機車（火車頭）、列車車廂、車站、隧道、鐵橋等形式，從英國大量出口鐵礦和機械。自此，英國從棉花工業國轉變為「世界的工廠」，締造出「不列顛治世」的時代。

一八五〇年代，英國國內所生產的鐵礦有近百分之四十出口到海外。在全球性規模的鐵路建造過程中，無論在技術或材料上，英國工業都處於領導地位，享有許多先得利益。英國成為世界史上第一個海洋國家，除了經濟快速地成長，還透過鐵路擴大殖民地和勢力範圍。到了十九世紀末，只佔全球人口百分之二的英國，已經掌控世界五分之一以上的土地與四分之一的人口。

環繞大西洋的民族國家

從主權國家轉變為民族國家

從十八世紀後半到十九世紀，因應資本主義和「大世界」的新型政治體系，在大西洋周圍逐漸成形。環繞大西洋的南、北美洲和歐洲的政治變化（稱為環大西洋革命），所發展出來的不是以君王為統治者，而是以代表國民的議會為中心的民族國家（nation state，近代國家）。

過去歐亞大陸的「小世界」中，皇帝、國王被認為是不可或缺的存在，他們挾著宗教威權，也理所當然地擁有統治權。簡而言之，nation（以各種形式相連的人們）與 state（因統治而存在的權力機構）分離，state 是由被神揀選的君王所專有的。隨著資本主義的發展，nation 的力量更趨強大，並透過由人民為代表而組成的議會來掌握操縱 state，這樣的政治變革就是人民革命。此變動從英國的十三個殖民地開始，在大西洋周圍蔓延。

十八世紀後半到十九世紀的大西洋空間中，基於人民主權的理念，依照議會制定的法律來治理的民族國家，取代了以往的王國。長期以來在王國制度中「公」（state）與「私」（君王的私生活）不分的統治制度，不再被人民接受；透過民主主義來詮釋權力的新政治制度，開始從大西洋傳播到歐洲。

在排除權力任意干預資本活動的同時，民族國家也抑制了資本的失控，適時發揮調節、均衡資本與國民利益的功能。

在歐洲，教皇和皇帝想要建立帝國卻未果，反而因宗教改革削弱了二者的勢力。一六四八年的威斯特伐利亞條約之後，以「君權神授」為基礎的主權國家逐漸普及。

國王作為神的代理人，被委以某地區的統治權，並藉由加冕時接受大主教塗油的儀式而被神聖化，人民甚至深信國王擁有治癒疾病的力量。事實上，在歷史中也有法王路易十四於教會的節日醫治病人的相關記錄。十八世紀後半，美洲建立第一個以國民議會為政治中心的國家，並於法國革命後在歐洲遍地開花。

政治改革（人民革命）與工業革命幾乎同時發生，透過與各地相結合而產生變化，但無論如何，都有助於資本的活動，使「大世界」繼續擴大。

對紅茶轉而反感的美國人

最初催生民族國家的是美國獨立戰爭，而戰爭的起因為「波士頓傾茶事件」。英國在英法北美戰爭中獲得勝利後，確立了在北美的霸權，並於殖民地開始真正的英國化。和法國的戰爭使英國背負了一億三千萬的國債，英國為了償還龐大的債款，便比照英國本土稅法，對殖民地徵收印花稅等一連串的消費稅。對此，殖民地提出異議，認為殖民地並沒有派代表參與英國國會，所以「無代表，不納稅」（No Taxation, No Representation），反對英國的徵稅要求。

一七七三年，英國政府頒布茶葉法案，允許東印度公司壟斷茶葉貿易，並獨佔北美紅茶銷售權，此舉嚴重損害殖民地茶葉的分銷商和茶葉走私者的利益，因此引發既得利益的商人與激進派的反對運動。

同年十二月，當東印度公司裝滿茶葉的貨船抵達波士頓港，約有五十名喬裝成印地安人的激進人士，一邊喊著「讓波士頓港變成茶壺」、一邊將船上三百四十二箱紅茶丟進海裡，導致東印度公司損失高達一百萬美元。當事件發生時，聚集的民眾只是遠遠觀望，毫無作為。波士頓傾茶事件是美國革命的遠因，也是民族國家在大西洋世界普及化的肇始。

事件發生後，英國為了維持社會秩序，派遣本土軍隊鎮守當地，這反而使得局勢更加緊張。一七七五年，在波士頓郊區的萊辛頓和康科德發生了殖民地民兵與英國本土軍隊間的武裝衝突，成為殖民地民兵和英國本土軍隊戰爭的開端。

在那個時代，出生於英國的記者湯瑪斯・潘恩（Thomas Paine, 1737-1809）所著的《常識》（*Common Sense*）一書提出獨立的必要性，成為銷售量高達十二萬本的暢銷書籍，甚至在一七七六年被美國獨立宣言所採用。美國獨立宣言是以英國政治思想家約翰・洛克（John Locke, 1632-1704）的社會契約說做為依據。社會契約說認為，擁有基本人權的個人優先於公權力，國家的合法與正當性必須奠立於人民同意的基礎上。也就是，當政府行使不當權力時，人民就能行使抵抗和革命的權力，這說明了殖民地要求獨立的正當性。基於新的政治思想，殖民母國與殖民地的經濟衝突轉變為獨立戰爭。

美國獨立戰爭以英王的專橫暴政下，保護殖民地人民的人權為革命號召，不僅是使紅茶轉換成美國咖啡，更促成了由國王和貴族掌權的歐洲不曾存在的、以人權和主權在民的思想為依據的新國家。然而，黑人奴隸和原住民卻被排除在外，無法享有主權。因此，美國的民主主義是限定白人獨享的權利。

為了藉機削弱英國國力，法國、西班牙、荷蘭也參與了這場戰爭。另一方面，歐洲各國組成武裝中立同盟，支援協助殖民地軍隊，對抗英國的海上封鎖。一七八一年，殖民地軍隊在約克鎮戰役中擊敗英軍，並在一七八三年的巴黎條款中確立獲得獨立，脫離英王管轄的美國因此成為世界上第一個民族國家。一七八七年頒布美利堅合眾國憲法，一七八九年華盛頓出任美國第一任總統（任期一七八九－一七九七），美利堅合眾國於是正式成立。

接在獨立戰爭之後的法國大革命

在美國獨立戰爭時期，由於英國重商主義政策的限制，不允許殖民地建設工廠。由於殖民地無法製造武器、彈藥，殖民地軍隊因此陷於苦戰之中。所幸得到法國波旁王朝（一五八九－一七九二）提供武器並派兵支援，北美洲殖民地終於在艱難的情況下，獲得最後的勝利。從獨立戰爭後美國販賣的波旁威士忌，就可得知美國人對於波旁王朝的喜愛。然而，其實波旁王朝是為了恢復北美洲的殖民地，才願意幫助十三個殖民地脫離英國統治。諷刺的是，美國人民的勝利，竟在短短不到十年之內渡過大西洋，延燒到「小世界」的法國。而在西洋史中，從法國大革命才開始述及人民革命，是基於它並不是從大西洋空間開始的世界史。

法國因為支援美洲殖民地的獨立戰爭，使得國家的債務大幅增加，後又面臨農作連續歉收，政府不得已只好向掌控著全國四成土地但卻又享有免稅特權的貴族們徵稅。但受到貴族們的抵制，要求召開自一六一四年以來已中斷了一百多年的身分制議會——三級會議。

由於對舊制度（Ancien régime）的不滿已累積到極點，一百七十五年後再度在凡爾賽宮召開的三級會議中，與特權階級對立的第三級平民與會人士，要求組織國民會議制定憲法。

當國王路易十六（一七七四—一七九二年在位）顯露要以武力鎮壓國民議會之意後，巴黎市民於是在一七八九年七月一日襲擊攻佔巴士底監獄，控制了巴黎，法國大革命就此爆發。同年八月，曾以義勇軍身分參與美國獨立戰爭、主張自由主義的貴族拉法耶特侯爵（Gilbertdn Motier Marquis de La Fayette）在國民議會中採納了根據美國獨立宣言而起草的法國人權宣言。

但是，路易十六不願承認人權宣言，反而向奧地利請求援助，與國民議會對峙。在迂迴曲折的過程之後，路易十六在一七九三年被送上斷頭台公開處決，自此法國成為歐洲第一個民族國家。

法國大革命使傳統的地域社會、社會團體納入新的國家組織，以各種形式來捍衛被賦予的權利。然而，在經濟上為了設法追趕領先在前的英國，國家的改革和民族的整合成為必要。

對抗英國的拿破崙

一七九五年，法國督政府（le Directoire）成立，法國大革命至此告一段落。但由於法國對內有左右兩派勢力的對立，對外則面臨為了抵制革命，而由歐洲各國組成的第一次反法同盟，在如此壓迫下使得法國國內的政情相當不穩定。

此時軍官拿破崙（Napoléon Bonaparte, 1769-1821）曾兩度帶領軍隊瓦解反法同盟的威脅，因此獲得法國人民的擁護支持，在一八〇二年成為終身執政；一八〇四年頒布拿破崙法典（法國民法典）以確立新的秩序，並於同年進行全民公決，接受擁戴加冕成為皇帝。拿破崙背後有軍事力量做為後盾，因此不僅是法國，就連歐洲也被迫遵守這樣的新秩序。

出身於科西嘉島的拿破崙，個性內向又不善交際，從軍官學校畢業時，成績在五十八人中僅排名第四十二位，表現平凡並不突出。但在督政府成立前夕，巴黎發生保皇黨武裝叛亂，當時拿破崙擔任議員巴拉斯（一七五五－一八二九）副官，他領兵成功地平定叛亂，而在軍隊和政界中嶄露頭角。拿破崙率領徵兵而來的軍隊四處征戰，一八〇五年在奧斯特里茲戰役（三皇會戰）中擊敗俄羅斯和奧地利聯軍；一八〇六年瓦解神聖羅馬帝國，並讓與法國交好的西南德國各邦成立萊茵邦聯（一八〇六－一八一三）。他更進一步入侵普魯士，為了打擊英國實施大陸封鎖令（一八〇六－一八一三），而禁止各國與英國進行貿易。英國和法國在大西洋世界中的衝突與對立，以戰爭的形態帶進歐洲大陸。暫時獲得勝利的拿破崙，而禁止英國商品進入歐洲大陸，並奪取七個王國、三十個公國的統治權，分封獎賞給自己的親族。法國的國家利益和拿破崙家族的利益，都以革命的名義來進行美化。

然而，因為不斷遭遇西班牙軍隊的頑強抵抗，以及另外動用六十萬大軍遠征俄羅斯也鎩羽而歸，使得拿破崙大軍兵力大損；之後在一八一三年被普魯士、奧地利、俄羅斯聯軍擊敗，隔年拿破崙被流放到地中海的厄爾巴島。

拿破崙的下台，意味著英國和法國長期以來的戰爭，最後以英國勝利告終。英國是海洋國家，憑藉著在工業、經濟、政治上的優勢，支持全球性規模的資本活動，並大力推動自由貿易。

「小歐洲」的反擊與失敗

拿破崙下台後，一八一四年為了劃分拿破崙帝國的領土，在奧地利外交大臣梅特涅（一七七三—一八五九）的主導下召開維也納會議（一八一四—一八一五），共有九十個王國和五十三個公國參與會議。這可說是歐洲的「小世界」對大西洋世界新體系的反擊，歐洲原本是歐亞大陸「小世界」的一部分，並非「大世界」。

在皇室與貴族雲集的會議期間，為慶祝拿破崙敗北的饗宴持續不斷，如同「會議正在跳舞，但是停滯不前」這句名言所形容的，會議遲遲無法協調大國間的利弊。見此情形，拿破崙設法逃離厄爾巴島、前往巴黎，試圖東山再起，但最終再度以失敗告終（百日王朝）。

拿破崙復出的消息讓歐洲各國王公貴族心生恐懼，於是商議領土問題，組成軍事同盟性質的四國同盟（法國加入後，變成五國同盟）；還有除了英國、鄂圖曼帝國、羅馬教皇以外的所有君主都參加、以宗教維繫的神聖同盟，藉此恢復到以往傳統的歐洲，即維也納體制。

人類的意識是保守的，因此新制度要穩固下來並不容易。近現代的世界史因為「海洋世界」和「陸地世界」互相競逐而劇烈動盪。維也納體制的成立、動搖和瓦解可視為其開端。

一八二〇年代，英國因為拉丁美洲宣布獨立而退出五國同盟，維也納體制的穩固性因此受到影響而動搖。之後，一八三〇年推翻了復辟的波旁王朝（一八一四—一八三〇）的法國七月革命，以及實現了共和政治並影響遍及全歐洲的一八四八年法國二月革命，瓦解了維也納體制。此後以加速自由主義與民族主義發展之勢，歐洲朝民族國家（近代國家）分立體制之路前進。

受到美國獨立戰爭的影響，從一八一〇年代到一八二〇年代，西班牙在美洲的屬地，在克里奧爾人（於殖民地出生的西班牙人）的領導下展開一連串的獨立運動（克里奧爾革命），建立了十八個新國家。擺脫西班牙和葡萄牙的殖民統治，獨立出來的拉丁美洲各新興國家都採行民族國家體制，使其在大西洋周圍廣為發展。當歐亞大陸仍以部落民族或各種共同體為社會基礎的帝國、王國統治管轄時，大西洋世界已依照議會制定的法律，將各個人民整合成為「國民」。

自由主義和民族主義孕育出的政治空間

民主主義是以神與個人彼此在直接連結的前提下，互相承認每個個體的人權思想與制度。在仍殘留「帝國」色彩、仍無法擺脫部族和王朝框架的社會裡，民主主義只是徒有名義，沒有實質的意義。民族國家雖以自由主義為名而被神聖化，實際上仍以各種形式維持保守意識，大多數國家雖採自由主義，卻是以民族主義來集結人民。就如同 nation 被翻譯成「國家」和「民族」一般，兩者之間的關係十分曖昧，民族不會和傳統政治體制衝突對立。

在歐洲，十九世紀後半是加速建立民族國家的時代（民族主義的時代）。但相較於公民的基本人權，各個民族國家都將重心放在強調民族的國家主義之上。這些國家所依據的是生物學家達爾文（一八〇九—一八八二）的演化論。演化論以適者生存、弱肉強食為理論核心，認為不能適應環境的「物種」將會被淘汰。若將理論中提到的「物種」以「國家」和「民族」來取代的話，就成為社會演化論，也適用於人類社會。因此，優勝劣敗成為各國提倡富國強兵的理論根據。

建立民族國家的前提，是必須將原本分散的各個民族整合為一個整體。無論是一八六一年薩丁尼亞王國的首相加富爾（Carour, 1810-1861）為首主導的義大利統一，或是普魯士宰相俾斯麥（Otto von Bismarck, 1815-1898）主張鐵血政策而贏得普奧、普法戰爭的勝利，建立德意志帝國（一八七一－一九一八），這些都是以民族融合為目的，並不是為了建立一個代為執行人民權力的政府。要使各民族團結集結成一個政府，富國強兵是必要的前提。

日本面對著向軍東亞擴張勢力的歐美諸國，很早就意識到民族國家對於傳統政治制度的優勢。因此，日本以一八六八年的明治維新為契機，將國家政治體制轉型為以天皇中心的集權國家，力行「文明開化」。

十九世紀到二十世紀，分別以海洋國家英國、陸地帝國俄羅斯為代表，兩極化的歐洲各國為了以武力擴張殖民地而展開交鋒。歐洲各國自認為「文明」和「進步」，而非基督教世界的「未開化、野蠻」和「停滯」，於是將侵略和殖民定義為帶來「文明」，將自己的行為正當化。在第五次空間革命的背景之下，歐洲各國竭盡全力推展全球歐洲化。五大洲被歐洲人劃出的國境線和殖民地分界線所切割，「世界空間」被強大的民族國家分割，彷彿是強權帝國林立的歐亞大陸「小世界」。歐美列強憑藉著軍事力量將世界分為殖民地和勢力範圍，這就是帝國主義的時代。

第八章
歐洲的擴張

英國與新國際金融體系

成為唯一海洋國家的英國

進入地理大發現後的幾個世紀，是海洋空間促使歐洲變化的時代。在這個時代荷蘭和英國征服海洋，致力於確立空間秩序。在陸地空間中，帝國、主權國家將土地劃為領土，但在海洋空間裡，基於國際法的公海原則，做為經濟活動命脈的海洋要開放給所有的國家，盡可能避免由特定國家壟斷為領土。在這樣的情況下，島國英國的社會系統很快就與海洋形成連動。英國成為大西洋三角貿易的操控者，轉變成為經濟國家繼續發展。在大陸各國為了爭奪領土而彼此衝突紛爭不斷的同時，英國專心致力於取得海上掌控權，巧妙地發展外交，軍事

獨占了世界海洋空間的英國

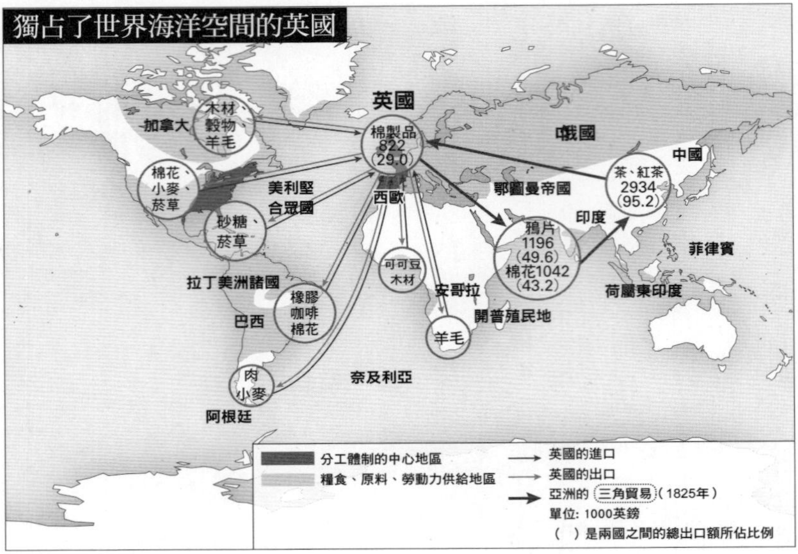

方面也特別強化海軍。英國迎頭追趕，超越了荷蘭，在與法國的殖民地戰爭中也贏得勝利，憑藉著工業革命的發展，成為海洋空間的霸主。

有鑒於此，卡爾．史密特認為英國「對世界大洋完成英國式的佔領，將全球空間革命的第一階段收為己有」，變身為海洋國家的英國，成為地理大發現空間革命的唯一繼承者，引領和主導著「大世界」。

英國建立了白銀轉換黃金的自由貿易，確立經濟霸權的英國，必須轉型發展出一套新的金融體制；然而由於當時世界上絕大多數的白銀早已流入中國，因此英國必須將白銀換成黃金，創造出一種可以在全球流通的新貨幣。英國藉由鑄造標準金幣，開始施行金本位制（gold standard）。為了將「小世界」併入「大世界」，將白銀轉換成英國可掌控的「黃金」是必要的手段。

施行金本位制需要大量的黃金，而在進入地理大發現後，新開拓的巴西、加州、加拿大、澳洲、南非等地接連不斷的淘金熱潮，成為英國這項新貨幣制度的有力後盾。

英國幸運地得到大量黃金，將歐亞大陸的「白銀時代」轉換為「大世界」的「黃金時代」，進而掌控了世界經濟的主導權。順道一提，英鎊是英國的法定貨幣單位，其正式名稱是Pound Sterling；「鎊」（pound）的字源來自於古羅馬金衡制的重量單位，「斯特林」（sterling）的意思是指「純銀」。而「斯特林」（sterling）的由來，則是因為中世紀的英國仿照古羅馬時代，將一磅的白銀鑄造成兩百四十枚銀幣，因此英鎊這個名稱隱藏著銀本位時代的痕跡。

繼一八一六年的貨幣法確立金本位制度後，英國在一八二一年發行可以直接兌換黃金的紙幣，正式啟用金本位制。相較於此，德國於一八七一年、美國於一八七三年、日本於一八九七年才施行金本位制度，各國延宕多年才陸續追上英國的腳步。到了一九〇〇年，幾乎全球的主要國家都採用金本位制度。如此以黃金為媒介，建構了國際經濟的新組織架構，歐亞大陸經濟也逐漸被納入世界資本主義的架構之中。

靠著出口大量工業製品而累積的貿易盈餘（貿易黑字），英國確保了英鎊與黃金的互換性，而且不限制與其他貨幣的交換，以「世界銀行」的姿態長期提供龐大金額的借款，藉由投資讓金錢回流到世界。另外，為了方便國際貿易的帳款結算，各國紛紛在倫敦的銀行開設英鎊存款帳戶，而逐漸確立倫敦倫巴第街（Lombard Street）做為世界金融中心的地位。以大量黃金做為後盾，英鎊成為世界經濟的新血。

成為不列顛治世（Pax Britannica）強力後盾的淘金熱潮

十九世紀後半在世界各地相繼出現淘金潮，龐大數量的黃金流入英國，成為「不列顛治世」的奧援。在十七世紀末，巴西的米納斯吉拉斯州發現了金礦，在十八世紀時其黃金產量已佔當時全世界產量的百分之八十五。做為黃金的輸出港口，里約熱內盧因而成為巴西的新首都。主導工業生產的英國在一七〇三年所簽訂的梅休因條約中，要求葡萄牙承認有利的關稅，並壟斷其毛織品市場，藉此獲得從巴西運回殖民母國葡萄牙的大量黃金。有了這些黃金，英國才得以在一八一六年採用金本位制度。

此後，與英國有密切關聯的地區也繼續出產黃金，一八四八年在美國西部的加州沙加緬度近郊發現金礦，約有十萬名「Forty-niners」（49ers，四十九年的淘金客）乘坐馬車，或從美洲最南端的合恩角搭乘破舊的帆船，爭先恐後地趕往加州加入淘金的行列。一九五二年，加州的黃金產量提高到八千一百萬噸，但之後產量逐漸地減少。五年之間，黃金的實際生產量高達兩億八千五百萬噸以上，這個數字是以往美洲黃金產量的二十一倍之多。另外，一八五八年在科羅拉多州的丹佛附近，一八五九年在內華達州，也陸續出現淘金潮。一八五八年在英屬殖民地加拿大的弗雷澤河流域，以及一八九七年在阿拉斯加附近的育空河流域，也出現有淘金熱潮，其中一九〇〇年育空河流域開採出的金礦價值相當於兩千兩百萬美金。

英屬殖民地澳大利亞自一八五一年以來，以維多利亞殖民地（現今的維多利亞州）為中心引發淘金熱潮，之前人口僅四十萬，在十年間快速成長了三倍。澳大利亞金礦產量的高峰期大約在一九〇〇年初期，時至今日，澳大利亞的黃金產量仍佔全球產量的一成。

一八四四年，在非洲南部的川斯瓦共和國（南非共和國）的維瓦特斯蘭發現金礦。共和國政府將該地區收歸國有，對於蜂擁而來的英國淘金客採分區授予開採權的租賃制度。到了一八八九年，當地發現龐大的黃金礦脈，川斯瓦共和國便意外地成為世界上最大的黃金產地。

英國打著如意算盤，計畫併吞由荷蘭後裔的波耳人所建立的川斯瓦共和國，以及奧蘭治自由邦，藉以控制世界最大的金礦和鑽石資源。因此英國發動侵略戰爭，即為波耳戰爭（一八九九－一九〇二）。

英國派出四十五萬兵力，投入約兩億兩千三百萬英鎊的龐大軍事費用，展開焦土戰來對付採游擊戰的波耳人。波耳人寡不敵眾，最後敗在英國的強權之下。英國為了掌控世界經濟的控制權，無論如何都要取得南非的大量黃金礦產，因此以武力強行掠奪。

如前所述，由於歐洲所控制的新興地區之淘金熱潮，英國的經濟霸權得以穩固。

海洋空間所孕育出的「大歐洲」

一八七〇年代到來的鋼鐵船時代

十九世紀後半在大西洋航線中，蒸汽船取代了帆船並日漸普及，大西洋變得不再那麼遼闊。然而，在海上使用蒸汽船，是長期的努力發展而得來的成果；一八一九年木造外輪蒸汽船 Savanna 號為了運送棉花，花費二十九天橫渡大西洋。以往的船隻大都是使用風帆依靠風力來航行，到了一八六〇年代以後，航海工具從帆船快速進展到蒸汽船，並在航線中的主要航點設置煤炭儲存場，以便供應蒸汽船所需要的煤炭。從木造帆船發展到鋼鐵蒸汽船，建造材料不再是受到數量或尺寸限制的木材，而是受限較少且價格低廉的鋼鐵，因此船隻的建造能夠往大型、低價的方向發展。自一八六八年到一八七九年，使用船隻運輸所需的費用已降低到原來的一半。

一八七〇年以後，藉由蒸汽船的航線，歐洲各國的城市和南北美洲得以連結，於是大西洋變成一個「巨大的湖泊」；在亞洲方面，一八六九年開通的蘇伊士運河，開拓了船隻從英國、法國補充煤炭後，航往中國、越南的定期航線。一八四〇年到一九一三年，全球蒸汽船的噸數增加了六·四倍。大量移民從歐洲乘坐蒸汽船，使得大西洋空間變成「大型歐洲」一般，帶著歐洲色彩往亞洲、非洲移居，並持續進展。

影響日常生活物資的種植園

由於十九世紀歐洲人口顯著增加，以致俄羅斯、普魯士等東歐農場的農產量無法滿足市場的需求，因此歐洲資本在原本以狩獵採集社會為主的大西洋世界中，擴大了對生產糧食的農牧場投資，來增加做為商品的糧食生產量。藉由蒸汽船、鐵路，大量運輸得以實現，冷藏技術的開發使得「大歐洲」周邊的南北美洲、澳大利亞等未開發地成為大農場，而種植園影響了糧食的生產。

在十九世紀，藉由歐洲資本的運作，種植園這個同質性大空間形成了，並以全球性的規模進行。擁有豐富自然資源的南北美洲和澳大利亞，持續進行大規模的開發；而為了供應歐洲工業都市的糧食需求，大型農場和牧場也因此出現。北美洲中西部的廣大草原曾經是四千萬至六千萬頭野生水牛，及以狩獵水牛為生的印地安人共同生活的場域，卻在短時間內迅速遭大肆開墾，轉變為滿足歐洲人飲食所需的大型牧場。

現今美洲的代表性農作物除了小麥，還有玉米、大豆、牧草、棉花、稻米（印度米）等，其中玉米、大豆、牧草都是為了肉牛的飼料而栽種，與牛肉的生產息息相關。牛肉成為餐桌

十九世紀後半在大西洋形成的海洋系統

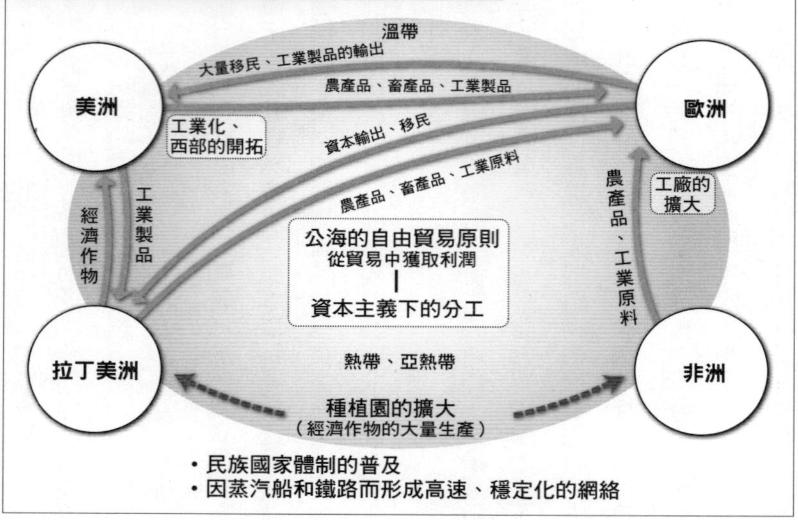

上的美食其實是始於近代。

從南美洲的阿根廷到巴西南部的彭巴草原，綿延一百萬平方公里的廣闊草原變為飼養肉牛等大牧場，也成為歐洲的糧倉。

另外，澳大利亞內陸地區乾旱的大平原最初是當地原住民的生活場域，自從英國人將羊隻從英國本土帶入澳大利亞之後，草原便成為數百萬頭羊隻的牧場，巴西則成為咖啡的一大生產地。

在如此發展下，十九世紀的歐洲人快速往其他人口稀少的大陸移居、開發，促使「大世界」擴張，地球的生態也會發生巨大變化。

渡海移居的四千萬移民

十九世紀是移民的時代，前後共有四千萬以上的歐洲人為了尋求新的生活空間，乘坐移民船或客船前往世界各地逐夢。在一八二〇年至一九二〇年的一百年間，共計三千六百萬人移居到北美洲美國等地，還有超過三百六十萬人移居到阿根廷等南美洲，形成了「大歐洲」。另外，兩百萬人移居到澳大利亞和紐西蘭，也有許多人民移居到非洲和亞洲各地。

為了要供應歐洲巨型城市居民的生活需求，糧食、原料供給地和商品販售市場的建設持續發展，載運移民、運送糧食和原料到歐洲，使得海運業更加蓬勃成長。移民活動的興盛，促使大型客船（passenger ship）的出現，美國西部施行公地放領法案，依該法案規定，工作滿五年可獲得一百六十英畝（約二十萬坪）的土地所有權，因此吸引了許多移民前往，美國西部頓時成為當時最多人移居的地方，眾多懷抱著美國夢、希望在美洲大陸追尋成功的人們，紛紛趕往大西洋的彼岸。

一八六五年到一八九四年，從英國的畢曉普岩（Bishop Rock）出發，越過紐芬蘭島近海的冰山南下，從這片北大西洋海域前往紐約的移民人數眾多，英國每年平均約有十二萬人，德國則為十一萬人。

「大歐洲」和亞洲諸帝國的碰撞衝擊

併入大世界的亞洲諸帝國

在化石能源所產生的動力、工廠大規模生產系統、技術革新所帶來的嶄新技術、強大的槍砲武器、鐵路和蒸汽船、民族國家體制等條件的交互作用下，歐洲變得強大（形成大歐洲）。在十九世紀後半葉，這樣強盛的歐洲開始將勢力擴張伸入亞洲各地（Western Impact，西洋的衝擊）。在擴張資本的背景下，活動空間的擴大持續進行著。

歐洲各國抓住歐亞帝國的弱點，藉此拓展殖民地和勢力圈，並併入亞洲各個帝國，以從屬於世界資本主義的「邊緣」。橡膠等作物的種植園在人口稀少的蘇門答臘、婆羅洲、馬來半島上急速擴展後，因為當地勞動力不足，不得不從事奴隸貿易以獲得所需的勞動力；在這樣的背景之下而引進了中國福建人和印度人（苦力），成為新的勞動力。

在十九世紀後半葉，帶有濃厚封建色彩、以南下為目標的陸地帝國——俄羅斯，及以擴大經濟圈為目標的海洋帝國——英國，兩國為了爭奪東地中海、中亞、東亞等廣大的地域，引發一場被稱為「競爭」（The Great Game）角逐歐亞大陸勢力的競賽。在當時，以世界資本主義和民族國家體制立足的「大歐洲」，和帝國林立的歐亞大陸「小世界」並存。為了因應俄羅斯與歐洲各國的軍事經濟侵略，並基於傳統宗教思想的民族運動，由思想開明的有識之士與官僚推動的西歐化等，在亞洲各地擴散蔓延。但是，如果要順利融入「大歐洲」系統，就必須如同日本「文明開化」一樣轉換思想觀念，並且接受現代化制度。

鄂圖曼帝國、蒙兀兒帝國、大清帝國這些依仗著軍事武力征服其他民族而建立巨大的帝國，因面臨著帝國內部民族之間的衝突對立而陷入困境；自一八五〇年代，英國平定蒙兀兒帝國西帕衣團的叛亂（Indian Rebellion，印度叛亂），蒙兀兒帝國便成為英國的殖民地。大清帝國在鴉片戰爭後白銀大量外流，又受到歐洲各國的侵略而國力衰退，最後因一九一一年辛亥革命結束了皇朝。因巨額的債款而被喻為是「瀕死的病人」的鄂圖曼帝國，最終在第一次世界大戰戰敗後瓦解。

在帝國崩解下的亞洲各地，源自於「大世界」的各項制度，和源自傳統文明的思想方式、部落、大家族制、封建官僚制度之間的衝突，至今依然以複雜的形態持續存在。

因內部分裂導致國力衰敗的鄂圖曼帝國

在西亞地區，由於埃及和斯拉夫人各族的叛離，鄂圖曼帝國的統治開始產生動搖。首先，在法國的支持下，埃及的穆罕默德·阿里帕夏（一七六九－一八四九）效法歐洲式的軍備，施行「由上而下的現代化」，為了超越鄂圖曼帝國的軍事力而與埃及帝國分離。一八三〇年，希臘在英國、俄羅斯、法國等國的支持下，宣布獨立。而巴爾幹半島原本是鄂圖曼帝國的人才供給庫，卻因為斯拉夫民族運動的不斷擴大，讓帝國更加動盪不安。

埃及崛起、巴爾幹半島的民族運動激烈化、歐洲各國的干涉，以及自一八五四年以來高達十七次向歐洲銀行借款所導致財政的惡化，接踵而來的多重壓力將鄂圖曼帝國逼到窮境。鄂圖曼帝國的蘇丹為了追求富國強兵，而施行去伊斯蘭化、西歐化等政策（坦志麥特／恩惠改革），也因為國內傳統伊斯蘭勢力的反對而成效不彰，帝國內部開始分崩離析。

由於所處地理位置特殊，鄂圖曼帝國衰退後，便成為列強爭相搶奪之地。為了掌控達達尼爾海峽、博斯普魯斯海峽、蘇伊士運河等戰略要地，以及位於歐亞交界處等鄂圖曼帝國的領土，從拿破崙政權垮台到第一次世界大戰，英國、俄羅斯、法國、奧地利各國展開激烈的爭奪。鄂圖曼帝國的領土和民族紛爭，成為當時歐洲最大的外交疑難，被稱為「東方問題」。

利用斯拉夫民族運動來實現南下政策的俄羅斯、謀求進入多瑙河下游流域的奧地利、為了保住往來印度的通路而希望維持現狀的英國、企圖進軍北非的法國，這幾個國家因利害關係而彼此競爭，一八七八年的柏林會議便是針對列強的利益進行協調。

當德國開始施行3B政策，欲透過修築連結柏林、拜占庭（伊斯坦堡舊稱）和巴格達的鐵路，將勢力伸入西亞，東方問題的情勢因此更加緊張，結果導致第一次世界大戰的爆發。

印度及中國沒落的一八五〇年代

一八五〇年代，歐洲列強趁印度叛亂（Indian Rebellion，西帕衣團叛亂）和太平天國之亂，進一步將勢力伸進印度和中國，而加深了歐洲列強與兩國的從屬關係。主張蒙兀兒皇帝復位的印度叛亂（一八五七—一八五九）失敗了，導致蒙兀兒帝國的滅亡。東印度公司在印度雇用「西帕衣團」的印度人為傭兵，企圖趁著蒙兀兒帝國分裂之際，逐步建立以五百五十個大君（Maharaja，藩王）進行地方治理的統治體制。

到了十九世紀中葉以後，英國東印度公司為了擴張殖民地的勢力範圍，而派遣西帕衣團傭兵前往緬甸、阿富汗及大清帝國征戰。然而，西帕衣團傭兵多屬印度教徒，因屢次被派往被印度教視為不潔淨之地的外國打仗，而引起西帕衣團士兵的不滿。東印度公司新採用的來福槍更成為引發叛亂的主因。

為了防止濕氣而在新式槍枝的子彈紙塗上油脂，士兵在裝彈前必須用牙齒咬破子彈的紙皮。西帕衣團傭兵對於子彈紙皮外包裝所塗抹的是牛油或豬油有所疑慮。印度教將牛視為神聖之物而忌食牛肉，伊斯蘭教則將豬視為汙穢之物而忌食豬肉，信奉這兩種信仰的士兵都拒絕使用子彈。然而，東印度公司不顧西帕衣團傭兵反對，依舊使用來福槍。這是引發印度叛亂獨立運動的直接原因。群起反抗的西帕衣團傭兵推舉已喪失統治權的老蒙兀兒皇帝為領導，但這場叛亂隨即在一八五八年被東印度公司平定。

後來英國解散東印度公司，在一八七七年建立以維多利亞女王（一八三七—一九〇一年在位）為皇帝的印度帝國，大約佔歐亞大陸百分之八面積的印度，便成為英國的囊中之物。此後的七十年印度成為殖民地，接受英國的統治。

在中國，因為英國引進鴉片，促使大清帝國的白銀大量外流，導致銀價高漲。由於大清帝國實施地丁銀制度，農民必須販賣穀物來兌換白銀，然後以白銀繳納稅款，對農民而言，銀價的上漲是變相的增稅，人民更加窮困，也導致了大清帝國國勢的衰退。

十八世紀以後，大清帝國的對外貿易幾乎被東印度公司壟斷。在工業革命之後，喝茶文化普及，對英國而言，大量紅茶的進口是不可或缺的，如何籌措大量的白銀來購買紅茶便成為難題。於是，英國將印度孟加拉地區所栽培的麻藥——鴉片，走私到大清帝國，以維持貿易的平衡。

大清帝國內的鴉片中毒者急遽增加，一八三〇年代因為購買鴉片，大量的白銀流出海外。因此銀價上漲為銅錢的兩倍，必須以白銀繳納稅金的農民越來越貧困。

身為農業大國的大清帝國立即陷入危機，於是清政府在一八三九年任命主張嚴禁鴉片的林則徐（一七八五—一八五〇）為欽差大臣，前往鴉片走私猖獗的廣州。林則徐為了防止白銀用於購買鴉片而外流，派出軍隊包圍英國商館，要求英國貿易監督官交出一千四百二十五噸龐大數量的鴉片。林則徐又下令在廣州海岸邊挖掘巨大坑洞，將沒收的鴉片加上生石灰丟入海中，而生石灰加水就會生熱沸騰，耗費三週以上的時間才將鴉片全數銷毀。接著林則徐昭告英國商人，必須嚴禁鴉片貿易，清政府才會再度開放與英國的貿易。

若失去大清的鴉片市場，生產地孟加拉的經濟就會衰退，那麼由英國的棉布製品、印度的棉花和鴉片、大清帝國的紅茶三者所構成的三角貿易模式也會跟著消失。英國一方面害怕三角貿易架構瓦解，另一方面也想要開拓大清帝國巨大的消費市場，因此發動鴉片戰爭（一八四〇—一八四二）。英國前後共派出兩萬名軍力，其中以來自印度的兵力最多。

英軍將戰線擴大到長江流域，大清帝國便將主張徹底抗戰的林則徐從戰場前線撤下，改採取懷柔策略。一八四二年大清與英國簽訂南京條約，結束鴉片戰爭。除了開放上海等五個港口進行貿易通商之外，清政府向英國賠償二千一百萬銀圓做為戰爭費用以及對沒收鴉片的補償，並將香港島割讓給英國。此後，香港和印度的孟買（當時稱Bombay）、自由貿易港新加坡連成一線的東亞貿易港急速發展。

鴉片戰爭結束後締結南京條約，鴉片成為合法商品，於是大清帝國購買鴉片的大量白銀繼續外流。白銀價格的上升對於人民增加賦稅，再加上用來支付鴉片戰爭的軍事費用與戰敗賠償金的追加稅，中國百姓苦不堪言。在這樣的情況下，大清自從地理大發現以來，從世界各地賺取、積蓄在中華帝國的白銀開始逆轉外流，大清帝國便從內部開始崩解。

在廣東參加科舉落榜的洪秀全（一八一四－一八六四）因受到基督教新教的影響，祕密結社組織上帝會，一八五一年集結約一萬五千名貧苦農民在廣西省發動叛亂。

叛軍打著「滅滿興漢」（推翻滿洲人的清朝，建立漢民族的王朝）的口號，與當時遭遇大饑荒的難民湧入長江流域。一八五三年在吸收以「反清復明」為號召的地下組織——天地會的貧農後，成為擁有五十萬大軍、佔領南京（改稱天京）並建立農民政權的太平天國（一八五一－一八六四）。太平天國根據天朝田畝制度，實行土地均分、廢止纏足、禁止留長辮，一時之間控制了大清帝國南半部地區。

紀律紊亂的大清正規軍隊——八旗軍不是太平天國大軍的對手，最後是曾國藩（一八一一－一八七二）、李鴻章（一八二三－一九〇一）等漢人官僚所組織的義勇軍（地方鄉勇）成為鎮壓太平天國的主力。一八六四年，南京（天京）淪陷，腐敗、墮落的太平天國被滅亡。此後，大清逐漸淪為一個私人軍閥跋扈妄為、不安定的社會。

趁著大清帝國南半部地區被太平天國佔領、國力衰弱之際，英國想一舉擴大在大清的利益。一八五六年廣州發生英國走私船亞羅號被扣押、英國國旗遭受侮辱的事件（亞羅號事件），於是英國夥同有宣教士在廣西省被殺害的法國，聯手發動亞羅戰爭（第二次鴉片戰爭、一八五六－一八六〇）。最後英法聯軍利用大清混亂之際佔領了北京，在一八六〇年簽訂北京條約。條約中除了開放天津等十一個港口之外，還允許外國人自由貿易、外國公使派駐北京等。至此，大清帝國放下自尊，認同以英法等國為中心的民族國家體制，創設等同於外交部的總理各國事務衙門，意味著大清帝國也成為「大世界」的一員。

大清帝國將香港對岸的九龍半島南部割讓給英國。俄羅斯則聲稱對英、法調停有功，在一八五八年的璦琿條約中要求割讓黑龍江（阿穆爾河）以北的北滿洲，一八六〇年北京條約又割讓面積約日本國土四成的濱海邊疆州，做為居中斡旋英法合約的報酬。此後，俄羅斯更以南下南滿洲和朝鮮為目標。

加劇亞洲危機的蘇伊士運河

一八六九年，蘇伊士運河開通。法國外交官雷賽布（一八〇五—一八九四）曾經是埃及總督賽義德．巴夏（一八五四—一八六三在位）年輕時的馬術教師，後來雷賽布在巴夏的協助下，於一八五八年創立萬年蘇伊士運河公司，並在一八六九年成功開通蘇伊士運河。建造運河花費了約一億美元，之後修理、改善的費用則高達建造時的三倍，這些經費由法國和埃及共同分擔。蘇伊士運河建完後，原本由倫敦到印度孟買之間五千三百公里的距離，縮短為只需二十四天便可以到達，英國和印度的距離則縮減為原本的三分之一，以致歐洲各國更加頻繁地進出亞洲。

編入「大歐洲」的東亞

成為列強對立焦點的黃海海域

雖然大清帝國因鴉片戰爭和亞羅戰爭而日漸衰敗，但東亞仍是以大清為中心的冊封體制來維持國際間的秩序。日本歷經幕府時代的動亂，而及早施行明治維新、確立集權體制，在經過西歐化（文明開化）的努力之下，於甲午戰爭（一八九四－一八九五）中擊敗了推行自強運動，卻只擷取西歐軍事技術的大清帝國。因為大清帝國的敗北，促使東亞內部的冊封體制瓦解，歐洲列強見到大清的虛弱，更加速瓜分蠶食，在大清國內劃定勢力範圍和租界。甲午戰爭戰敗後，大清以日本明治維新為範本，實施以君主立憲制的變法維新，卻遭到慈禧太后（一八三五－一九〇八）與保守勢力的阻礙。一八九五年發生三國干涉還遼（俄羅斯、德國、法國）事件，俄羅斯要求日本歸還遼東半島，並藉此要求大清將遼東半島南部的旅順和大連租借給俄羅斯二十五年；山東半島的膠州灣租借給德國九十九年；山東半島東北方的軍港威海衛租借給英國二十五年。這樣的結果導致東亞的渤海、黃海海域和朝鮮半島成為歐洲各國勢力爭奪戰的新焦點。

英國因為巴爾幹半島問題必須與俄羅斯協商，所以避免與之直接開戰，於是與日本締結英日同盟（一九〇二），藉此壓制勢力已擴展到南滿洲和朝鮮半島的俄羅斯，在「大歐洲」的勢力爭奪戰波及黃海的過程中，日本正處於一個奇特的立場。美國比歐洲列強晚進入中國經濟市場，一八九九年美國國務卿海約翰（一八三八—一九〇五）提出門戶開放宣言，表明美國想要進入中國市場的意圖。

一九〇〇年，自德國勢力範圍山東開始，義和團打著「扶清滅洋」（協助清朝擊退洋人）的旗號進入北京，殺害了日本和德國的外交官。大清帝國和義和團站在同一陣線向列強宣戰（義和團事件）。對此，歐洲各國、日本、美國八國組成聯軍佔領北京，在隔年的條約中，迫使大清同意外國享有在北京的駐軍權，而且必須支付各國巨額的賠償金。義和團事件發生時，俄羅斯從滿洲揮軍南下，將勢力伸入朝鮮王朝，朝鮮秉持著事大主義，認為「小國應該認清身分，為大國的利益鞠躬盡瘁」，欲從大清改為向俄羅斯效忠。

東亞的混亂日益嚴重

俄羅斯的勢力從滿洲南部南下進入朝鮮半島，讓日本深感威脅；日本對於朝鮮王朝（一八九七年之後為大韓帝國）接受俄羅斯的掌控，有了強烈的危機感。仗著英日同盟為後盾，日本在連結歐洲、俄羅斯和滿洲的西伯利亞鐵路完工前夕，突擊俄羅斯海軍的基地旅順，而引發了日俄戰爭（一九〇四—一九〇五）。

日本藉由在英國和美國發行的戰爭債券（預計五十年償還）來支付六成的戰爭經費，才得以繼續作戰；在俄羅斯方面，由於糧食供應情況惡化，加上勞工和農民因為流血星期日事件而群起抗爭，欲延長戰期已不可行。

一九〇五年五月，俄羅斯的波羅的海艦隊在日本海海戰中敗北，於是簽定朴資茅斯條約與日本議和。條約中俄羅斯承認日本對朝鮮半島享有特權，並將遼東半島南部的租借權以及庫頁島南部、南滿洲鐵路及其沿線的權利轉讓給日本。日本在這場戰爭中犧牲了八萬八千多人的性命，及背負巨額的戰爭負債，才換取承接俄羅斯的勢力範圍。

一九一〇年，日本在列強的承認下併吞了大韓帝國。

另一方面，日俄戰爭的結果也影響了大清帝國。一九〇五年，孫文（一八六六—一九二五）在東京成立以民族獨立、民權伸張、民生安定的三民主義為政治理念的中國同盟會，並擔任總理。

一九一一年，大清帝國欲將民營鐵路國有化，以做為向外國借款的擔保，但在四川的反對運動不斷擴大，受到中國同盟會影響的新軍（三分之一的士兵是革命派）於湖北省的武昌起義，建立了革命政權。此後兩個月有高達全國八成的十四個省份宣布自大清帝國獨立出來，此為辛亥革命。

一九一二年各省宣布獨立，並派出代表聚集於南京，推舉孫文為臨時大總統，中華民國於是成立。大清帝國委託軍閥袁世凱（一八五九－一九一六）與南京的革命政府交涉談判，滿懷野心的袁世凱擅自承諾讓大清幼年皇帝退位，以便交換自己得到中華民國臨時大總統的大位。革命派將中國同盟會改組為國民黨，而成為議會的多數派，但袁世凱以武力鎮壓議會，鞏固了獨裁體制。

一九一六年，企圖建立新帝國卻以失敗告終的袁世凱過世，背後有英、德、法、俄、日等國勢力支持的軍閥在各地擁兵據地，使得中華民國處於險惡狀態。列強在中國境內上演支配權爭奪戰，造成群雄割據、社會秩序混亂，再加上饑荒令人民苦不堪言。二十世紀的中國現代史就在這樣惡劣的狀態下，為了生存而苦戰奮鬥。

帝國主義時代以及英國與德國的對立

第二次工業革命與動盪的世界秩序

一八七〇到九〇年代，隨著新技術的出現，資本主義煥然一新，「空間革命」以全球性的規模邁入了新的階段。

質地硬而脆的生鐵被柔軟堅固的鋼鐵取代，由於車床技術的發達，造船、建築等重工業成為工業的重心，製造火藥、農藥的化學工業也有長足發展。石油代替煤炭成為新能源後，內燃機開始被實際應用，電力這個新的能源也登上舞台。電話、無線通訊技術的發展改革了資訊的傳遞方式。總而言之，重化工業取代輕工業，成為工業的重心（第二次工業革命）。

若要擴大工業規模，巨額的投資是必要的，因此負責籌措、調度資本的銀行和證券公司便扮演了重要角色。組織經營也開始產生變化，被稱為「白領」事務員的需求量增加。原本已發展工業的英、法等國，因為要將原有工業轉型為新技術系統，所消耗的時間和成本較多，加上薪資水準高，因此新工業的發展速度落於美國和德國。

氣勢增強的美國和德國，企圖以軍事力量為後援的世界戰略來強行改變世界的秩序，而轉型為金融大國的英法兩國，則希望維持現狀。

經濟的全球化須尋求新的資訊網絡。以英國為中心鋪設海底通訊電纜，讓政治、經濟資訊得以迅速傳達。一八六六年鋪設跨大西洋電纜，一八七〇年鋪設印度洋海底電纜，截至一九〇〇年，全球海底電纜網總計約三十萬公里。總部設在倫敦的通訊公司——路透社，利用海底電纜網向世界發送政治新聞、股市行情、商品資訊，並支援電信匯款等資本活動，在資訊與金融方面強化了英國對世界的影響力。

超越英國的德國工業

受到十九世紀後半的第二次工業革命的影響，出現了向群眾集資的嶄新經濟制度。美國和德國的崛起讓自由貿易產生了動搖，「不列顛治世」的時代便在一八七三年開始的經濟大恐慌中宣告結束。

第一次工業革命時代的英式系統已然過時，以第二次工業革命為基礎的德國和美國等進入以廉價勞動力和新技術為主的新時代。

在國家政策的保護之下，德國、美國的工業順利發展。廉價的勞動力、新的技術體系、新式企業管理、銀行和證券公司籌措資金等，使得工業生產急速發展，超越了英國。英國的經濟成長率逐年降低，一八六〇年代為百分之三．六，一八七〇年代下降為百分之二．一，到了一八八〇年代更是只剩下百分之一．六。相對於英國的一蹶不振，一八七〇年代到一九一四年間，德國和美國的經濟成長率維持在百分之五左右。

相較於向外擴張勢力的德國，英國一方面依靠過去累積的豐厚資金、海上運輸收入、保險費收入、對外投資等收益支持國計，另一方面積極將資本投入到擁有廉價勞動力和豐富資源的加拿大、澳大利亞、印度、美國、拉丁美洲諸國等殖民地及勢力圈，才能夠以金融大國的角色維持國勢。一九一四年，英國雖然支配著四分之一的世界人口，並持有百分之四十三全球的海外股票，但其GDP僅位居全球第三位、國防經費也是第三位，軍事武力也只排名第四位。

法國也採用相同的模式，積極向俄羅斯、東歐、拉丁美洲諸國輸出資本進行投資，而步上金融大國之途。歐洲各國一方面以保護關稅政策保障自己的國內市場，另一方面為了爭取擴大全球市場的佔有率而互相競爭，因此列強爭奪勢力範圍而對立的情況越來越嚴重。

大蕭條孕育出民族主義

資本主義經濟的景氣循環大致以十年為一個週期。景氣好的時候會引發過度的投機熱潮，緊接著因為生產過剩，企業陸續破產倒閉，失業率上升，銀行經營惡化，繼而造成經濟恐慌。

一八七〇年代，在重化工業比重提高的第二次工業革命之後，分別於一八七三年、一八八二年、一八九〇年、一九〇〇年發生經濟恐慌。相對於因新建鐵路和新創企業的熱潮而急速成長的德國和美國，一八七三年到一八九六年間從英國開始的長期經濟恐慌，造成經濟成長率急速地下降，英法等國陷入長期的景氣低迷，之後也以很短的週期頻率反覆地發生經濟恐慌。一八七〇年代之後的二十年間持續發生的不景氣被稱為「大蕭條」。

一旦陷入經濟危機，政治家為了將國民的不滿情緒向外排解，於是引燃民族主義之火。即使在今天也是如此，民族主義是用來紓解國民鬱悶不滿的情緒的絕佳手段，政治家為了明哲保身，便煽動民眾的保守意識、找尋代罪羔羊。就如在法國發生德雷福斯事件（Affaire Dreyfus，1894）時，國內出現的反猶太主義，生活深感威脅的民眾群起攻擊國內的不同勢力，也將矛頭指向鄰近國家等特定對象，所製造的仇恨使得國與國之間的衝突不斷，社會益發動盪不安。另一方面，在這樣的危機中，勞工運動和社會主義運動也不斷高漲，失去生存空間的人紛紛移民到美國等地定居。

為了迎合群眾的心理，政客的煽動加深了群眾的仇恨，也支持擴張軍備競賽、爭奪海外殖民地。就像憑仗軍事武力瘋狂擴張領土的羅馬帝國，列強這樣的非理性舉動也被稱為帝國主義。

要理解十九世紀末到二十世紀初期帝國主義的崛起，就必須先了解當時民眾生活的時代背景。在近現代史中，經濟恐慌和民族主義的興起，反覆不斷地出現，造成人民莫大的痛苦。

爭奪亞洲空間的英德兩國及海軍造艦競賽

到了十九世紀末，德意志帝國超越了英國，成為歐洲第一的工業國家。年僅二十九歲的德意志帝國年輕皇帝威廉二世（一八八八－一九一八年在位）辭退了老臣宰相俾斯麥，採用了本書稍後將會提及的美國戰略家阿爾弗雷德・馬漢（Alfred Mahan, 1840-1914）所主張的海權論戰略，以海上力量做為增加國力的基礎。因此德國如同美國一樣，企圖從陸地帝國轉變為海洋帝國，推行積極向外擴張的新航路政策。

馬漢是一位在海洋時代具有重大影響力的戰略家，但也因此擴大了海洋世界的衝突，引發第一次世界大戰。威廉二世在一八九八年發表演說，提出「德意志帝國的未來在海洋」，明確地對海洋帝國—英國提出挑戰。但是對於被德國搶走工業生產主導權的英國而言，如果連海上霸權都被奪去，後果將不堪設想。因此，英國也開始建造大型海軍拉近艦艇，此後英德兩國之間的造艦競賽越發激烈。英國採行「兩強策略」（Two-Power Standard），也就是英國的艦隊實力必須超過海軍強國的第二名和第三名的總和。而德國也在一八九八年以後快速增強海軍實力，但在一九〇五年日俄戰爭中，英國參與日本海海戰時所建造的無畏號戰艦，而決定了勝負。裝載十門十二吋主砲的無畏號，讓只能裝載四門十二吋主砲的舊型戰艦毫無招架之力。面對英國協助無畏號的製作，德國也努力建造同樣規格的軍艦，兩國的軍備競賽（海軍造艦競賽）趨於白熱化。

另一方面，威廉二世在一八九八年造訪鄂圖曼帝國的伊斯坦堡，以提供融資來換取巴格達鐵路的鋪設權。此舉顯然企圖將勢力伸進英國勢力中心的印度洋，藉此對抗英國連結開普敦、開羅、加爾各答三個城市，維持非洲、印度洋周邊廣大殖民地的三C政策。如前所述，建造巴格達鐵路，可從柏林開始經拜占庭（伊斯坦堡）抵達巴格達，進而從巴士拉港到波斯灣，進入印度洋的三B政策。德國和英國分別與其他國家組成三國同盟（德國、奧地利＝匈牙利、義大利）及三國協約（英國、法國、俄羅斯），雙方相互衝突，而捲入了第一次世界大戰。

以進軍太平洋為目標的美國

美洲大陸最大移民國家的出現

由歐洲移居而來的平民，從基礎開始建立美國，在十九世紀的後期有了驚人的經濟成長，一躍成為世界第一的工業大國。對於歐洲人而言，美國這樣一個貧窮國家能夠如此快速成長，實在是一件難以置信的事。

美國致力於西部的大規模開發，在一八九〇年邊疆線（Frontier line，邊界）消失後，成功轉型為海洋帝國。美國在太平洋島嶼設置煤炭儲存設施，由海軍陸戰隊看守，並進軍龐大的中國市場，朝著連結太平洋和大西洋的海洋帝國的目標邁進。

美國獨立時的領土為十三個州（殖民地），在一七八三年巴黎條約中獲得密西西比河以東的路易斯安那，勢力僅限於靠近大西洋的一側。一八〇三年美國以六千萬法朗向法國購入從密西西比河到洛磯山脈的路易斯安那，國土面積便一舉翻倍。

一八二〇到一八四〇年代，隨著西漸運動的發展，美國邊疆線逐漸向西移動。人口稀少未開發之地被稱為邊疆（Frontier），而開荒拓地的開拓精神（Frontier spirit）便成為美國式價值的原型。雖然北美洲大陸早有原住民居住，但當時許多人認為，在神的旨意下領土是能夠無限擴張的。

隨著開拓的進行，印地安原住民因為土地被搶奪，展開激烈的抵抗。在這樣的情形下，第七任總統安德魯・傑克森（任期一八二九－一八三七）於一八三〇年通過了《印地安人移居法案》（The Indian Removal Act of 1830），將原本居住在密西西比河以東的印地安各部族，強制遷往密西西比河以西的指定保留區。

一八四〇年代，從美國遷往墨西哥的移民者，在脫離墨西哥後成立德克薩斯共和國，加入美國聯邦（一八四五），與英屬加拿大劃定國界線後併入奧勒岡（一八四六）。美墨戰爭（一八四六－一八四八）後，美國將佔墨西哥國土面積三分之一的加州、新墨西哥州併入，從此統合了大西洋海岸到太平洋海岸之間的廣大空間，大陸國家就此出現。這一連串的戰爭也奠定了日後移民大國主導「大世界」的根基。

一八四八年在加利福尼亞發現金礦，美墨戰爭後因為經濟不景氣而生活困苦的十萬名東部民眾（49's，四十九年淘金者），分別由陸路和海路大批湧向加利福尼亞。當時原是冷清小村落的舊金山，頓時成為一座大城市，五十年後升格成為加利福尼亞州。

一八五〇年代是移民更深入西部移居的時期，一九五三年美國向墨西哥購買了蓋茲登，從此領土面積便擴張為獨立建國初期的四倍。

南北戰爭阻止南方脫離聯邦

一八六〇年，共和黨內的林肯主張漸進式廢止奴隸制度，在他當選美利堅合眾國的第十六屆總統（任期一八六一—八六五）後，美國南方七個州宣布脫離聯邦政府，成立第二個合眾國（美利堅聯盟國，一八六一）。在此之前的美國總統大位都是被南方壟斷，當失去總統之位後，南方各州便想脫離聯邦，與美利堅合眾國斷絕關係。

林肯政府不同意南方各州脫離，於是爆發南北戰爭（一八六一—六五）。美利堅合眾國位於南方查爾斯頓港的要塞薩姆特堡，在南方軍隊長達三十四個小時的炮轟之後淪陷，林肯政府派遣援軍前往薩姆特堡，正式開啟南北戰爭。這是一場主張脫離聯邦政府的十一州（人口九百萬，包括黑奴三百五十萬人）和聯邦政府其他二十三州（人口二百萬）之間的戰爭。

南軍希望早日決戰，期待英國的李將軍（一八〇七—一八七〇）率軍援助攻打北方。另一方面，林肯政府在開戰之後立即封鎖南方五千五百公里的海岸線，這對十分依賴歐洲的南方陣營來說是一大打擊。另外，林肯政府在一八六二年制定《公地放領法案》（Homestead Acts），凡是年滿二十一歲的一家之長，只要繳納手續費，就可以登記擁有約二十萬坪的國有土地，此案讓西部的農民成為聯邦政府的支持者。一八六三年又發表解放奴隸宣言，贏得海內外輿論的支持，至此英國已無法再插手干預這場戰爭。

一八六三年發生最為激烈的蓋茲堡戰役，此後以數量取勝的北方軍便處於優勢；一八六五年，美利堅聯盟國的首都里奇蒙被攻陷，北方軍獲得勝利結束了內戰。南北方兩軍共動員約二百五十萬名兵力，死亡人數約六十二萬人（聯邦方面約三十六萬人，主張脫離聯邦方面約二十六萬人），這是一場死傷相當慘重的內戰。

促進美國經濟飛躍成長的西部開拓

結束南北戰爭之後，美利堅合眾國以平均高達百分之四十七的保護關稅、急速發展鐵路建設（到一八九〇年時是以往的六倍）、歐洲移民往西部移居及西部市場的擴大，以北部的資本投資南部讓工業發展顯著成長。特別是在西部開拓工作五年，就可以獲得二十萬坪土地的《公地放領法案》施行後，吸引眾多懷抱著美國夢的移民湧入西部。

一八二〇年代的移民人數約為十四萬，之後移民人數激增，一八五〇年代約為兩百六十萬人，一八六〇到一八九〇年期間約為一〇三七萬人。到了一九九〇年代，過去被稱為邊疆的西部未開拓地已不復存在。

在十九世紀後半的歐洲移民中，有四分之三的人選擇美國，以《湯姆歷險記》聞名的作家馬克．吐溫（Mark Twin, 1835-1910）根據他擔任參議員祕書時期的親身經驗，將政治家的虛榮心及腐敗寫成小說《鍍金時代》（一八七三），這個時期也因為這本小說而被稱為「鍍金時代」，人民不分階層都爭相追求財富，是經濟快速增長的時期。

在經濟萬能的風潮下，工業生產從一八六〇到一八九〇年足足成長了三倍。到了一八九〇年代，美國超越英國成為世界第一的工業大國。當時政府大規模投資西部鐵路建設，更加速了經濟成長。鐵路公司每鋪設四十英哩的鐵路，政府就售予鐵路兩側的大片土地；每建設一英哩，就提供十六口償還期限三十年、年利率百分之六、面額一千美元的國債。到了十九世紀末，西部地區有四條橫貫大陸的鐵路，連結起大西洋沿岸和太平洋沿岸，過去的邊疆已成為一個巨型的生產場所。美國在倫敦發行的鐵路證券，不但籌集了大量資金，也成為英國投資者絕佳的生財管道。

連接美國廣大土地的長途鐵路，催生了大企業。而石油產業也是從美國開始的新興產業，一九〇〇年代美國的石油產量佔世界產量的百分之三十六。

另外，若將西部合計，在比日本國土大四倍以上的牧場裡飼養的大量肉牛，被集中運往芝加哥加工、處理為大量的牛肉商品，再冷凍送往各地出售。

太平洋和東亞成為目標

時至一八九〇年，西部開拓的最前線到達太平洋岸，邊疆的未開墾地也消失殆盡；靠著開拓西部邊疆地區來維持經濟成長的美國，必須尋找另一條新的經濟成長之路，於是如何轉型為海洋帝國，便成為現實的議題。

提出這項轉型方針的人，就是在前文所提及在一八九〇年發表《海權論》的作者海軍上校阿爾弗雷德・馬漢。他認為荷蘭、英國擴張的起點是海洋，美國應當強化海軍，結合通商、海運、殖民地、海上據點所構成的海洋力量，並活用連接大西洋和太平洋的地緣政治，為美國指出轉型為海洋帝國的道路，馬漢促成美國與大西洋中同為盎格魯撒克遜民族的英國協力合作。

美國採取馬漢的戰略，作為對外的政策，在太平洋擴展網絡，以成為海洋帝國為目標。因此對美國而言，連接大西洋和太平洋的加勒比海，是相當重要的海域。加勒比海位於南、北美洲的中間位置，也是東西部海運的中繼站，因此美國企圖讓加勒比海成為美國的內海。

當西班牙殖民地古巴發生了反西班牙的暴動，主張領土擴張的美國第二十五任總統麥金利（任期一八九七－一九〇一），派遣最新銳的軍艦緬因號前往哈瓦那港。一八九八年二月，該船遭受神秘的攻擊而沉沒，造成船上兩百六十六人死亡，當時美國國內赫茲以及普立茲旗下的大眾報刊，動員號召「勿忘緬因號」的活動；同年四月，美國在沒有確切證明西班牙擊沉緬因號的情況下，對西班牙宣戰（美西戰爭）。

在美軍攻打古巴的同時，也藉機以援助為名義，支援菲律賓獨立運動的領袖阿奎納多（Emilio Aquinaldo, 1869-1964）所率領的獨立軍，攻擊西班牙的殖民地菲律賓，並佔領馬尼拉，

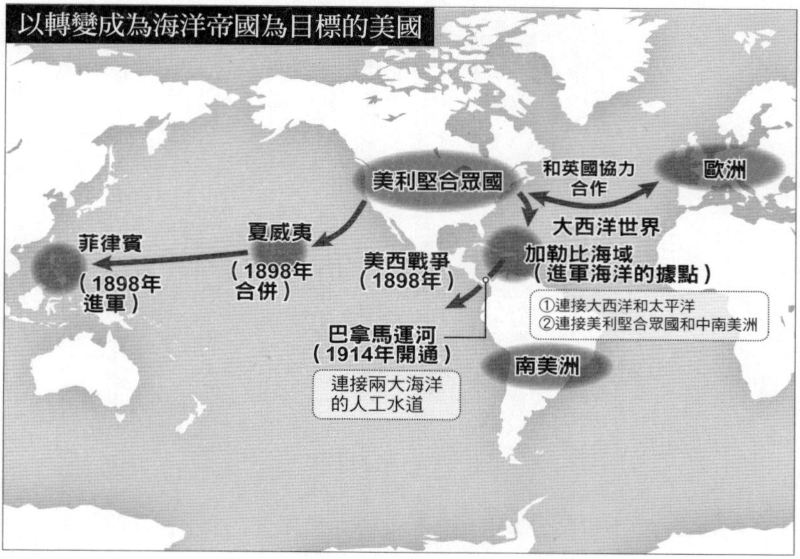

然後鎮壓宣布建立菲律賓共和國的獨立軍。

美國僅花費四個月就取得壓倒性的勝利，結束了美西戰爭。戰敗的西班牙承認古巴獨立，並將波多黎各、關島、菲律賓割讓給美國。至於在很多美國移民居住的夏威夷，移民得到美國海軍和陸戰隊的支持，推翻了卡拉卡瓦王朝（一八七四－一八九三）後建立共和國，並於美西戰爭期間的一八九八年正式併入美利堅合眾國。此後，如何進入中國市場，便成為美國的一大課題。

急於建造巴拿馬運河的原因

美國掌握了加勒比海域，也成功確保太平洋上的幾個煤炭儲存地，接下來便要正式進軍東亞。在這樣的背景下，美西戰爭後需實現建造巴拿馬運河計畫，用來連接加勒比海與太平洋。美西戰爭期間，奧勒岡號戰艦從舊金山經由麥哲倫海峽返航回加勒比海，整整花費了六十八天才抵達加勒比海，更讓美國深刻地感受到建造運河的必要性。

早在一八八一年，法國人雷賽布就已開始著手建造巴拿馬運河，卻因為瘧疾的橫行，以及施工工程難度過高，最後以建設公司倒閉、建築計畫中止黯然收場。美國收購了運河建築權後，向哥倫比亞提出租借建築預定地；但是哥倫比亞議會不同意美國所提的租地要求。於是，美國支持巴拿馬州地主暴亂，在一九〇三年脫離哥倫比亞宣布獨立，建立巴拿馬共和國。此後美國從巴拿馬共和國取得運河地區的租借權，一九〇四年開工建造運河。總投資金額高達三億七千五百萬美元，工程歷時長達十年，最後在一九一四年完成全長八十公里、閘門式的巴拿馬運河。

自此之後，美國可以藉由巴拿馬運河連接東西部，有助於美國正式進入太平洋海域以及亞洲地區，而且紐約和舊金山的距離也縮短為原本的二分之一。

「大歐洲」吞噬的非洲和大洋洲

英國掌控的沙漠大陸

英國人移居到世界各地，以全球性的規模來擴張殖民地。其中有加拿大、澳大利亞等白種人移居的自治殖民地，也有亞洲、非洲等以軍事武力征服而來的殖民地。

面積幾乎是地球陸地總和的太平洋，在十八世紀經歷英國航海家詹姆士・庫克的三次探險之後，才得以一窺全貌，當初庫克航海探險的目的，是要探索「未知的南方大陸」。

英法北美戰爭之後，墨西哥以北的美洲成為英國的殖民地。一直以來人們相信有一個「未知的南方大陸」，橫跨在南緯四十度附近，在殖民地爭奪戰中敗北的法國，將希望轉往寄託在探索這個「未知的南方大陸」，欲將其收為殖民地。當時的人認為「南方大陸」是一片擁有五千萬人口的廣大陸地，英國想要對抗法國探索新大陸的行動，於是對尋找「南方大陸」產生了興趣。

庫克在兩次的航海探險南下，到達南極大陸的北端，將南太平洋仔細探索後，證實所謂的「未知的南方大陸」其實是不存在的。但在航海探險的過程中，他發現了紐西蘭，以及面積有百分之九十是沙漠和草地的澳大利亞，並依次將它們納入英國的領土。澳大利亞的面積約為歐亞大陸的百分之十六，從此廣大的澳大利亞大陸便成為英國的殖民地。

英國人開始移居澳大利亞始於一七八八年，當時因為美國獨立，導致英國失去殖民地，英國便將澳大利亞當作罪犯流放殖民地的替代品，一直持續到一八六八年。

澳大利亞的羊毛產業從西南部的沿海地區開始，成長相當快速，到了十九世紀中期，英國從世界各地進口的羊毛中，有百分之四十產於澳大利亞。另外，自一八五一年開始持續十年的淘金潮，讓澳大利亞的人口急速增長，特別是大量的中國工人移入。對此，英國以白澳政策（White Australia Policy）等進行排華手段。

僅僅二十年就被瓜分殆盡的非洲

北緯三十度到赤道之間的亞熱帶、熱帶，是非洲的中心地區。這個空間從北方開始，依序為：（一）佔據非洲三分之一面積的撒哈拉沙漠，（二）半乾旱草原地區的薩赫爾（Sahel），（三）熱帶雨林。非洲大部分是高原，百分之八十的山地都集中在衣索比亞。

東邊的尼羅河，西邊尼日河，中央薩伊河（亦稱剛果河）是非洲三大河流，這三大水系各自獨立。由於沙漠、薩赫爾、熱帶雨林所佔幅員廣大，因此非洲人口密度低，部落社會散布各地。有部族因為受到軍事的威脅，而逃往熱帶雨林，然而，因戰爭征服所形成的國家只存在於有限的地區。

蘇伊士運河開通以後，英國傳教士李文斯頓（David Livingstone, 1813-1873）、美國探險家史坦利（Henry Stanley, 1841-1904）等人首次從非洲東岸進入東非大地塹和熱帶雨林探險。一八八〇年代，比利時國王利奧波德二世（一八六五—一九〇九年在位）利用美國探險家史坦利提供的資訊，計劃將薩伊河（剛果河）流域劃為剛果自由邦，以此成為自己的私人領地，此舉遭到葡萄牙和英國的強烈反對。後來在俾斯麥的斡旋之下，歐洲十三個國家和鄂圖曼帝國，在柏林召開柏林西非會議（一八八四—一八八五），協調各國在非洲的利益。非洲於是被認定為「無主之地」，各國同意以「先佔權」原則瓜分非洲。

此後，非洲被視為殖民地，歐洲各國對於非洲的瓜分蠶食更大幅推進。在此之前，非洲僅有沿海地帶受到歐洲控制，但僅僅二十年間，面積為歐亞大陸百分之五十六（日本的八倍）的非洲大陸就被瓜分殆盡。在世界地圖上可以看到非洲大陸的國境大都呈直線狀，這就是當時各國瓜分非洲時所留下的歷史痕跡；在二十世紀初，非洲的獨立國家僅有衣索比亞和賴比瑞亞。

以採取縱貫政策的英國及採取橫貫政策的法國為中心，歐洲各國如雪片般飛來，將非洲瓜分納入歐洲的網絡之中。一八九八年，埃及南方的蘇丹發生英國軍隊與法國軍隊的衝突事件（法紹達事件），最後法國讓步，從此英國便在非洲佔有壓倒性的優勢。

第九章
全球化世界

第一次世界大戰與十九世紀的秩序瓦解

歐洲自我崩壞，全球空間轉由美國主導

二十世紀是大規模戰爭頻繁的時代。這一百年可分為前半段的兩次世界大戰，以及後半段地區戰爭頻傳的兩個主要時期。

歷經前半段的兩次世界大戰後，推動第五次空間革命的「大歐洲」從此瓦解，由歐洲列強支配世界的時代宣告結束。

第一次世界大戰結束時，英法兩國一度自認為還能繼續在「大歐洲」的框架下重建世界秩序，然而戰爭帶給歐洲的傷害遠超出想像。為了報復德國，英法向戰敗的德國要求戰爭賠償

金，但償還罰款的負擔讓德國經濟陷入困境，最後是美國向德國伸出了援手。因此，當美國發生經濟大恐慌時，德國經濟跟著瞬間崩盤，全球性的經濟衰退再度點燃世界大戰的火苗，成為壓垮歐洲世界的最後一根稻草。此後，「大世界」進入由美國主導的「美利堅治世」（美國治下的和平，Pax Americana），邁向全球化時代。另一方面，二十世紀後半是資訊革命的時代，在頻繁的文化交流下，漸漸形成一個「全球文明」。

在所謂歐洲「美好年代」（belle époque）的經濟繁榮期，突然發生的塞拉耶佛事件成了引爆第一次世界大戰（一九一四—一九一八）的導火線。而第二次世界大戰（一九三九—一九四五）則是始於世界大恐慌後的經濟蕭條期間，德國和蘇聯為了收復失土而侵略波蘭的軍事行動。但無論是第一次或第二次世界大戰，起因都可歸咎於民族主義（nationalism）。

因錯估形勢而慘不忍睹的總體戰

一九一四年六月二十八日，奧地利王儲弗朗茨·費迪南大公（1863-1914）偕夫人蘇菲，親臨波士尼亞地區的行政中心塞拉耶佛，視察奧地利陸軍大規模的閱兵演習，遭到當地一名十九歲的塞爾維亞大學生普林西普暗殺。塞拉耶佛事件爆發後，後續談判陷入僵局，奧地利在一個月後正式向塞爾維亞宣戰，同時點燃同盟國與協約國之間的戰火，而演變為第一次世界大戰這場突如其來的大規模戰役。

德意志帝國、奧匈帝國、鄂圖曼帝國和保加利亞四國所組成的同盟國，與二十七個協約國爆發前所未有的大型戰爭。缺乏資源的德意志帝國若想在這場戰役中獲勝，只能速戰速決，於是在戰爭開打後，一九〇五年德國前陸軍參謀總長施里芬（Alfred Schlieffen, 1833-1913）根據書面所擬定的短期作戰計劃（施里芬計劃），企圖搶在動員速度較慢的俄羅斯軍隊整備完成前先痛擊法國，再率軍往東進攻俄羅斯。按照德軍的計劃表，這場戰爭預計在六週內結束，就連法國參謀本部也抱持相同看法，推估這只會是一場短期戰爭。然而事與願違，毫無根據的紙上談兵對結果的預期太過樂觀。實際上這場「總體戰」最終演變成漫長悲慘的消耗戰，並將整個歐洲推入荒蕪沒落的絕境。

一九一六年的凡爾登戰役中，德、法兩軍在三個月內所發射的炮彈多達兩千七百萬發，雙方的死傷人數總計七十萬人之多。「總體戰」需要動員大批兵力，約有英國九百萬、法國八百五十萬、俄羅斯一千兩百萬以及德國一千一百萬左右的兵力都投入這場戰事。第一次世界大戰將過去握有世界空間主導權的歐洲諸國引向衰敗之路，於是世界秩序再次進入重組。

北方帝國的毀滅與社會主義政權的建立

位處寒帶森林地區、糧食難以自給自足的俄羅斯帝國，因為經不起總體戰的長時間消耗，率先舉白旗投降。一九一七年三月，發生在首都彼得格勒（現今的聖彼得堡）的糧食暴動，導致俄羅斯國內政情不穩，各地陸續成立蘇維埃（勞動委員會）。

最後蘇維埃勢力開始支配俄國的首都，並同意成立以有產階級為中心的臨時政府，於是由綽號「怪僧」的拉斯普京一手操弄的羅曼諾夫王朝，就此宣告滅亡，此為俄國歷史上的二月革命。在革命爆發後，俄國成立蘇維埃勢力與克倫斯基（Alexander Kerensky, 1881-1970）領導的臨時政府，兩者互相抗衡的雙重政權狀態；但此時的俄國仍未脫離第一次世界大戰的戰場，人民依舊陷入窮困的生活中。逃亡至瑞士的布爾什維克黨（多數派）領袖列寧（一八七〇—一九二四）重返俄國後，大聲疾呼俄國應該立即停戰，解散臨時政府。

由於臨時政府持續將資源送往戰場，導致俄國民眾的生活更加困頓，於是布爾什維克黨趁機在蘇維埃內奪取政權。一九一七年十一月，布爾什維克黨在彼得格勒發動起義，臨時政府最後遭到推翻，俄國成功建立了社會主義政權（十一月革命）。新政權成立後發表聲明，宣布即刻停戰、實現不割地不賠款、無償徵收地主的土地、賦予國內少數民族自決權等。一九一八年，布爾什維克黨獨裁的政權正式啟動，世界首次出現了社會主義政府。反覆對外侵略，擁有廣大森林的歐陸帝國，如今搖身一變成為社會主義國家。

一九一八年三月，俄國新政權單獨與德國及其同盟國簽訂和約（布列斯特—立陶夫斯克條約）放棄在東歐的非佔領地，正式退出第一次世界大戰的戰場。另一方面，英、法、美、日四國因擔憂東部戰線瓦解，以及社會主義革命可能造成的影響，因此派兵援助俄國境內的反革命勢力（協約國武裝干涉俄國內戰）。蘇維埃政府隨即組織「第三共產國際」（世界共產黨）與之相抗衡，企圖透過加強全球各地的革命運動，以延續社會主義政權的壽命。

蘇維埃政府成功度過強制徵收農民糧食所造成國內的危機後，在一九二二年成立由俄羅斯、烏克蘭、外高加索與白俄羅斯，共同組成蘇維埃社會主義共和國聯盟。一九二四年列寧去世，主張一國社會主義的史達林（一八七六－一九五三）將提倡世界革命的托洛斯基（一八七九－一九四〇）趕下台，確立自己在蘇聯的獨裁體制。

需要靠美國援助的歐洲

第一次世界大戰最後造成德意志帝國、奧匈帝國、俄羅斯帝國和鄂圖曼帝國紛紛瓦解，歐洲秩序發生劇烈的變化。雖然英、法自認為獲勝的一方，但客觀來看，過去帶動世界巨輪往前走的「大歐洲」已然滅亡，「大世界」的中心已經轉移至掌控全球約百分之四十黃金儲備量的美國。

第一次世界大戰時，美國採取與歐洲各國互不干涉的外交政策（門羅主義），公開宣示自己的中立立場，以兵工廠與糧倉的角色間接參與歐洲的總體戰。戰時協約國成員龐大的軍事支出，也是靠著發行美元的戰爭國債，從紐約調度資金，因此當戰爭時間拉長，美國便可從中獲得不少好處。

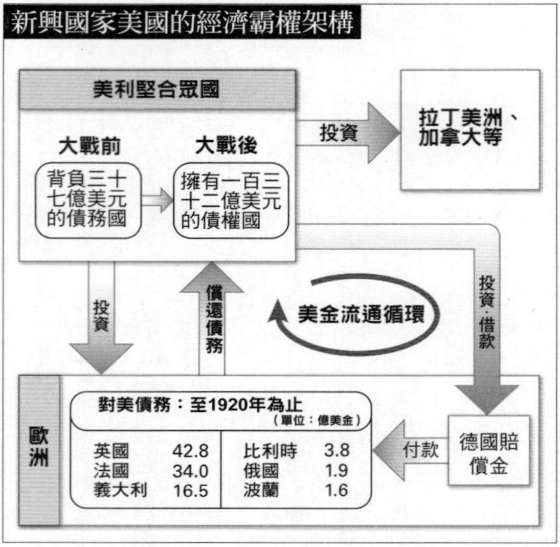

如前所述，一九一七年俄國爆發革命運動後退出一戰戰場，俄軍一退出，德軍便將炮火集中在西部戰線，加強對法國的攻勢。局勢開始急遽變動，美國國內要求盡早停戰、確保能拿回資金的聲浪越發高漲，於是美國以阻止德國發動的無限制潛艇戰（無差別、不警告的攻擊行動）為理由，在於一九一七年四月正式對德國宣戰。經濟強權美國加入戰局後，孰優孰劣的局勢顯而易見。一九一八年十一月，德國由革命後所組成的威瑪共和政權簽署停戰協議，第一次世界大戰終告落幕。

英法兩國原以為歐洲能自行應付這場戰爭的後續處理，但戰爭早已動搖國本，束手無策的歐洲若沒有美國援助，衰退的經濟將跌落谷底。因此，戰後形成了美國幫德國償還支付英、法的戰爭賠償金，而收到賠償金的英、法兩國再用這筆錢償還對美債務的金流架構。世界金融中心也逐漸從倫敦的倫巴第街（Lombard Street）移至紐約的華爾街。

天真地以為這只是場「茶壺裡的風暴」的英國和美國

一九一九年一月舉行的巴黎和會，將所有的戰敗國排除在外，蘇聯政府也沒受邀出席，僅二十七個戰勝國參與這場戰後的和平會議。而握有會議主導權的是自認為贏家的英國和法國。英、法兩國將這場世界大戰定位為：只是在支配世界的歐洲內部所發生的一場小戰爭。換句話說，他們認為這只是「茶壺裡的風暴」，毋需大驚小怪，但他們卻絲毫沒有察覺到全球的權力關係已經所改變了。

當時第二十八任美國總統威爾遜（任期一九一三—一九二一）提出「十四點和平綱領」（Fourteen Points），內容包括廢除秘密外交、軍事縮減、民族自決、創設國際聯盟等，作為戰後重建世界秩序的原則。不過，一心認定這只是歐洲內部戰爭的英法兩國，並沒有認真看待美國的建議，結果十四點和平綱領中只有創設國際聯盟的提議被採納。然而，美國因門羅主義而不參加，德國、蘇聯又被排除在外，國際聯盟因此無法成為能主導「大世界」的重要機構。

在這場巴黎和會中，要對德國展開報復、嚴加懲治的主張，始終是會議中的主流聲音。會議中主張這一切都要歸咎於德國，所以龐大的戰爭開銷全都要由德國承擔，如此一來英法兩國就能靠賠款而重振旗鼓。儘管時任英國財政部首席代表的經濟學家凱因斯（一八八三—一九四六），認為過於嚴苛的報復行為將可能導致德國經濟崩盤、再度爆發全面戰爭的後果，但是信奉民族主義的頑固政治家完全聽不進凱因斯的建言。結果，和約簽訂後形成所謂的「凡爾賽體系」（Versailles system），在這樣的國際關係中，位處德國東邊的東歐建立起受英、法操控的新興國家，以牽制德國東山再起，同時形成阻擋社會主義影響西歐社會的防線，並維持這些國家在歐洲之外的殖民地現狀。

飽受苦難的德國民眾

戰敗的德國被要求背負沉重的戰後責任。根據凡爾賽條約，德國被迫放棄所有殖民地，並須將佔德國九成鐵礦產量的阿爾薩斯・洛林地區歸還給法國，而盛產煤炭的薩爾區也被交由國際聯盟託管。德國在戰後一下子失去了百分之十的人口，以及百分之十三的歐洲領土；再加上軍備限制，甚至還必須償還高達一千三百二十億金馬克天文數字的賠款。等於德國政府每年歲收有七成都必須用於還債，對德國民眾而言，這是國家淪為附屬地位，並承受屈辱的開始。

先前所述由威爾遜提出的民族自決，當時只適用於德意志帝國、奧匈帝國和俄羅斯帝國三大帝國瓦解後的東歐，位於亞、非兩大洲的殖民地不包含在內。而英法兩國有目的性地協助位在德國東邊的國家波蘭、捷克斯洛伐克及波羅的海三小國等國的獨立，一方面是想背地裡牽制德國，另一方面可形成一塊與蘇聯政府之間的緩衝地帶。然而，東歐這處民族組成複雜，而且仍保留濃厚的封建制度，因此帶來更多政治不穩定的因素。第二次世界大戰的火苗正是從東歐地區開始延燒。

一九二三年，因為德國無力支付戰爭賠款，法國便夥同比利時佔領德國礦業及工業重鎮魯爾區（一九二三—一九二五）。工業生產因此停擺，德國經濟陷入毀滅性的極度通膨危機，馬克幣值在短時間內慘跌到只剩下原先的一兆分之一。

為解決德國的貨幣危機，一九二四年由美國財政專家道斯（Charles Dawes, 1865-1951）擔任主委的特別委員會，而訂定了道斯計劃（Dawes Plan）。這項計劃決定由美國民間資本介入，援助德國的經濟困境，法國也因此同意放寬賠償金的支付條件，並從魯爾地區撤軍。在經濟瀕臨崩毀的前夕，德國總算靠著發行新馬克開始重新振作。

穩定的情勢持續一段時間後，卻在一九二九年的經濟大恐慌時期，因美國資金大舉撤出，讓德國經濟一夕崩盤。德國因此開始強化軍事體制並侵略東歐，歐洲又再度陷入新的危機。

民族運動與多元化的亞洲

因為第一次世界大戰而造成「歐洲的衰敗」，也讓亞洲各地產生變化。鄂圖曼帝國瓦解後，戰勝的英法兩國在中東地區的影響力日益加深；但是在印度，英國對殖民地的掌控卻開始鬆動。在美國、蘇聯與第三共產國際的影響下，中國的民族運動則有越演越烈的趨勢。

鄂圖曼帝國垮台後，英法成為西亞的最大贏家。土耳其因為與德國並肩作戰而成為戰敗國，其廣大的領土遭到列強瓜分，除了阿拉伯人居住區仍保留傳統部族制度外，剩餘的地區都被迫交由英法兩國共同託管，至於土耳其的財政，則是由英、法、義三國一同掌管。

在如此的歷史背景下，土耳其軍人凱末爾（一八八一－一九三八）在安卡拉號召民族主義勢力集結，樹立新政權，並擊退有協約國撐腰的希臘軍隊的入侵。其後，凱末爾廢除哈里發制及蘇丹制，於一九二三年建立土耳其共和國，並成為第一任總統，著手推行女性解放、改用羅馬字等西化政策。同年，土耳其與協約國簽訂洛桑條約，恢復了獨立。

阿拉伯世界在哈里發制度被廢除後，失去了統合中心。英、法、俄三國在第一次世界大戰期間，簽訂賽克斯．皮科協定，協商如何瓜分鄂圖曼帝國；讓伊拉克、敘利亞等地區由英法兩國瓜分控管。尤其是英國基於貝爾福宣言（一九一七）允許猶太人移居巴勒斯坦，引來阿拉伯人的強烈反彈，後來成為第二次世界大戰後以巴衝突與中東戰爭的原因。

除了土耳其，伊朗也有禮薩汗．巴列維（一九二五—一九四一在位）建立的巴列維王朝（一九二五—一九七九），以土耳其為範本在伊朗推動西化運動。

印度因與英國約定在戰後將享有自治權，於是在第一次世界大戰時與英國並肩作戰，但戰爭結束後英國不僅食言，甚至還制定羅拉特法案，准許官員不需逮捕令就能抓人，不經審判就能直接將人押入監獄，藉此鎮壓當地的民族運動。因此，以印度教徒為主的印度國民大會黨，在甘地（Gandhi, 1869-1948）的帶領下，發起帶有宗教色彩的「非暴力、不合作」民族運動。在一九二九年時，甘地更喊出「完全獨立」（purna swarāj）的目標，致使印度的民族運動越演越烈。為對抗掌控食鹽專賣權的英國，甘地也發起大規模的製鹽運動，而威脅到英國殖民政府的控制權。

至於在中國方面，當歐洲勢力逐漸衰退，日本和美國開始將觸角伸向中國。在華盛頓會議（一九二一—一九二二）上，與會各國共同簽訂「限制海軍軍備條約」，限制海軍主力艦艇的數量、「四國條約」維持太平洋現狀，以及與中國相關的「九國條約」（確立華盛頓體制）。此次會議結果宣告日英同盟關係結束，主張各國在中國要遵守門戶開放、機會均等原則的美國，其影響力逐漸增加。

一九一九年，不滿巴黎和會決議內容的北京大學生發起抗議運動（五四運動），這是因為軍閥割據而分崩離析的中國，在一九二〇、三〇年代爆發的民族運動起點。就在這波民族運動浪潮中，國民黨、共產黨相繼成立。一九二四年，國民黨領導人孫文、蘇聯以及第三共產國際達成協議，與中國共產黨建立合作關係（國共合作）。而中國在一九二〇、三〇年代的民族運動，與蘇聯、第三共產國際、美國、日本有密不可分的關係，成為世界關注的焦點。

一九二五年孫文去世，同年在上海發生五三慘案，點燃了反帝國主義運動的熱潮。隔年，由蔣介石（一八八七—一九七五）領軍的國民革命軍，趁著反帝國主義運動高漲策劃北伐行動（一九二六—一九二八），欲擊潰各地軍閥，完成以武力統一中國的目標。中國的民族運動就是在各軍閥的結盟和決裂中，以戰爭和起義的形式持續進行。

北伐行動推進的同時，勞工運動與農民運動也在積極發展。一九二七年蔣介石在上海發動政變鎮壓中國共產黨，其後繼續北伐，並於一九二八年實現軍事統一的目標。另一方面，中國共產黨一邊在農村發起土地革命，一邊擴張自身的勢力；一九三一年，共產黨在江西省瑞金建立中華蘇維埃共和國臨時政府，與蔣介石的軍隊展開內戰。不同於印度，中國民族運動的戰爭和起義，為這塊土地帶來無止境的荒蕪與淒涼。

瓦解「大世界」的經濟大恐慌

由汽車帶動的大眾消費社會

美國在躍升世界最大債權國後，積極開發以汽車、電器產業為主的「欲望新領域」。人類的各種欲望不斷被挖掘出來製成商品，被稱為「美式生活」（American way of life）的美國式欲望追求與大眾消費社會開始成形，紐約的摩天大樓群便是當時美國經濟繁榮的象徵。

在一九二〇年代的美國，都市生活變得更加方便，由於前景看好的新主力商品「汽車」，以及「連鎖商店」（超級市場的原型）的普及，都市型生活也開始滲透到幅員廣闊的美國農村地帶。伍爾渥斯公司（Woolworths）靠著經營連鎖商店累積龐大財力，在紐約建造耗費達一千一百五十三噸鋼材、高度達兩百四十公尺的伍爾渥斯大樓，成為美國紐約摩天大樓時代的先鋒。

福特汽車公司旗下便宜又堅固的T型車（Ford Model T）問世，揭開汽車時代的序幕。汽車大量生產改變了空間秩序，而福特就是採用泰勒系統（科學管理原則）的生產方式，借助移民提供的勞力，撐起龐大的製造需求。這套生產系統，盡可能地將作業程序細分化、標準化，並開發適用於各個作業程序的專用機器，接著是在生產線上大量將這些規格、標準統一的零件組裝完成。以這種方式製造的產品，無論是在數量或種類上，其規模與技術都是十九世紀時望塵莫及的。

以大量的移民為基礎，美國大眾消費社會這種浪費資源的社會持續成長，如此便利舒適的生活也在二十世紀中滲透到歐洲、亞洲等「小世界」。

因泡沫危機處理失敗而引起的經濟大恐慌

被讚揚「永久繁榮」的美國經濟，在一九二〇年代後半開始陷入泡沫化的危機。當時遭逢全球農產品價格下跌，造成農業不景氣，再加上佔全球百分之四十二的美國工業生產也面臨成長停滯期，失去投資標的資金轉而移往股票、房地產等投機性事業。即使在一九二八年後美國聯邦銀行四度降低利率，企圖遏止股價上漲，但證券公司仍從銀行以外的地方調度資金，繼續支撐股價。

一九二九年十月二十四日星期四，華爾街的證券交易所突然大崩盤，股價跌落了一半。因消費低落，美國街頭開始充斥無處可去的失業者，雖然經濟泡沫化並非罕見，但當時剛就任的第三十一任美國總統胡佛（任期一九二九－一九三三）卻因為深信經濟體系有自我調整的功能，並沒有祭出適當的政策來解決危機，而只是眼睜睜地看著情況越來越惡化。這種對泡沫經濟危機採取消極不作為的應對方式，最後為人類帶來經濟大恐慌的不幸悲劇。美國的工業生產力在四年內銳減為一半，一九三三年時美國每四個人就有一人求職無門。

經濟大恐慌的影響範圍不僅限於美國國內，美國銀行為了處理這場危機，一舉撤回海外資本，而引爆歐洲的經濟崩盤，進一步造成全球性的經濟大恐慌。一九三一年，奧地利最大的銀行宣布破產，德國的大銀行也跟著倒閉，金融危機從美國延燒到歐洲，尤其是失業人口達六百萬的德國社會，情況更是跌落谷底。

正如先前所述，第一次世界大戰後成為戰敗國的德國接受美國的資金援助，努力重建經濟來償還對英法的戰爭賠償，英法再將賠款拿來償還對美國的債務，如此一來便形成一個經濟循環。然而，經濟大恐慌爆發後，美國聯邦銀行開始調升利率，將在歐洲的資金回流美國，立刻重創歐洲的經濟。

經濟大恐慌導致全球工業生產的跌幅高達百分之四十四，貿易額也減少了百分之六十五。各國間的競爭越演越烈，爭相廢除金本位制，使貨幣貶值並調升關稅，盡可能地增加出口機會。

當時的蘇聯實施計劃經濟，並沒有受到經濟大恐慌的影響。反觀美國雖然推出新政（New Deal），希望藉由擴大公共投資來解決失業問題，並吸收過剩的物資以重整旗鼓，然而在國內缺乏資源與資金的情況下，美國的經濟危機仍未解除。而擁有眾多殖民地的英法等國，則是與殖民地之間形成排他性的經濟圈，譬如英國由麥克唐納帶領的聯合內閣（一九三一—一九三五）在加拿大首都渥太華舉行的聯邦會議上，決議大英國協成員國之間要降低關稅，但對來自非成員國的進口商品，則課以百分之兩百的沉重稅賦。這樣的局勢對沒有殖民地或者缺乏資源的德、義、日等國家而言，想要自保的話，就只能走上戰爭一途。

助長法西斯主義崛起的經濟危機

第一次世界大戰後，義大利爆發經濟危機，革命的前奏便開始醞釀。墨索里尼（一八八三－一九四五）呼籲義大利國民要團結，並遵守秩序一同加入街頭行動。在他的帶領下，國家法西斯黨發動「進軍羅馬」的政變，雖然最終失敗，卻獲得國王的支持，成功樹立法西斯政權。隨後義大利制定新的選舉法，只要總票數超過百分之二十五的第一大黨，就能取得議會三分之二的席次，一九二八年，由國家法西斯黨專政的政治體制正式啟動。

因受到經濟大恐慌波及，德國有六百萬人失業，由希特勒（一八八九－一九四五）率領，簡稱納粹的國家社會主義德國工人黨，獲得對前途失去希望的都市中產階級，與農民們的廣大支持，在一九三二年的選舉中，順利成為了德國第一大黨。一九三三年，希特勒成為首相，仿效義大利法西斯黨的手法，通過「授權法案」賦予納粹立法權，進一步鞏固納粹的獨裁體制。

一九三四年希特勒登上第三帝國的總統大位，成為國家元首。他藉由建設高速公路並扶植汽車產業發展，成功克服德國嚴峻的景氣低迷，因而獲得德國人民的愛戴；這樣的經濟危機，正是讓權力過度集中的獨裁政權得以成功站穩腳步的幕後推手。

其後，希特勒開始將侵略性的民族主義思想付諸實行。一九三三年，德國脫離國際聯盟，希特勒在積極重整軍備的同時，於一九三六年派兵進駐非武裝區萊茵，區域性的集體安全體系就此瓦解。自一九三五年起，希特勒對猶太人的迫害日益加劇。

西班牙內戰（一九三六－一九三九）開打後，德國便與義大利聯手，幫助佛朗哥將軍（一八九二－一九七五）所領導的保守派人士擊敗人民陣線政府，促使法西斯主義勢力大增。

錯綜複雜的第二次世界大戰

經濟大恐慌造成全球規模的成長衰退，在此時代背景下爆發的第二次世界大戰，是一場脈絡複雜的戰爭。但與第一次世界大戰相同的是，第二次世界大戰的導火線也受到民族主義思潮的影響，進而發起的收復國土行動。在第一次世界大戰中戰敗、失去東歐領土的德國，不僅與蘇聯簽訂德蘇互不侵犯條約，還簽訂了一份瓜分波蘭的祕密協議書；蘇聯和德國從東西兩邊，以武力侵犯波蘭的軍事行動，隨即點燃第二次世界大戰戰火。

德國進犯波蘭後，英、法立刻向德國宣戰，第二次世界大戰正式開戰。英、法兩國盤算著要先等德、蘇之間自行產生嫌隙，因裹足不前、遲遲沒有實際的軍事行動，而形成一種奇妙的氛圍，被稱為「假戰」。但一九四〇年德軍一路攻佔丹麥、挪威、荷蘭和比利時，最後以迅雷不及掩耳的速度入侵法國，成功的佔領巴黎。

一九四一年六月，德國為解決石油供給的難題，單方面撕毀德蘇互不侵犯條約，舉兵攻打蘇聯（德蘇戰爭），到了一九四二年，德軍已經節節逼近至距離莫斯科四十公里之處。不過，一九四三年在史達林格勒一戰中局勢出現逆轉，三十萬德軍遭到擊潰後，蘇聯軍隊開始反擊。同年五月，義大利軍隊在北非戰線中敗給英國軍隊，墨索里尼政權垮台，九月義大利宣告投降。

隔年六月，同盟國軍隊登陸諾曼第半島，開闢第二戰線，八月德軍敗退，盟軍成功解放巴黎。在東西兩處戰線頻頻失利，遭到夾擊的德國已窮途末路，一九四五年五月柏林被攻陷，希特勒自盡，第二次世界大戰在歐洲的戰場就此畫下句點。

九一八事變與中日戰爭

接著再將焦點轉至亞洲，當時無法脫離昭和金融恐慌困境的日本，同樣遭逢經濟大恐慌波及，經濟狀況在短時間內迅速惡化。出口至美國的絹織品數量驟減，大大衝擊養蠶人家的生計，東北地區又因為農作歉收，農民的生活苦不堪言，即使在都市，也同樣地頻頻爆發勞資爭議。一九三〇年代初期，當時日本最大企業「南滿洲鐵道株式會社」（簡稱滿鐵）也因國民黨張學良（一九〇一―二〇〇一）建設了與滿鐵路線相近的新鐵道，而導致該公司陷入赤字危機，日本經濟呈現烏雲密佈的慘況。

一九三一年九月十八日深夜，日本關東軍炸毀奉天北邊八公里處，柳條湖附近約一公尺長的滿鐵鐵路，並將此事嫁禍給張學良的軍隊，隨後以此事為藉口，出動軍隊陸續佔領附近主要城市，史稱為九一八事變（日本稱滿洲事變）。張學良因擔心衝突繼續擴大，下令軍隊不抵抗並撤退，卻導致關東軍在短短五個月內，迅速攻陷整個東北地區（滿洲）。其後，關東軍擁立清朝末代皇帝溥儀（一九〇六―一九六七），在首都新京（長春）建立滿洲國，滿洲實際上已淪為日本殖民地。

九一八事變爆發時，國民黨與共產黨的國共內戰正進行得如火如荼，但隨後共產黨仿效歐洲的統一戰線運動，發起抗日運動，呼籲此時應該一同抵禦外敵日本的侵略行動。然而對蔣介石而言，相較於抗日，他更重視國共內戰的成敗，於是在一九三六年親赴西安坐鎮指揮，要殲滅以延安為據點的共產黨勢力。但當時在西安擔任西北剿匪總司令部副總司令的張學良，傾向先與共產黨聯手抗日，便趁機監禁蔣介石，即為西安事變。西安事變也促成國共兩黨合作，形成全國一致參與抗日運動的氛圍。

原本因中國內部分裂得以順利進軍的日本軍隊，發覺到中國團結抗日的情緒高漲，而開始感到焦急。一九三七年七月七日晚上，日軍在北京郊外的盧溝橋進行夜間操演，一名士兵突然行蹤不明（該名士兵不久後即歸隊），日軍便藉口發動攻擊，這場事件後來演變為中日戰爭（一九三七－一九四五）。

日軍最大的誤判是太小看中國的抗日潮，完全沒料到這場戰事會演變為長期戰爭。儘管戰爭爆發後的短短三個月內，數萬人戰死沙場，但日軍仍繼續加派五十萬大軍，陸續攻陷天津、北京、上海、廣州，以及當時中國的首都南京，但這些戰績卻絲毫未削弱中國人的抗戰意識，中日戰爭漸漸陷入泥沼之中。

美日太平洋大戰

對於美國而言，陷入長期戰泥沼的中日戰爭，正是美國稱霸太平洋並進軍中國經濟圈、實現美國世界政策的大好時機。而誤判世界情勢的日本，高估一九四〇年德軍短期佔領法國的效果，與德國、義大利簽訂德義日三國同盟條約，並派兵進駐當時已降服於德國的法國，其位於中南半島（Indochina）北部的殖民地。

到了隔年，一九四一年四月，日本與蘇聯簽署日蘇互不侵犯條約，同年六月德蘇戰爭爆發，日軍勢力繼續延伸至中南半島南部。美國面對日軍漸進的威脅，在美日雙方交涉時要求日軍從中國撤退，否則將禁止石油、廢鐵出口到日本。但美國此舉卻誘使日本走上與美國開戰一途。

要堅持住中國的戰場，日本就必須從東南亞調度所需的石油。因此，日本懷抱著戰爭很快就會結束的一絲希望，對美宣戰。國土面積只有美國一個加州大小的日本，竟然同時在中國與太平洋兩個戰場作戰，看來實在太過荒謬；但只在意面子問題的日軍司令部，最後仍舊選擇這條通往自我毀滅的道路。

十二月八日，日軍突襲夏威夷珍珠港，太平洋戰爭（一九四一—一九四五）正式開始。日軍偷襲珍珠港之後，基於三國軍事同盟的協定，德、義旋即對美國宣戰，亞洲戰場與歐洲戰場合而為一。十二月九日，中國國民黨政府也正式向日、德、義三國宣戰。

一九四二年一月，美國、英國、蘇聯與中國等二十六個國家共同簽署聯合國家宣言，從此刻起，這場世界大戰被定位成一場反法西斯主義的戰爭。其後，蔣介石成為同盟國在中國戰場的最高指揮官，中日戰爭被宣傳為反法西斯戰爭的一環；相較於此，日本將這場戰事視為「大東亞戰爭」，目的是要解放受到歐美列強支配的東亞殖民地。而蘇聯則稱二次世界大戰為「偉大的衛國戰爭」。

雖然日本海軍先進軍太平洋，發起太平洋戰爭的第一戰，但一九四二年的中途島戰役失利後，日軍敵不過物資充沛的美軍而節節敗退。美國不僅控制太平洋的情勢，甚至奪取日本本土的制空權，陸續對日本各城市發動無差別轟炸的空襲行動，於是美軍逐漸在這場戰事佔了上風。一九四五年六月，位處進出東海重要戰略地位的沖繩被美軍佔領，而成為美軍的基地，八月時美軍在廣島、長崎投下原子彈。

另外，美國在一九四二年二月的雅爾達會議中，遊說蘇聯加入對日戰爭，於是蘇聯在八月九日片面終止日蘇互不侵犯條約，舉兵攻打滿洲國。

八月十五日，日本宣布向同盟國無條件投降，第二次世界大戰終於畫上休止符。結果由美國獨霸太平洋，但隨後美國開始在東亞地區與歐洲、蘇聯形成對峙的僵局。

美國經濟霸權與冷戰時代

促成全球經濟一體化的美元

在戰爭過程錯綜複雜的第二次世界大戰，歐洲與亞洲戰場合而為一，形成規模遠遠超過第一次世界大戰的總體戰。大戰期間，因對抗德軍的轟炸行動而被迫支出龐大戰爭費用的英國，以及被德軍佔領的法國，都與戰敗國德、日、義一樣面臨經濟衰退的困境。而與德國納粹間爆發大規模戰爭的蘇聯，同樣蒙受巨大的損失，結果只有美國成為第二次世界大戰的最後贏家。

在這場戰爭中，美國的經濟逆勢成長了兩倍以上，美國不但佔有全球一半的工業生產，還擁有全球八成的黃金儲量。不論是歐洲或亞洲，要從戰後慘不忍睹的衰敗中重建，都淪落到必須仰賴美國援助的地步。

於是，由單一經濟大國支配全球經濟的時代正式來臨。在一九四四年召開的布列頓森林會議上，各國開始商討如何走出世界金融的低谷，並建立以美元為主的全球經濟一體化基礎。會議結果決定：（一）美金成為唯一能兌換黃金的貨幣（一盎司純金固定兌換三十五美元）；（二）美元兌換各國貨幣時的匯率固定（固定匯率制），美國成為唯一的全球貨幣（布列頓森林體系）。這是史上首次出現在全球各地流通的單一貨幣，也是一次規模擴及全球空間的經濟整合。

在美國的積極主導下，透過馬歇爾計畫（歐洲復興計劃）協助歐洲重建，並藉由經濟、軍事上的優勢，與民主主義思想當作武器，一步步穩固美國全球霸主的地位。美國一方面在政治上巧妙運用國際組織「聯合國」樹立威信，另一方面又在經濟上使美元成為在國際間廣為流通的「關鍵貨幣」，如此雙管齊下，建構出一個全球化的經濟體系。

藉著以美國為首的同盟國成員，美國成為聯合國安全保障理事會中擁有否決權的常任理事國，希望建立起二戰後新的世界秩序，但這個構想很快在美國及史達林帶領的蘇聯兩國間所爆發的冷戰中遇到挫敗。

將世界一分為二的四十年美蘇冷戰

另一方面，蘇聯開始誇耀自己打敗德國納粹的戰績，並積極宣揚強大的軍事力與社會主義思想，一步步走向新帝國化的道路。蘇聯欲藉由社會主義進一步壯大國家，並將受蘇聯支配的版圖向外擴張，來彌補自身的經濟劣勢，藉此與美國霸權一較高下。

在第二次世界大戰期間，於一九四五年召開的雅爾達會議中，蘇聯在美、英兩國的默許下，將二戰期間由蘇聯佔領、人口約一億的東歐併入版圖，開始建構社會主義國家集團。在標榜「偉大的衛國戰爭」的史達林帶領下，蘇聯於二戰期間併吞總面積相當於英國、義大利和希臘三國國土總和的廣大領土，建立起佔地球陸地面積六分之一的「陸地帝國」，向歐亞大陸的東西兩側擴大自己的勢力範圍。於是，稱霸海洋、影響力擴及歐洲和日本的「海洋帝國」美國，開始與歐亞「陸地帝國」蘇聯展開激烈的攻防戰。

自從美國察覺希臘以外的其他東歐國家即將成為社會主義國家集團的成員後，開始產生危機意識，於是一九四七年三月，第三十三任總統杜魯門（任期一九四五－一九五三）提出杜魯門主義外交原則，積極給予希臘、土耳其軍事協助，對外表態美國將採取圍堵政策，從軍事層面來阻止蘇聯勢力繼續壯大。無論是哪個地區，只要發現有可能被蘇聯滲透的危機，都會視其為威脅美國國家安全的對象，並進而出面干預。

同年六月，美國發表馬歇爾計畫，表明主導振興歐洲經濟的決心，確立美國在歐洲各國間的主導地位，並加強防堵蘇聯勢力向外蔓延。

相對於美國，蘇聯成立了「共產黨及勞動者情報局」（Cominform）來強化蘇聯與東歐各國、西歐共產黨間緊密的關係；該組織也取代了一九四三年二戰期間解散的第三共產國際。一九四八年，蘇聯封鎖柏林的事件爆發後，更加深歐洲東西兩邊的對立，世界開始進入冷戰時期（Cold War, 1947-1989）。

以美國為首的自由主義國家集團，其中心是以一九四九年成立的北大西洋公約組織（NATO）為主、橫跨大西洋兩岸的美歐軍事同盟；而共產主義國家的中心則是在同年成立的經濟互助委員會（COMECON），以及一九五五年成立的華沙公約組織（ＷＴＯ）。換個觀點來看，冷戰可說是海洋與陸地兩大體系的正面對決。

改變世界秩序的「第三勢力」

第二次世界大戰瓦解了歐洲各國在十九世紀所建構規模擴及全球的殖民地體系。就在「大世界」的核心逐漸衰退的同時，邊陲地區開始實現政治獨立。

在美蘇冷戰的時代背景下，新興的民族國家在亞洲、非洲陸續誕生。美、蘇兩國一面承認這些民族國家的獨立，一面積極籠絡這些新興國家加入自己的陣營。由於這些因素的影響，從一九四五年到一九六四年，世界上增加了五十三個新國家（二十個亞洲國家，三十三個非洲國家）。全球超過三成的人口成為新興國家的一份子，其後持續有新的國家誕生，至今全世界已新增至一百九十五國。

一九五五年於印尼萬隆召開的萬隆會議（亞非會議），是首次由亞、非國家政府代表出席的國際會議，也是世界史的一個轉捩點。會議中通過反殖民地主義、捍衛民族主權和廢除種族歧視等的「和平十原則」，深深影響日後的反殖民地運動。在印度總理尼赫魯（一八八九—一九六四）、印尼總統蘇卡諾（一九〇一—一九七〇）、埃及的納賽爾（一九一八—一九七〇）與中國總理周恩來（一八九八—一九七六）的主導下，亞非的新興獨立國家，大都是屬於未加入美、蘇任何一方陣營的第三勢力，對世界史的發展有一定的影響力。

然而，由於這些新興國家是直接繼承舊殖民地時代的領土，仍舊無法擺脫部族制或傳統經濟關係的禁錮，獨立成為一個民族國家。因此，十九世紀以來殖民政權對當地造成的一連串負面影響，依然在政治與經濟上持續發酵。歷時多年，由歐洲國家主導建設的交通、通訊網絡仍留存在這些國家中，二戰後的世界秩序重組即建立在這個大前提之下。

從韓戰開始的核武軍備競賽

一九四九年，共產黨贏得國共內戰的最後勝利，成立中華人民共和國，東亞地區的權力結構失衡，世界危機的核心開始從歐洲轉移至亞洲。

一九五〇年，欲憑藉武力完成朝鮮半島統一大業的北韓軍隊，跨越北緯三十八度線向南韓進攻，韓戰就此爆發（一九五〇—一九五三）。隨後聯合國召開安全理事會，在蘇聯因為中國的聯合國代表權問題與美國對立而缺席的情況下，美國通過決議定調北韓為侵略者，並組織聯合國軍隊加入韓戰，將北韓軍隊一路逼到中國國界附近。

中國眼見兵臨城下，便派出義勇軍援助北韓，逼退聯合國軍隊。實際上，朝鮮半島的情勢演變成美軍與中國軍隊的對峙。同時，美國也派遣艦隊前往台灣海峽，中國共產黨政權與台灣國民黨政權對立的態勢底定。日後，世界各地開始締結各種軍事同盟，而朝鮮半島則成為美軍、共軍、北韓軍與南韓軍交錯對峙的危險空間，影響波及整個世界。

當韓戰陷入僵局時，美國一度決意使用原子彈來結束戰爭，但在超過五億人連署的「斯德哥爾摩和平呼籲」等國際輿論壓力下，美國才放棄投擲原子彈的計劃，隨後在一九五三年七月，南北韓雙方終於簽署停戰協定。

即使韓戰告一段落，美蘇間的軍備競賽依舊沒有停止，洲際彈道飛彈（ＩＣＢＭ）、核武、毒氣、生化武器等大量毀滅性武器不斷地被製造出來，並持續以提高武器效率為目標。世界兩大強國的地球空間爭奪戰，讓人類的生活飽受威脅，可稱得上是十九世紀英、德兩國海上競爭軍備實力的「造艦競賽」的二十世紀版本。

儘管美蘇冷戰沒有在兩國間直接爆發軍事衝突，卻讓全球陷入劍拔弩張的緊張氣氛。換個角度想，其實這就是「海洋帝國」美國與「歐陸的陸上帝國」蘇聯為了爭奪全球霸主地位，而形成的軍事對立。這場將世界一分為二的冷戰，讓美國經濟靠著軍需產業，替二戰後的不景氣注入一劑強心針；蘇聯也藉此強化自己在社會主義國家中的領導角色。而印度總理尼赫魯、印尼總統蘇卡諾等領導者所形成的第三勢力，同樣因冷戰爆發而增加了發言的重量。

一九六二年經歷社會主義革命的古巴，開始在境內建置蘇聯的飛彈基地。美國旋即要求拆除，並對古巴進行海上封鎖，導致美蘇的對立情勢升溫，核戰一觸即發，最後蘇聯讓步，這場危機終於平安落幕（古巴危機）。

由於兩國間的嚴重對立，各國才開始意識到美蘇冷戰所醞釀的核戰危機，使得冷戰情勢出現轉圜的餘地。然而，這也讓主張應該對美採取強勢態度的中國，與對美關係逐漸趨緩的蘇聯之間，產生新的對立。

長達超過二十年的冷戰讓世界各國不斷締結軍事同盟，蘇聯也持續研發核武與洲際彈道飛彈，美蘇兩國間的核武軍備競賽從未畫下休止符。但是集所有現代科技於一身的軍備競賽，產生龐大的軍事費用，成為美蘇兩國的負擔，結果大大削弱兩國的經濟。而在世界上擴散的核子武器，隨時可能成為狹隘民族主義者的籌碼，讓世界潛藏核戰爆發的恐怖威脅，也是這場軍備競賽的一大後遺症。

全球企業的普遍化與地球空間秩序的轉變

因貨幣價值不穩定而崩毀的全球經濟根基

曾經歌頌著一九六〇黃金年代、繁榮景況的美國經濟，逐漸因日本、歐洲各國的經濟復甦，與耗費在韓戰、越戰（一九六五—一九七三）的巨額軍費，以及大企業走向多國籍（全球）企業等因素，不再擁有昔日的優勢。於是，美國第三十七任總統尼克森（任期一九六九—一九七四）為防止黃金流向海外，在一九七一年發表經濟政策：（一）停止美元兌換黃金，（二）進口貨物將一律徵收百分之十的進口附加稅（尼克森衝擊）。

從此美元不能兌換黃金，這意味著國際貨幣的消失。接著在一陣兵荒馬亂中，一九七三年世界上的主要國家，開始轉而採用完全浮動的匯率制度。這是一種極為不穩定的制度，完全任由外匯市場上的外幣供需關係，來決定匯率高低。黃金價格同樣變成由市場來決定，於是金價在一九八〇年漲到每盎司八百五十美元（過去為三十五美元），二〇一一年更飆升至一千九百二十美元，世界金融秩序轉眼變得危險而複雜。

一九八〇年代，出身共和黨的第四十任美國總統雷根（任期一九八一—一九八九），在任內實施稱作「雷根經濟學」的經濟政策，內容主要是刪減國防以外的財政支出、替富人減稅、放寬政府管制並緊縮貨幣供給。沒想到這導致財政赤字暴增，美元升值，使美國面臨嚴重「雙赤字」（貿易赤字與財政赤字膨脹）的問題。一九八五年，在第一次大戰結束後的七十年以來，美國首度由債權國淪為債務國，成為全世界債務最多的國家。然而，大量生產、大量消費形態的美式生活，也透過全球性的網絡擴展至世界，改變了各地傳統社會的樣貌。

因全球企業而重組的地球空間

從一九六〇年代以後，先進工業國家欲藉由援助發展中國家發展經濟，以縮短國與國之間的貧富差距，但財富仍舊不斷回流至歐美各國，全球間的經濟差距依然持續地擴大。

因世界經濟體系的弊病而造成經濟差距日益加深，同時發展中國家的貧困與飢餓問題也遲遲未解決，因此形成南北分歧的現象。雖然成立於一九六四年的聯合國貿易暨發展會議（UNCTAD），修正了全球貿易中有利於先進工業國家的交易條件，並要求建立新的經濟秩序，但全球貿易結構卻仍未因此改變。

一九七三年，埃及與敘利亞為了奪回在第三次中東戰爭被以色列佔領的西奈半島、戈蘭高地等地區，而發動第四次中東戰爭。當時石油戰略也被運用在這場戰事中，阿拉伯石油輸出國家組織（OAPEC）讓原油價格飆漲至原本的四倍左右，而且一口氣縮減石油供給量，讓先進工業國家經濟飽受衝擊，是歷史上的第一次石油危機。

先進工業國家因能源價格飛漲而苦不堪言，世界經濟陷入「停滯性通貨膨脹」的嚴重不景氣中，企業之間的競爭更加激烈。中東各國奪取國際大型石油公司所掌控的石油價格決定權，二戰後靠著便宜能源撐起的景氣盛況，宣告走入尾聲。在這場經濟危機中，企業開始將工廠移至勞動成本低廉的發展中國家，企業競爭變得白熱化。成功轉型為全球企業後，不穩定又複雜的地球空間開始由企業來主導，並加速企業的網路化與全球垂直分工的發展。一九六七至一九八七年間，全球企業海外投資餘額增加了九倍之多，美國境內五分之一的生產製造都轉移到海外。世界銀行、全球企業便成為促進全球化經濟的重要推手。

為了因應經濟空間、朝向全球擴展的趨勢，自一九七五年起，每年由六大先進國家元首（日後加入加拿大、俄羅斯成為八大先進國）召開高峰會議（主要先進國首腦會議），協商各項相關問題。

一九七九年發生伊朗革命，臨時政府開始縮減石油供給量。加上兩伊戰爭爆發，導致伊朗與伊拉克兩國都中斷石油的出口，原油價格再度飆昇，漲幅多達二．五倍（第二次石油危機）。一九八〇年，二戰後每桶不超過兩塊美元的原油價格，飆漲到每桶三十二塊美元，掌控石油資源的產油國家便因此累積了龐大財富。一百六十層、位於中東金融中心杜拜的哈里發塔（Burj Khalifa），其高度是過去風靡一時的紐約帝國大廈的兩倍以上，成為中東財力的象徵之一。對比於中東的榮景，先進工業國家則為能源價格高漲所造成的長期通貨緊縮而苦惱。然而，在美國便宜的頁岩油開始生產後，原油價格跟著出現走跌趨勢。

充滿濃厚投機色彩的全球金融

一九七一年的美元衝擊（即尼克森衝擊），瓦解了以美元為關鍵貨幣的金兌匯本位制，又因陸續爆發的兩次石油危機，導致全球經濟不景氣的蔓延，二戰後建立的布列頓森林體系（IMF體制）隨之瓦解，世界進入追求利潤、資金流動範圍擴及全球的金融投機時代。美國全球企業增加後，產生了大量未回流美國的美金，這些短期資金或產油國，在石油危機爆發後所累積的石油美元（oil money），便流入歐洲的金融市場。歐洲金融市場中，金額龐大的短期流動資金，為追求更高的利潤，開始進行投機性的金融交易，流動性、過剩的歐洲美元（在歐洲交易的美元）市場便隨之膨脹。財富過剩累積、利潤降低，誘使人們賺取投機財，而導致全球經濟的泡沫化危機不斷發生。

一九九〇年代網路的出現，創造出全球性的電子空間，其後證券化、全球化快速發展，金融交易規模擴大的同時，內容也變得更加多元，投機交易的範圍進一步拓展至全球。日本經濟學者水野和夫曾說道：「自一九九五年至二〇〇七年十二月（最高水準），全球金融資產從六十三．九兆美元上升至一百八十七．二兆美元，這段期間內增加了一百二十三．三兆美元。所謂的全球金融資產，是將全球股票市值、全球債券發行餘額，與全球存款額三項加總

所得而來。」〔《世界經濟的大潮流》（世界経済の大潮流）〕

一九九七年泰國採行自由匯率後，外資開始大量逃離，這波風暴波及到南韓與印尼，延燒出亞洲金融危機。二〇〇〇年代，對美國ＩＴ技術過度投資的結果，導致ＩＴ泡沫經濟破滅。二〇〇八年，美國次級房貸危機拖垮投資銀行雷曼兄弟公司（證券泡沫化），引爆全球性的金融危機。

在雷曼衝擊發生後，美國聯邦準備理事會（ＦＲＢ）為重振國內經濟，開始加印美鈔，並實施大型通膨政策，這些大量美金形成一批短期資金流入世界各國的股票、債券和商品市場，進而增加世界經濟的不穩定因素。

另一方面，一九八〇年代開始，由於全球企業等資本與技術的轉移，造就亞洲地區出現如南韓、台灣、新加坡、泰國和馬來西亞的新興工業化經濟體（NIEs），之後仿效新加坡設立經濟特區的中國經濟也急起直追。越南、菲律賓以及緬甸等國在邁入二十一世紀後，經濟跟著起飛。由於外資與技術的引進，擁有廣大土地的亞洲與非洲，工業化也迅速的發展。

全球經濟的變動，建立全球性的生產分工，並形成全球化的經濟連鎖效應。先進工業國家之間生產競爭的範圍，繼續向外擴大至人口是先進國家三倍之多的「BRICs金磚四國」（巴西、俄羅斯、印度、中國），甚至擴及後來繼續崛起的其他國家。

第六次空間革命與多元化世界

建立全球性電子空間的資訊革命

一九七〇年代，隨著以電腦、通訊和軟體為主軸的產業結構之變動，資訊革命開始萌芽，促使第六次空間革命到來。

美國未來學者艾文．托夫勒（Alvin Toffler, 1928-2016）在著作《第三波》（*The Third Wave*, 1980）一書中預言，繼農業革命、工業革命後，人類史上另一波劃時代的變革，便是多元運用電子技術的資訊革命，未來世界的趨勢將朝向後工業化的方向發展。托夫勒主張，全球化讓人們無論身處何地都能賺進財富，但在網路空間（cyber space）所累積的財富，卻不存在於任何實體空間，如何拓展各種電子資訊往來互通的電子空間，將為人們創造出全新的財富來源。原本為軍事目的而研發的網際網路，開放給民間使用後，建置完善的網際網路，以擁有全球規模的資訊基礎建設作為根基，成為電子空間中的重要「幹線」。於是，金融、氣象和農作收成等資訊開始在全球空間中高速往來，由ＡＴＭ、手機、電子信箱和社群網路等元素，所建構出的全球電腦空間從此形成。於是，電腦的資訊處理能力成為具未來競爭力的新一代主力商品，每隔半年，電腦的資訊處理速度便增加兩倍，價格也在短短三十年內降到千分之一，

第六次空間革命概念圖

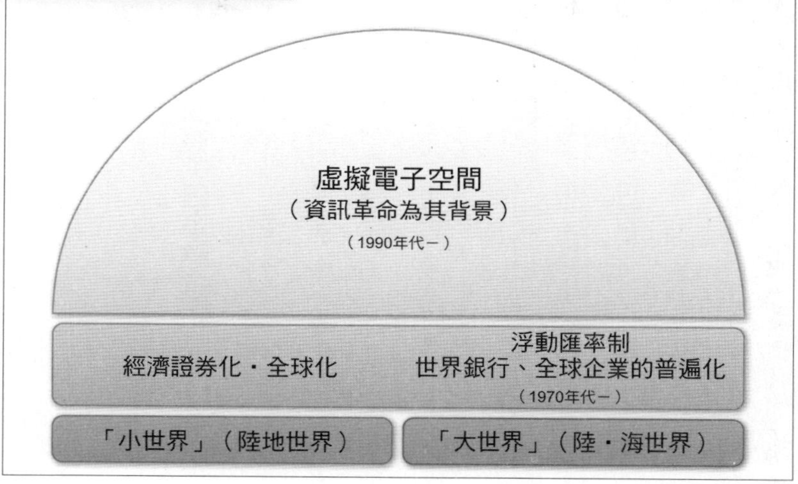

如今運用光纖技術就能瞬間處理完高達九萬本書籍的資訊量。

美國不僅將這些網路技術實用化，建構出一套架構，來確保創業者的獲利，更將邁入多元運用的電子空間視為創造財富來源的另一個階段。

這種活用電子空間帶給人類社會的變革，也引發了足以與「地理大發現」匹敵、具全球規模的虛擬空間革命。

遲至二十世紀末期才出現的異次元網路空間，其性質與過去的陸、海空間完全迥異，這個新的空間不斷地創造各種商務機會，並持續地擴大發展。將所有資訊轉換成電子訊號的數位文明，既方便又實用，於是開始與傳統的類比文明，進行一次次大規模的重新編組。龐大資訊往來互通的電子空間，讓活躍於這虛擬世界舞台的用戶數迅速成長，譬如臉書的使用者數量據說已經超過十二億人。儘管我們仍不清楚其發展的最終樣貌將會如何，但地球空間的秩序重組確實正在進行。

電子金融空間與美國金融帝國

二十世紀末冷戰結束後，戰略性地擴大國家的支配權，成為美國、歐洲、俄國與中國等國家的新目標。美國繼承英國「海洋帝國」之名，企圖運用電子金融空間，加快腳步重組霸權重組；德、法想透過歐盟（EU）重建「陸地帝國」的榮光，而俄國的目標是轉型成為能源大國，中國則朝著建立一個整合陸、海兩大空間的帝國目標邁進。以下簡略整理這些國家的進展。

首先是因其他國家後來居上、導致產業競爭力下滑的美國。靠著結合IT技術與金融自由化概念，美國創造了新的電子金融空間，建構出貨幣、股票、商品的期貨市場等交易系統，以重建美國的世界經濟霸權。

一九八〇年代以後，美國華爾街由於金融交易技術上的新突破，將電子空間轉變成更有效率的投資空間。運用電子空間的新金融系統問世後，因避險基金等全球性金融資本的形態，而開始出現利用他人資本來提高獲利的金融槓桿操作技術。電子空間將全球各地不同的經濟體融合為一，建立起跨越國家框架的全球資本主義。一九九五年之後美國政策轉向，主張「強勢美元將成為美國優勢」，因此祭出美元走強的政策，使全球資金集中在美國，接著美國金融界再運用超過三十倍的槓桿操作，從世界各地賺走龐大的財富。

而金融系統的標準化，將美國金融界的活動領域推向全球。浮動匯率制、貨幣價值記號化、電匯、會計作業標準化、證券交易國際化、證券化技術、賣空交易等，整合這些諸多條件的全球金融活動，將資本主義的概念從過去的實物投資，徹底改變為投機性的金融交易。美國促使了包括「大世界」和「小世界」的巨大電子金融空間，朝向多功能發展，並集結全球的剩餘資金，掌握比實物經濟價值更高的巨額金融資產，將此加以運用，成為世界的金融帝國。

仰賴能源開採的俄國

身為發動冷戰另一方的蘇聯，因為龐大的軍需開銷而民不聊生，加上中蘇對立、國境糾紛、阿富汗戰爭（一九七九—一九八九）的失敗、農業政策失靈、經濟營運官僚化造成嚴重的低效率問題、人民工作意願減低、生產物流系統建置落後，以及對共產黨幹部、官僚（黨政幹部，nomenklatura）腐敗的不滿等眾多因素，使得蘇聯體制在一九七〇年代時已明顯走到瓶頸。東歐各國也逐漸對主張「有限主權論」、打著社會主義旗幟干預東歐內政的蘇聯與官僚特權階級的統治心生不滿。

在這樣的氛圍下，因糧食危機及阿富汗軍事侵略行動的失敗，而導致蘇聯政府陷入財政困境。於是，一九八五年就任蘇聯共產黨總書記的戈巴契夫（一九三一年—）從資訊公開與行政、經濟等方面開始大刀闊斧進行體制內改革（Perestroika，有重組改革之意），另外與美國和談並開始縮減軍備。

無奈這些改革為時已晚，受到一九八九年高漲的東歐民主化浪潮的影響，一九九一年蘇聯解體前夕，因共黨內部的政變失敗，蘇聯共產黨宣布解散，蘇聯也跟著解體，隨後獨立國家國協（CIS）成立。時代的巨變突如其來，未料蘇聯竟然會放棄社會主義，一九八九年，戈巴契夫與第四十一任美國總統布希（任期一九八九—一九九三）在地中海馬爾他島共同宣告冷戰結束，這代表兩國宣布放棄擴張軍備，為一個時代在歷史的洪流中畫下句點。

其後，位處高緯度的俄國積極建設輸油管，昔日的毛皮王國準備轉型為出口天然氣、原油的能源大國，是資源掠奪型帝國的浴火重生。來自天然氣和原油所得、佔俄國約六成的外匯收入，卻因政治人物、官僚貪腐瀆職、烏克蘭東部等地區的民族及領土紛擾，以及在經濟上深受國際能源價格波動影響等，因此俄國國內仍有諸多問題懸而未決。當頁岩油成功開採後，世界原油價格跟著下跌，也成為俄國近來一大煩惱。

將空間版圖擴大至東、南歐的歐洲國家

歷經兩次世界大戰而沒落的法國與德國，一九五二年在法國外交部長號召下成立歐洲煤鋼共同體（ECSC）。為使資本、商品、服務、勞力能在歐洲境內自由移動，一九五八年在政治主導下，以「歐洲回歸」為目標組成歐洲經濟共同體（EEC），朝擴大勢力範圍發展。但是，英國與北歐等國拒絕加入，另外成立了歐洲自由貿易協會（EFTA）。

一九七〇年代，因全球經濟不景氣，擴大歐洲市場成為新的目標。一九六七年歐洲煤鋼共同體、歐洲經濟共同體與歐洲原子能共同體合併後的歐洲共同體（EC），為因應八〇年代金融自由化、全球化，增加英國等EFTA會員國，成為擁有十二個會員國，境內總產值（GDP）超越美國的一大經濟體。欲藉由政治整合擴大支配空間的EC，其拓展陸地空間支配權的概念，依舊沿襲十九世紀的想法，是一幅繼承歐亞大陸昔日的「小世界」觀點，所描繪而成的「陸地帝國」藍圖。

後來在協議內容涉及歐洲公民權、歐洲議會與單一貨幣——歐洲貨幣單位（ECU）等內容的馬斯垂克條約簽署後，整合財貨、服務、市場的歐洲聯盟（EU）在一九九三年正式成立，起初有意透過政治整合方式重建歐洲的想法終於實現。一九九九年，歐洲中央銀行（ECB）發行歐盟境內的單一貨幣——歐元（EUR），排除匯率變動的風險，並廢除換

匯手續費。但正如前所述，歐盟始終都沒有擺脫欲成立一個跨國政治組織的「帝國」思想；當美國透過電子空間邁向金融大國的同時，歐洲選擇用統一貨幣的方式走上「歐元帝國」之路。兩相對照之下，彷彿大航海時代後「陸地帝國」與「海洋帝國」對立的現代版。冷戰結束後，脫離蘇聯獨立的東歐各國也跟著加入歐盟，其加盟國數量在二〇一三年增加至二十八國（編按：二〇一七年英國啟動脫歐談判），採用歐元的國家至二〇一五年則增加到十九國。

歐盟靠著資本進軍東、南歐，拓展其可支配的陸地空間，正面挑戰從「海洋帝國」轉型為「金融大國」的美國霸權。但無奈碰上二〇〇八年雷曼兄弟倒閉，兩年後又發生希臘財務危機，一連串的金融危機讓歐盟飽受衝擊，經濟仍不見起色。

企圖強行蛻變為海洋帝國的中國

一九二一年，五十多名成員在上海成立了中國共產黨，他們在中日戰爭期間以農村為據點，迅速擴張勢力，並在二戰後取得國共內戰的最後勝利。一九四九年由毛澤東（一八九三—一九七六）出任國家主席，周恩來擔任總理，建立中華人民共和國，而以蔣介石為首的中華民國政府則退守到台灣。

建黨後在短短二十多年內快速壯大的中國共產黨，開始統治當時深陷混亂的中國，接收帝國時代殘留的舊習，直接在大清帝國的廣大領土上建立一個全新的國家。新出爐的共產黨政府欲藉由社會主義，為中國帶來新氣象，一九五〇年與蘇聯簽署「中蘇友好同盟互助條約」，在蘇聯的協助下積極展開社會主義的建設工作。

韓戰爆發後，先是美國派出當時全球戰力最強的第七艦隊護衛台灣海峽，讓國民黨政權得以在台灣延續；後又因中國人民解放軍加入韓戰協助北韓，導致中國共產黨與美國的關係開始惡化。

另一方面，蘇聯共產黨在史達林死後逐漸傾向與美國和平共存，而招致中國共產黨的不滿，雙方關係跟著降溫，於是毛澤東捨棄蘇聯式的社會主義，改向中國色彩濃厚的獨特經濟發展路線（大躍進運動）邁進。毛澤東下令實施土地國有化，把戶籍分為「都市戶口」與「農村戶口」兩種，並將農民當成廉價勞力使用，仿效清朝的統治方式建立人事檔案（由共產黨統一管理的個人紀錄），來管理中國人民。

充滿毛澤東精神的大躍進運動，以及農村人民公社的集體化生活，最終都以失敗收場，當時因此餓死的人數超過一千萬人。在毛澤東失勢後，劉少奇（一八九八—一九六九）坐上了國家主席之位。

大躍進運動失敗所帶來的經濟混亂、共產黨幹部的貪汙瀆職等問題仍未改善，欲奪回權位的毛澤東趁機發起文化大革命（一九六六—一九七六）。他動員純樸的青年，高喊著「造反有理」、「革命無罪」的口號，推翻既有的共產黨組織，成功以獨裁者之姿重新掌權。捨棄了社會主義思想中由黨指導人民的組織理論，毛澤東高明地建立以對他個人崇拜為根基的專權體制。

一九七六年毛澤東死後，推動文革的勢力被一掃而空，主導權由實用主義者鄧小平（一九〇四－一九九七）掌握。他提出農業、工業、國防與科學技術方面的四個現代化主張，並借鏡新加坡的經驗，在中國沿海地帶設置經濟特區與經濟技術開發區，大膽引進外資，順利達成經濟成長的目標。鄧小平仿效從海洋空間中獲得資本的近代資本主義，向中國華僑籌措資金，而成功推動中國經濟的成長，他聰明地運用了「大世界」的概念框架。鄧小平的新嘗試被稱為社會主義市場經濟，他提出「先富論」的主張，讓有機會的人先富有起來，並將經濟成長放在第一順位。

引進外資及利用農村地區的廉價勞力，促使中國逐漸成為「世界工廠」，經濟突飛猛進。不過，這樣的經濟開放卻最先肥了共產黨的官僚，並助長貧富差距，腐敗歪風更加盛行。而隨著國家經濟成長，理所當然的，民主化運動也跟著升溫。但共產黨在天安門事件（一九八九）爆發後，選擇以武力鎮壓民主化運動發展。面臨政治危機的江澤民（一九二六－迄今），在與美國展開對話的同時，開始將社會主義轉化，成為能替黨、軍、企業形成的複合體帶來共同利益的思想，並徹底實施奠基抗日史觀，以「反日」為主軸的愛國主義教育，順利地將國族主義與大國意識灌輸給中國人民。一切都是為了使中國人民，在世界各地社會主義逐漸沒落的潮流中，還能持續認同共產黨政權的合理性。

中國共產黨的統治體系牢不可破的程度，比起先前的中華帝國的官僚系統更甚數倍。國營企業成為國家產業的主流，人民解放軍和黨內官僚手攬大權，人事管理一元化，土地也都納為國有。在江澤民任內，黨內幹部、官員與軍人連成一氣，政治腐敗亂象叢生。

雷曼衝擊爆發時，中國啟動高達四兆人民幣的國家經濟投資計劃，也順勢吸引外資進入。中國政府仿效十九世紀後半美國「西部開拓」的方式，開發內陸地區，進行都市建設，著手整頓高鐵、高速公路等國家基礎建設，中國經濟因此迅速發展，並迅速躍升為GDP（國內生產毛額）超前日本、排名世界第二的經濟大國。中國的經濟發展尤以上海最為顯著，一九九〇年仍只是一個小農村的浦東新村，如今已蛻變成金融重鎮，隨處可見四十層以上的摩天高樓。然而，經濟成長造成貧富差距擴大、不動產泡沫化危機、少數民族對統治政權日益不滿、黨內幹部腐敗、以國營企業為中心的低效率經濟營運，以及共產黨領導階層間的權力鬥爭等，新的課題也逐一浮上檯面。

如今，中國政府以十九世紀末美國海軍戰略家馬漢所提出的海權論為政策雛型，計劃將南海、東海納入中國海域，準備進軍海洋空間。中國無法擺脫過去「小世界」帝國體系與思考方式的糾結，很難在「大世界」裡逐日積累成型的國際規則中找到妥協共存的出口。儘管中國政權疲於處理黨內官僚腐敗積習、忙著平撫民眾瀕臨爆發的不滿情緒，但在新中國中心主義的影響下仍盤算著要強行建立中國在亞洲的地區霸權，與周邊各國間的摩擦與日俱增。

備受矚目的新秀——「未來之海」太平洋空間

幅員遼闊的太平洋，其面積佔據地表的三分之一。正因為它如此廣大，因此這片海域較晚開發，一直未能成為串聯周圍各國聯絡交通的海洋。這與大西洋藉由資本主義和民族國家體制而形成「大世界」的框架，有著天壤之別。

隨著全球化發展，全球經濟開始達到飽和。因為「第六次空間革命」，一個囊括全球的大型電子空間隨之誕生，加上新興工業化經濟體（NIEs）國家與中國等亞洲各國經濟迅速崛起，使得佔全球GDP近六成的太平洋周邊國家，包括北美洲、拉丁美洲、亞洲與大洋洲，有機會形成一個新的經濟結盟關係。

儘管美國在十九世紀末至二十世紀這段期間，成功掌控太平洋的軍事霸權，但因冷戰爆發後無力在經濟上繼續建立與太平洋沿岸國家的合作關係，美國的軍事優勢開始動搖，同時在政治方面也陸續出現不穩定的因素。原本就位處歐亞「小世界」，與大西洋世界往西擴張所形成的「大世界」，兩者間交接之處的太平洋是一處不安穩的海洋空間。

二〇〇六年位處東南亞的新加坡、汶萊，與紐西蘭和南美的智利共同組成以建立共同市

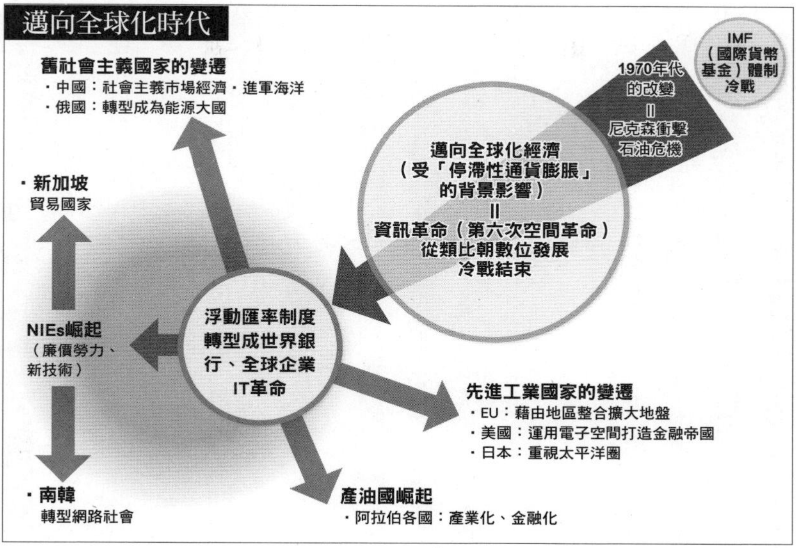

場、全面撤除關稅為目標的「跨太平洋夥伴協定」（TPP）。美國、澳洲、越南、秘魯、馬來西亞後來在二〇一〇年正式加入，另外哥倫比亞、墨西哥、加拿大、日本和泰國也表態希望成為其中一員。這些會員國彼此間原本就存在利益衝突，加上TPP所採納的「禁反轉條款」，也就是一旦放寬管制，便不能走回頭路的限制，以及外資得以要求賠償損失的「ISD條款」（投資人對地主國的爭端解決機制），在在提高各國間協調彼此利益關係的難度。這些國家的歷史背景，源自於與大西洋空間性質完全迥異的環境，它們所建立起來的「海洋系統」，很可能會成為全球化經濟下的海洋世界新秩序，如同過去在大西洋空間所發生過的狀況。也正如本書再三強調的，空間的擴大會形塑出新的秩序。同樣重要的是，TPP旗下的各海洋國家將成為企圖吞併太平洋的陸地帝國「中國」的一大阻力。二〇一四年在北京召開的APEC（亞洲太平洋經濟合作會議）領袖高峰會中，中國發表了「亞太自由貿易區」（FTAAP）構想。這個佔地表面積三分之一、至今周邊地區已擁有近三十億人口的太平洋，能否成為催生全新世界空間誕生的引藥，備受外界矚目。

課題堆積如山的「大世界」

飛航網絡、鐵路網、海洋航線網絡、高速鐵路網、高速公路網與電腦網際網絡等，這些複合式的網絡密密麻麻地覆蓋在二十世紀的地球表面，創造出具有多元面向的地球空間。形成世界史舞台的「空間」概念，從民族國家這類固定化的體系逐漸轉變成日新月異的全球規模網絡。以整個地球為舞台的大規模物流、資訊、文化交流和移民等人口流動現象，逐漸成為人類日常生活的一部分。

然而，這些轉變卻同時帶來不同地區、國家、階層之間日益擴大的經濟差距，以及財富過度集中和饑荒等嚴重問題。尤其一發不可收拾的正是無止境的地球資源爭奪戰，開發中國家的經濟成長逐漸使地球資源面臨枯竭。

從五千年前開始，都市便是人類開發自然環境的重要據點。人類以都市為中心，一步步將大自然改造成一個個人工空間，其規模更甚昔日。如今大型城市逐漸在全球各地快速擴張，驚人的人口成長被形容為「人口爆炸」。一八三〇年左右，全球人口大約只有十億人，一百年後全球人口迅速成長至二十億，一九六〇年是三十億，一九七〇年前後再增加至四十億人口，目前全球人口早已突破七十億，伴隨人口爆增的現象，種植園的農耕制度幾乎覆蓋了整個地球。

基於人類對酸雨問題的危機意識，一九七二年在瑞典斯德哥爾摩舉行了聯合國人類環境會議。同年，來自二十五國、共七十人在瑞士組成的法人組織「羅馬俱樂部」發表著作《成長的極限》，向全球敲響警鐘，書中主張若全球人口、工業化、汙染、食糧生產及資源消耗，人口增長率繼續維持現狀的話，一百年內地球便會來到成長上限，人類將面臨突如其來、無法控制的人口減少與工業生產力下滑。另外，受到聯合國人類環境會議的啟發，一九八七年提交到聯合國的「我們的共同未來」報告中，提出環境與經濟發展共存的「永續發展」概念。

一九九二年在里約召開的聯合國環境與發展會議（地球高峰會）上，通過《聯合國氣候綱要公約》，從一九九七年所簽署有關各國溫室氣體排放量的《京都議定書》中不難發現，人類對地球環境的關心正在增加。然而，儘管人類在日常生活中，已確實感受到北極冰層溶解等地球暖化現象與其所帶來的環境威脅，新興國家的政策卻持續朝著優先發展經濟的方向前進。發生在二〇一一年三月十一日的東日本大地震，造成福島第一核能發電廠爆發反應爐爐心熔毀的意外，再度提醒世人利用核能發電所伴隨的危機。人類該如何發展出與自然共存的技術，成為當代的新課題。

此外，人類當前還面臨另一個挑戰是，嚴重的失業危機。因為電腦與高科技的發展，我們得以省下大量的勞力需求，但全球人口卻一味地增加。在每天誕生的新生命人口與雇用機會兩者之間，呈現相當驚人的不平衡現象，而這個失衡狀態至今還在全球持續擴大。自從人類文明出現以來，五千年的歲月流逝了，如今世界歷史的進程正面臨著一個轉換的階段。

後記

本書應用卡爾・史密特所提出的「空間革命」概念，嘗試重新撰寫一本能呼應當今全球化浪潮的世界史概論。推動歷史巨輪前進的正是人類，因此當人類的生活方式出現變化時，歷史也跟著改變。在過程中人類從維持基本生存，接著開始滿足各種欲望，並繼續追求著更高層次的欲望。為求生存而具備對周遭環境的「感測力」（sensor），至終昇華成為人類的「直覺」（sense）。

仔細思考後不難發現，從東非大地暫開始一路擴大至整個地球的世界史發展，其實與人類維持生存、滿足欲望與欲望的進化，有著相同的演變軌跡。本書書名的副標題「馬・航海・資本・電子資訊」也歸納出這個結論；聯繫廣大土地並形塑出一個新空間的「馬匹」，擁有幫助帝國形成的軍事潛力，進而促使歐亞帝國誕生，建構世界史的發展根基。然而，佔據地表面積七成的是海洋。就如卡爾・史密特曾指出的，讓世界史更進一步擴展的關鍵正是海洋空間。世界史的空間因著「航海」技術的進步，一舉向外拓展開來；地理大發現的商人、航海家旺盛的欲望，揭開由三大洋連接各大洲的新世界面貌。然而，想靠海洋累積財富並非易事，要滿足人類新的欲望，就必須找出新的方法。於是，以船隻往來連通廣大的新世界、並大量買賣商品來從中獲取利益的新經濟樣貌就此形成。海洋上既沒有農地，也不存在道路，若要增加手上的資金，一切得靠商人的生意頭腦。以船隻運輸貨物到各地買賣的方式，便開始結合大量生產農作物的「種植園」制度，產生新的商業模式，錢在其中不斷滾動並持續增加，而形成「資本」。最早大規模生產的商品——砂糖，滿足了人類渴望吃甜的欲望；從現今砂糖產量極為豐富的現象足以證明，因大範圍資本活動的盛行，開啟了以滿足人類欲望為優先的時代序幕，並持續向外擴張其發展空間。

砂糖產量大增，帶動種植咖啡、茶（紅茶）與可可亞等嗜好品的種植園制度跟著擴大，也吹響了從紡織業開始起跑的工業革命號角。以蒸汽機為動力的鐵路、蒸汽船，大量運送都市所生產、數量龐大且種類多元的商品，藉由機械與化石燃料運轉的蒸汽機，將人類的欲望擴大到全世界。

不過，由欲望產生衝突的情況也日益加劇，強者盤算著要割據地表的舉動益發明顯，進而點燃二十世紀前半兩次世界大戰的戰火，以及二十世紀後半反覆上演、紛擾不休的地區紛爭。一九七〇年代以後，世界銀行、全球企業的出現，使「資本」活動得以在全球活躍，世界隨之邁入全球經濟時代。在此歷史進程中，七〇年代後的資訊革命，形成高度仰賴「電子」來溝通、傳遞資訊的電腦社會，虛擬的地球空間從此布滿整個世界，這是繼陸地、海洋之後的「第三空間」。這個電腦空間被應用在傳遞全球化的資訊、金融、物流與各樣交流上，於是人類社會正加速改變原有的樣貌。或許可以說，現在進行中的「空間革命」正在使所有事物開始變得陳舊，一切都在尋求新生。

若要將現今這充滿變化的動態環境與世界史做聯結，「空間革命」正是一個合適的歷史構成概念，本書選擇從「空間」的觀點出發、重新解讀世界歷史的原因，也正是如此。

最後，筆者要在此向支持本書出版，在過程中提供建言，於各方面都不吝給予協助的新潮社選書編輯部今泉真一先生及編輯部的編輯致上深深的謝意。

宮崎正勝

二〇一五年三月

參考書目

湯恩比（Arnold Toynbee）著，桑原武夫等譯，《歷史研究》（*A Study of History*），學習研究社，一九七六。

湯恩比著，長谷川松治譯，《變動的城市》（*Cities on the Move*），社會思想社，一九七五。

華勒斯坦著，川北稔譯，《近代世界體系 第一卷》（*The Modern World-System*, vol. I），岩波現代選書，一九八一。

華勒斯坦著，丸山勝譯，《變化中的世界體系——論後美國時期的地緣政治與地緣文化》（*Geopolitics and Geoculture: Essays on the Changing World-System*），藤原書店，一九九一。

華勒斯坦著，川北稔譯，《近代世界體系 第二卷》（*The Modern World-System*, vol. 2），名古屋大學出版會，一九九三。

艾文．托佛勒（Alvin Toffler）著，德岡孝夫監譯，《第三波》（*The Third Wave: Democratization in the Late Twentieth Century*），中公文庫，一九八二。

埃里克・威廉斯（Eric Williams）著，川北稔譯，《加勒比地區史（一四九二—一九六九）：從哥倫布到卡斯特羅》（*From Columbus to Castro: The History of the Caribbean, 1492-1969*），岩波現代選書，一九七八。

艾瑞克・霍布斯邦（Eric J. Hobsbawm）著，安川悅子等譯，《革命的年代一七八九—一八四八》（*The Age of Revolution: Europe 1789-1848*），岩波書店，一九六八。

伊東俊太郎，《比較文明》，東京大學出版會，一九八五。

伊本・赫勒敦（Ibn Khaldun）著，森本公誠譯，《歷史緒論 上下卷》（*The Muqaddimah*）岩波文庫，二〇〇一。

岩村忍，《文明的經濟構造》，中公叢書，一九七八。

岩村忍，《西亞文明與印度文明》，講談社學術文庫，一九九一。

伊豫谷登士翁，《變貌的世界城市》，有斐閣，一九九三。

越智敏之，《魚與世界歷史》，平凡社新書，二〇一四。

菲力普・柯丁（Philip D. Curtin）著，田村愛理等譯，《世界歷史上的跨文化貿易》（*Cross-Cultural Trade in World History*），NTT出版，二〇〇二。

弗朗索瓦・多斯（F. Dosse）編，濱名優美監譯，《布勞岱爾帝國》（*Braudel dans tous ses états*），藤原書店，二〇〇〇。

亨利・富蘭克弗特（Henri Frankfort）著，增田淑子等譯，《近東文明的起源》（*The Birth of Civilization in the Near East*），岩波書店，一九六二。
史密斯（P.D. Smith）著，中島由華譯，《城市的誕生》（*CITY A Guidebook for the Urban Age*），河出書房新社，二〇一三。
皮爾森（M.N. Pearson）著，生田滋譯，《葡萄牙與印度》（*Merchants and rulers in Gujarat: the response to the Portuguese in the sixteenth century*），岩波現代選書，一九八四。
米歇爾・波德（Michel Beaud）著，筆寶康之等譯，《資本主義的世界史》（*Histoire du capitalisme,* 1500-1995），藤原書店，一九九六。
金子常規，《兵器與戰術的世界史》，原書房，一九七九。
西敏司（Sidney Wilfred Mintz）著，川北稔等譯，《甜與權力：糖在近代歷史上的地位》（*Sweetness and power: the place of sugar in modern history*），平凡社，一九八八。
岡田英弘，《世界史的誕生：蒙古帝國與東西洋史觀的終結》，筑摩書房，一九九二。
川勝平太，《文明的海洋史觀》，中公叢書，一九九七。
卡爾・史密特（Carl Schmitt）著，生松敬三、前野光弘譯，《陸地與海洋——一個世界史的考察》（*Land und Meer: eine weltgeschichtliche Betrachtung*），福村出版，一九七一。
川添登，《都市與文明》，雪華社，一九六五。

茱麗葉特・克拉頓—布羅克（Juliet Clutton-Brock）著，櫻井清彥監譯，《圖解馬與人的文化史》（*Horse Power: A History of the Horse and Donkey in Human Societies*），東洋書林，一九九七。
彭慕蘭（Kenneth Pomeranz）、史蒂夫・托皮克（Steven Topik）著，福田邦夫、吉田敦譯，《貿易打造的世界：社會、文化、世界經濟，從一四〇〇年到現在》（*The world that trade created: society, culture, and the world economy, 1400 to the present*），筑摩書房，二〇一三。
小林高四郎，《東西文化交流史》，西田書店，一九七五。
佐口透編，《東西文明的交流四》，平凡社，一九七〇。
佐藤圭四郎，《伊斯蘭商業史的研究》，同朋舍出版，一九八一。
佐藤次高，《馬木留克》，東京大學出版會，一九九一。
嶋田義仁，《沙漠與文明》，岩波書店，二〇一二。
嶋田襄平，《伊斯蘭的國家與社會》，岩波書店，一九七七。
嶋田襄平編，《東西文明的交流三》，平凡社，一九七〇。
約瑟夫・奈伊（Joseph S. Nye）著，山岡洋一等譯，《權力大未來》（*The Future of Power*），日本經濟新聞出版社，二〇一一。
杉山正明，《大蒙古的世界》，角川選書，一九九二。
谷光太郎，《海軍戰略家馬漢》，中公叢書，二〇一三

菲利普・希提（Philip K. Hitti）著，岩永博譯，《阿拉伯通史上、下》（*History of the Arabs*），講談社學術文庫，一九八二—一九八三，

瓦・奧・克柳切夫斯基（Kliuchevski, Vasili Osipovich）著，八重樫喬任譯，《俄國史教程 一》，恆文社，一九七九。

布勞德爾（Braudel Fernand）著，濱名優美譯，《菲利普二世時代的地中海和地中海世界》（La Méditerranée et le monde méditerranéen à l›époque de Philippe II），藤原書店，一九九一。

布勞德爾著，神澤榮三譯，《地中海世界》（*La Méditerranée: L'espace et l'histoire*），みすず書房，二〇〇〇。

藤田弘夫，《城市與國家》，ミネルヴァ書房，一九九〇。

藤田弘夫，《城市與權力》，創文社，一九九一。

法蘭西斯・福山（Francis Fukuyama）著，會田弘繼譯，《政治秩序的起源上卷》（*The Origins of political order: from prehuman times to the French revolution*），講談社，二〇一三。

松田壽男，《亞細亞的歷史》，岩波書店，一九九二。

丸山哲史，《地域主義》，岩波書店，二〇〇三。

水野和夫，《世界經濟的大潮流》，太田出版，二〇一二。

水野和夫，《資本主義的終結與歷史的危機》，集英社新書，二〇一四。

宮崎正勝，《伊斯蘭・網路》，講談社選書メチエ，一九九四。
宮崎正勝，《文明網路的世界史》，原書房，二〇〇三。
宮崎正勝，《全球化時代的世界史讀法》，吉川弘文館，二〇〇四。
宮崎正勝，《始自海洋的世界史》，角川選書，二〇〇五。
宮崎正勝，《世界史的誕生與伊斯蘭》，原書房，二〇〇九。
宮崎正勝，《風改變的世界史》，原書房，二〇一一。
宮崎正勝，《海圖的世界史》，新潮選書，二〇一二。
宮崎正勝，《世界史的讀法》，角川選書，二〇一三。
宮崎正勝，《始自北方的世界史》，原書房，二〇一三。
森本公誠，《伊本・赫勒敦》，講談社，一九八〇。
安田喜憲，《文明的環境史觀》，中公叢書，二〇〇四。
安田喜憲，《一萬年前》，east press，二〇一四。
和辻哲郎，《風土：人間學的考察》，岩波書店，一九三五。
湯淺赳男，《文明的「血液」》，新評論，一九八八。

國家圖書館出版品預行編目(CIP)資料

從空間解讀的世界史：馬、航海、資本、電子資訊的空間革命 / 宮崎正勝作；蔡蕙光, 吳心尹譯. -- 初版. -- 新北市：遠足文化, 2019.1
面； 公分. -- (歷史.跨域；6)
譯自：「空間」から読み解く世界史：馬・航海・資本・電子
ISBN 978-957-8630-83-3(平裝)
1. 世界史
710　　107017608

遠足文化　讀者回函

歷史・跨域 06

從空間解讀的世界史
馬、航海、資本、電子資訊的空間革命

作者・宮崎正勝｜**譯者**・蔡蕙光、吳心尹｜**責任編輯**・林育薇｜**校對**・楊俶儻｜**封面設計**・許晉維｜**出版**・遠足文化事業股份有限公司・第二編輯部｜**社長**・郭重興｜**總編輯**・龍傑娣｜**發行人兼出版總監**・曾大福｜**發行**・遠足文化事業股份有限公司｜**電話**・02-22181417｜**傳真**・02-86672166｜**客服專線**・0800-221-029｜**E-Mail**・service@bookrep.com.tw｜**官方網站**・http://www.bookrep.com.tw｜**法律顧問**・華洋國際專利商標事務所・蘇文生律師｜**印刷**・崎威彩藝有限公司｜**排版**・菩薩蠻電腦科技有限公司｜**初版**・2019年1月｜**三刷**・2022年2月｜**定價**・380元｜
ISBN・978-957-8630-83-3